高等职业教育交通土建类专业新形态教材

公路桥梁技术状况检测与评定

主　编　　应江虹　苏　龙
副主编　　张建平　钟　伟
参　编　　宋江卫　杨　科
　　　　　张　景　黎　晨

北京理工大学出版社
BEIJING INSTITUTE OF TECHNOLOGY PRESS

内 容 提 要

本书根据校企合作多年来的教学与工程实践经验，将公路桥梁检测技术和公路桥梁技术状况评定结合，从公路桥梁养护管理体系、桥梁结构的典型病害认知等基础知识开始入手，逐步过渡到核心内容的桥梁结构检测技术的应用、桥梁技术状况的评定。全书既注重基础理论，又注重从实际出发，结合具体的工程案例，着重阐述典型的检测技术和评定方法的基本原理、适用条件及应用特点。每章都配有习题，以指导读者深入地进行学习。

本书可作为高等院校交通土建类相关专业的教材，也可作为公路工程检测单位及桥梁管理单位专业人员的参考工具书。

版权专有　侵权必究

图书在版编目（CIP）数据

公路桥梁技术状况检测与评定／应江虹，苏龙主编．—北京：北京理工大学出版社，2021.4（2021.5重印）

ISBN 978-7-5682-9201-6

Ⅰ.①公… Ⅱ.①应… ②苏… Ⅲ.①公路桥—检测 ②公路桥—技术评估 Ⅳ.①U448.14

中国版本图书馆CIP数据核字（2020）第211184号

出版发行	／北京理工大学出版社有限责任公司
社　　址	／北京市海淀区中关村南大街5号
邮　　编	／100081
电　　话	／（010）68914775（总编室）
	（010）82562903（教材售后服务热线）
	（010）68948351（其他图书服务热线）
网　　址	／http://www.bitpress.com.cn
经　　销	／全国各地新华书店
印　　刷	／北京紫瑞利印刷有限公司
开　　本	／787毫米×1092毫米　1/16
印　　张	／15.5
字　　数	／402千字
版　　次	／2021年4月第1版　2021年5月第2次印刷
定　　价	／45.00元

责任编辑／多海鹏
文案编辑／多海鹏
责任校对／周瑞红
责任印制／边心超

图书出现印装质量问题，请拨打售后服务热线，本社负责调换

前　言

桥梁作为公路交通咽喉，是保证公路交通快捷畅通的必要条件。桥梁的安全运营对保证整个路网的畅通乃至一个地区的经济与社会发展都有着重要的影响，其结构安全性无疑成为社会最为关心的问题。随着公路建设的高速发展，对这些数目庞大、技术状况复杂的桥梁结构实施科学有效的管理，维护桥梁结构的安全运营，对保障国民经济的正常运行、社会安定具有重大的意义。

桥梁技术状况检测与评定属于技术密集型专业，其专业人才相对缺乏，对具有较强技术理论水平、技术综合运用能力和实际操作能力等的高素质专业技术人才的需求日益增长。为满足公路桥梁检测评定高素质应用型专业人才的培养要求，贵州交通职业技术学院联合贵州宏信创达工程检测咨询有限公司校企合作共同编写了本书。本书根据校企合作多年来的教学与工程实践经验，从公路桥梁养护管理体系、桥梁结构的典型病害认知等基础知识开始入手，逐步过渡到本书的核心内容——桥梁结构检测技术的应用、桥梁技术状况的评定，由浅入深，结合具体的工程案例，着重阐述了典型的检测技术和评定方法的基本原理、适用条件及应用特点。

本书既注重基础理论，又注重实际应用，可作为高等院校交通土建类相关专业的教材，也可作为公路工程检测单位及桥梁管理单位专业人员的参考工具书。

本书由应江虹、苏龙担任主编，由张建平、钟伟担任副主编，参与编写工作的人员还有宋江卫、杨科、张景、黎晨。本书得以顺利出版，要感谢贵州交通职业技术学院的老师和贵州宏信创达工程检测咨询有限公司的领导给予的大力支持与帮助。

限于编者水平，书中难免存在错误与疏漏之处，恳请读者批评指正。

编　者

目 录

模块1 公路桥梁技术状况检测与评定基础知识 ·················· 1

课题1 我国公路桥梁维护管理的现状 ·············· 1

任务1 公路桥梁的现状及检测评定的意义 ··· 1
1.1 我国公路桥梁的建设成就 ·············· 1
1.2 公路桥梁技术状况检测与评定的意义 ····· 7
1.3 桥梁技术状况检测技术简介 ············· 8

任务2 公路桥梁技术状况检测与评定的相关规范及要求 ··········· 11
2.1 《公路桥涵养护规范》（JTG H11—2004）简介 ··········· 11
2.2 《公路桥梁技术状况评定标准》（JTG/T H21—2011）简介 ······ 13
2.3 其他相关规范简介 ·············· 14

任务3 公路桥梁技术状况检测与评定的资质要求及工作程序 ······ 14
3.1 检测机构及检测人员资质要求 ······ 14
3.2 检测与评定工作基本程序 ············ 18

课题2 公路桥梁的分类与主要构件划分及编码规则 ··········· 20

任务1 公路桥梁结构形式分类 ············· 20
1.1 按结构受力体系分类 ············ 20
1.2 按全长和跨径分类 ·············· 24
1.3 按其他方法分类 ·············· 24

任务2 公路桥梁主要构件划分及编号规则 ···· 24

2.1 梁式桥构件划分及上部结构构件编号规则 ·············· 24

课后习题 ·············· 35

模块2 桥梁结构典型缺陷与病害 ······· 36

课题1 梁式桥典型缺陷与病害 ·········· 36

任务1 空心板梁桥典型缺陷与病害 ······ 36
1.1 底板横向裂缝 ············· 37
1.2 底板纵向裂缝 ············· 37
1.3 铰缝破损 ·············· 38

任务2 连续T梁桥典型缺陷与病害 ····· 39
2.1 梁底横向裂缝 ············· 39
2.2 横隔板破损、开裂 ·········· 40
2.3 湿接缝破损、开裂 ·········· 41
2.4 腹板裂缝、露筋 ············ 41

任务3 连续箱梁桥典型缺陷与病害 ····· 42
3.1 横向裂缝 ············· 42
3.2 腹板斜裂缝 ············· 42
3.3 局部应力裂缝 ············ 43
3.4 顶底板纵向裂缝 ··········· 43
3.5 腹板水平裂缝 ············ 43
3.6 混凝土空洞、孔洞 ········· 43
3.7 混凝土剥落、掉角 ········· 44
3.8 混凝土蜂窝、麻面 ········· 45
3.9 跨中下挠 ·············· 45

任务4 梁式桥支座典型缺陷与病害 ····· 46

课题2 拱式桥典型缺陷与病害………46	1.7 主梁病害…………………………60
任务1 钢筋混凝土桁架拱桥典型缺陷与病害…46	任务2 悬索桥典型缺陷与病害………60
1.1 桁架拱变形……………………47	2.1 主缆病害…………………………60
1.2 拱片连接处混凝土断裂………47	2.2 索夹病害…………………………61
1.3 上弦杆缺陷……………………48	2.3 吊索病害…………………………61
1.4 横向联系裂缝…………………48	2.4 索塔病害…………………………62
任务2 刚架拱桥典型缺陷与病害……49	2.5 索鞍病害…………………………62
2.1 跨中下挠……………………49	2.6 锚碇病害…………………………62
2.2 横系梁与拱片连接点松动、开裂…50	2.7 主梁病害…………………………62

课题2 拱式桥典型缺陷与病害……46

任务1 钢筋混凝土桁架拱桥典型缺陷与病害…46
- 1.1 桁架拱变形……………………47
- 1.2 拱片连接处混凝土断裂………47
- 1.3 上弦杆缺陷……………………48
- 1.4 横向联系裂缝…………………48

任务2 刚架拱桥典型缺陷与病害……49
- 2.1 跨中下挠………………………49
- 2.2 横系梁与拱片连接点松动、开裂…50
- 2.3 微弯板病害……………………50
- 2.4 拱脚位移………………………50

任务3 钢管混凝土拱桥典型缺陷与病害…51
- 3.1 涂层缺陷………………………51
- 3.2 焊缝开裂………………………51
- 3.3 构件扭曲变形、局部损伤……51
- 3.4 构件腐蚀、生锈………………52
- 3.5 管内混凝土填充不密实或脱空…52

任务4 圬工拱桥典型缺陷与病害……52
- 4.1 拱圈变形………………………52
- 4.2 主拱圈裂缝……………………52
- 4.3 灰缝松散脱落…………………53
- 4.4 砌块断裂、脱落………………53
- 4.5 风化……………………………54

任务5 系杆拱桥典型缺陷与病害……54
- 5.1 吊杆病害………………………54
- 5.2 系杆病害………………………56

课题3 索承桥典型缺陷与病害………57

任务1 斜拉桥典型缺陷与病害………57
- 1.1 拉索锈蚀、断丝………………57
- 1.2 滑移变位………………………57
- 1.3 锚固区损坏……………………57
- 1.4 斜拉索护套病害………………58
- 1.5 锚具病害………………………59
- 1.6 索塔病害………………………59
- 1.7 主梁病害………………………60

任务2 悬索桥典型缺陷与病害………60
- 2.1 主缆病害………………………60
- 2.2 索夹病害………………………61
- 2.3 吊索病害………………………61
- 2.4 索塔病害………………………62
- 2.5 索鞍病害………………………62
- 2.6 锚碇病害………………………62
- 2.7 主梁病害………………………62

课题4 桥梁下部结构和桥面系典型缺陷与病害………63

任务1 桥梁下部结构典型缺陷与病害…63
- 1.1 桥墩典型缺陷与病害…………63
- 1.2 盖梁典型缺陷与病害…………65
- 1.3 桥台典型缺陷与病害…………66
- 1.4 墩台基础典型缺陷与病害……67
- 1.5 翼墙、耳墙典型缺陷与病害…67
- 1.6 锥坡、护坡典型缺陷与病害…68

任务2 桥面系典型缺陷与病害………69
- 2.1 桥面铺装典型缺陷与病害……69
- 2.2 伸缩缝装置典型缺陷与病害…71
- 2.3 护栏典型缺陷与病害…………72
- 2.4 防排水系统典型缺陷与病害…73

课后习题………74

模块3 桥梁结构检测技术应用………75

课题1 结构几何尺寸与几何形态检测……75

任务1 梁式桥桥面线形检测…………75
- 1.1 桥面线形检测测点布设………75
- 1.2 桥面线形测量方法……………76
- 1.3 检测评定………………………77

任务2 拱式桥拱圈变形检测…………77
- 2.1 拱圈变形测点布设……………77
- 2.2 拱式桥拱圈线形测量方法……77

2.3	拱圈变形评定	78
任务3	高墩垂直度检测	78
3.1	垂线法	78
3.2	形心法	79
3.3	检验评定标准	79

课题2　混凝土表观与内部缺陷检测 79

- 任务1　混凝土裂缝宽度检测 80
  - 1.1　简介 80
  - 1.2　读数显微镜和裂缝尺检测 80
  - 1.3　数显式裂缝测宽仪检测 80
- 任务2　混凝土裂缝深度检测 81
  - 2.1　检测原理 81
  - 2.2　检测仪器 81
  - 2.3　单面平测法 82
  - 2.4　双面斜测法 83
  - 2.5　钻孔对测法 83
- 任务3　混凝土内部缺陷检测 84
  - 3.1　超声波检测混凝土内部缺陷 84
  - 3.2　冲击回波法检测混凝土内部缺陷 87

课题3　钢结构质量缺陷检测 89

- 任务1　涂层厚度检测 89
  - 1.1　检测原理及方法 90
  - 1.2　防腐涂层厚度检测 90
  - 1.3　防火涂层厚度检测 91
- 任务2　焊缝质量检测 91
  - 2.1　超声检测 92
  - 2.2　磁粉检测 93
  - 2.3　液体渗透检测 95
  - 2.4　X射线检测 96
- 任务3　连接螺栓扭矩检测 101
  - 3.1　高强度螺栓连接副施工扭矩检验 101
  - 3.2　扭剪型高强度螺栓施工扭矩检验 103

课题4　桥梁材质状况检测 104

- 任务1　混凝土抗压强度检测 104
  - 1.1　回弹法检测混凝土抗压强度 104
  - 1.2　钻芯法检测混凝土抗压强度 110
- 任务2　混凝土中钢筋位置及保护层厚度检测 113
  - 2.1　电磁感应法检测钢筋位置及保护层厚度 113
  - 2.2　雷达法检测钢筋位置及保护层厚度 115
- 任务3　混凝土中钢筋锈蚀状况检测 116
  - 3.1　简介 116
  - 3.2　检测原理 117
  - 3.3　检测仪器 117
  - 3.4　检测步骤及注意事项 117
  - 3.5　检测结果评定 118
- 任务4　混凝土电阻率检测 119
  - 4.1　简介 119
  - 4.2　检测原理 119
  - 4.3　检测仪器 120
  - 4.4　检测步骤及注意事项 120
  - 4.5　检测结果评定 120
- 任务5　混凝土碳化状况检测 121
  - 5.1　简介 121
  - 5.2　检测原理 121
  - 5.3　检测仪器 121
  - 5.4　检测步骤及注意事项 121
  - 5.5　检测结果评定 121

课后习题 122

模块4　公路桥梁技术状况评定 123

课题1　公路桥梁技术状况评定标准 123

- 任务1　评定方法与等级分类 123
  - 1.1　评定方法 123
  - 1.2　桥梁技术状况等级分类 124
- 任务2　评定计算方法与单项控制指标 125
  - 2.1　桥梁技术状况评定计算 125

2.2 桥梁技术状况单项控制指标……129
2.3 各结构形式桥梁部件权重……131

课题2 梁式桥上部结构技术状况评定……134

任务1 梁式桥上部结构主要检测内容……134
1.1 混凝土及预应力混凝土梁式桥……134
1.2 钢梁桥……134
1.3 支座……134

任务2 梁式桥上部结构评定指标……135
2.1 混凝土梁式桥……135
2.2 钢梁桥……139
2.3 橡胶支座……142

课题3 拱式桥上部结构技术状况评定……144

任务1 拱式桥上部结构主要检测内容……144
任务2 拱式桥上部结构评定指标……145
2.1 圬工拱桥……145
2.2 钢筋混凝土拱桥……149
2.3 钢-混凝土组合拱桥……161
2.4 钢拱桥……169

课题4 悬索桥上部结构技术状况评定……170

任务1 悬索桥上部结构主要检测内容……170
任务2 悬索桥上部结构评定指标……170
2.1 主缆……170
2.2 索夹……172
2.3 吊索……173
2.4 加劲梁……176
2.5 索塔……181
2.6 索鞍……183
2.7 锚碇……184
2.8 锚杆……185

课题5 斜拉桥上部结构技术状况评定……186

任务1 斜拉桥上部结构主要检测内容……186
任务2 斜拉桥上部结构评定指标……187
2.1 斜拉索……187
2.2 斜拉索护套……189

2.3 主梁……191
2.4 索塔……191
2.5 锚具……192
2.6 减震装置……193

课题6 桥梁下部结构技术状况评定……194

任务1 桥梁下部结构主要检测内容……194
任务2 桥梁下部结构评定指标……194
2.1 桥墩……194
2.2 桥台……199
2.3 基础……203
2.4 翼墙、耳墙……206
2.5 锥坡、护坡……207
2.6 河床及调治构造物……208

课题7 桥面系技术状况评定……209

任务1 桥面系主要检测内容……209
任务2 桥面系构件评定指标……210
2.1 桥面铺装……210
2.2 伸缩缝装置……214
2.3 人行道……215
2.4 栏杆、护栏……216
2.5 防排水系统……216
2.6 照明、标志……217

课后习题……218

模块5 桥梁技术状况评定实例……219

课题1 某混凝土T梁桥技术状况评定实例……219

任务1 混凝土T梁桥工程概况及构件数量划分……219
1.1 桥梁概况……219
1.2 桥梁部件划分及构件数量……219

任务2 混凝土T梁桥外观检查结果……220
2.1 上部结构检查结果……220
2.2 支座检查结果……222

| 2.3 上部一般构件检查结果……………223
| 2.4 下部结构检查结果………………225
| 2.5 桥面系检查结果…………………226

任务3 各构件、部件、整体评分及等级评定……………227
- 3.1 上部结构技术状况评分计算………227
- 3.2 下部结构技术状况评分计算………228
- 3.3 桥面系技术状况评分计算…………229
- 3.4 桥梁总体技术状况评分计算………229

课题2 某斜拉桥技术状况评定实例……230

任务1 斜拉桥工程概况及构件数量划分……230
- 1.1 桥梁概况……………………………230
- 1.2 斜拉桥构件数量划分………………230
- 1.3 斜拉桥构件编号规则………………231

任务2 斜拉桥外观检查结果……………231
- 2.1 上部结构检查结果…………………231
- 2.2 下部结构检查结果…………………233
- 2.3 桥面系检查结果……………………233

任务3 各构件、部件、整体评分及等级评定……………234
- 3.1 上部结构技术状况评分计算………234
- 3.2 下部结构技术状况评分计算………235
- 3.3 桥面系技术状况评分计算…………235
- 3.4 桥梁总体技术状况评分…………236

课后习题……………………………………236

参考文献……………………………………238

模块1　公路桥梁技术状况检测与评定基础知识

教学要求

完成本模块学习，学生能够了解公路桥梁建设的成就，了解公路桥梁维护管理的意义，熟悉公路桥梁技术状况检测与评定的相关规范体系，掌握公路桥梁的主要分类方法和各构件的划分及管理编码规则，为后续模块的学习做好充分准备。

课题1　我国公路桥梁维护管理的现状

桥梁作为公路交通咽喉，其安全运营对保证整个路网的畅通乃至一个地区的经济与社会发展都有着重要的影响，桥梁结构安全性无疑成为社会最为关心的问题。特别是近年来我国基础设施建设取得了举世瞩目的成就，拥有庞大的社会固定资产。对这些数目庞大、技术状况复杂的桥梁结构实施科学有效的管理，维护桥梁结构的安全运营，对保障国民经济的正常运行、社会安定具有重大的意义。

任务1　公路桥梁的现状及检测评定的意义

1.1　我国公路桥梁的建设成就

改革开放以来，随着经济的发展、综合国力的增强，我国的建筑材料、工程设备、建筑技术都有了较快发展，我国公路建设事业得到了迅猛发展。特别是近十年来，计算机信息化技术的应用和发展为技术人员提供了方便、快捷的信息分析手段。我国桥梁的建设进入了一个最辉煌的时期，一大批结构新颖、技术复杂、设计施工难度大和科技含量高的大跨径桥梁相继建成，标志着我国的公路桥梁建设水平已跻身于国际先进行列。

据交通运输部《2019年交通运输行业发展统计公报》显示，截至2019年年末，全国公路总里程达501.25万公里，公路密度52.21公里/百平方公里。2018年年末全国公路桥梁87.83万座，桥梁长度合计6.063万公里，其中特大桥5 716座，大桥108 344座。公路与城市道路桥梁的总数已经超过110万座，远远超越了原世界桥梁最多的美国（65万座）。图1-1-1所示为2015—2019年全国公路总里程及桥梁总数。

图1-1-1　2015—2019年全国公路总里程及桥梁总数

我国公路桥梁建设,从发展历程来看主要经历了从珠江三角洲到长江中上游、再到西部山区的高山峡谷、再到跨海世纪工程。桥梁结构从常规的梁桥、拱桥到高墩大跨径斜拉桥、悬索桥的建设历程。目前,世界各类大跨径桥梁绝大多数在中国,跨径居前十位的各种桥梁中,中国占了一半以上,取得了举世瞩目的成就。

1.1.1 预应力混凝土梁桥

梁式桥是使用最广泛的桥梁结构形式。世界上已建成主跨跨径大于 200 m 的预应力混凝土梁桥有 147 座,中国占 131 座,其中以重庆石板坡长江大桥复线桥(主跨跨径为 330 m,2006 年建成)和贵州省水盘高速公路北盘江特大桥(如图 1-1-2 所示,主跨跨径为 290 m,2013 年建成)为代表。世界主跨跨径排名前 10 座的预应力混凝土梁桥中,中国占 5 座(见表 1-1-1)。

图 1-1-2 贵州省水盘高速公路北盘江特大桥

表 1-1-1 主跨跨径世界排名前十位的预应力混凝土梁桥

序号	桥名	主跨/m	国家/地区	建成时间/年
1	石板坡长江大桥复线桥	330	中国/重庆	2006
2	Storseisundet Bridge(斯托尔桑德特大桥)	301	挪威	1998
3	Raftsundet Bridge(拉夫森德大桥)	298	挪威	1998
4	Sunday Bridge(桑达伊大桥)	298	挪威	2003
5	水盘高速公路北盘江特大桥	290	中国/贵州	2013
6	Sandsfjord Bridge	290	挪威	2015
7	虎门大桥辅航道桥	270	中国/广东	1997
8	Asuncion Bridge(亚松森桥)	270	巴拉圭	1979
9	苏通大桥专用航道桥	268	中国/江苏	2008
10	红河大桥	265	中国/云南	2003

1.1.2 拱桥

拱桥在我国有着悠久的历史,由于拱桥造型优美、跨越能力大,长期以来一直是大跨径桥梁的主要形式之一。世界上主跨跨径大于 200 m 的钢筋混凝土拱桥有 46 座,全部在中国。主跨跨径大于 200 m 的钢筋混凝土拱桥有 43 座,中国占 23 座。主跨跨径大于 200 m 的钢箱、钢桁拱桥有118座，中国占86座。我国2009年建成的主跨跨径为552 m的重庆朝天门长江大桥(图1-1-3)居同类桥型的主跨跨径世界第一。表1-1-2所示为主跨跨径世界排名前十位的拱桥。

图1-1-3 重庆朝天门长江大桥

表1-1-2 主跨跨径世界排名前十位的拱桥

序号	桥名	主跨/m	国家/地区	建成时间/年
1	平南三桥	575	中国/广西	在建
2	朝天门长江大桥	552	中国/重庆	2009
3	卢浦大桥	550	中国/上海	2003
4	秭归长江大桥	531.2	中国/湖北	2019
5	合江长江一桥	530	中国/四川	2013
6	New River Gorge Bridge(新河谷桥)	518	美国	1977
7	合江长江公路大桥	507	中国/四川	在建
8	Bayonne Bridge(巴约纳桥)	504	美国	1931
9	Sydney Harbour Bridge(悉尼港桥)	503	澳大利亚	1932
10	巫山长江公路大桥	492	中国/重庆	2005

1.1.3 斜拉桥

20世纪90年代以后，因跨越大江大河的需要，我国斜拉桥得到快速的发展，建成了苏通长江大桥、沪通长江大桥(图1-1-4)等一系列斜拉桥。目前，我国建成或在建的主跨跨径为300 m以上的斜拉桥有200多座，居世界首位。表1-1-3所示为主跨跨径世界排名前十位的斜拉桥。

图 1-1-4 沪通长江大桥

表 1-1-3 主跨跨径世界排名前十位的斜拉桥

序号	桥名	主跨/m	国家/地区	建成时间/年
1	常泰长江大桥	1 176	中国/江苏	在建
2	Russky Island Bridge(俄罗斯岛大桥)	1 104	俄罗斯	2012
3	沪通长江大桥	1 092	中国/江苏	2020
4	苏通长江大桥	1 088	中国/江苏	2008
5	昂船洲大桥	1 018	中国/香港	2009
6	武汉青山长江大桥	938	中国/湖北	2020
7	鄂东长江大桥	926	中国/湖北	2010
8	嘉鱼长江公路大桥	920	中国/湖北	2019
9	多多罗大桥	890	日本	1999
10	Normandy Bridge(诺曼底大桥)	856	法国	1995

1.1.4 悬索桥

我国在特大跨径悬索桥建设方面起步较晚,1995年建成的广东汕头海湾大桥(主跨跨径为452 m)开启了我国公路悬索桥的先河,随后建成了湖北西陵长江大桥(主跨跨径为900 m,1996年通车运营)、广州虎门大桥(主跨跨径为888 m,1997年建成通车)等。2018年建成了南沙大桥坭洲水道桥(主跨跨径为1 688 m)、武汉杨泗港长江大桥(图1-1-5,主跨跨径为1 700 m)等多座世界级大跨径悬索桥。表1-1-4所示为主跨跨径世界排名前十的悬索桥。

图 1-1-5 武汉杨泗港长江大桥

表 1-1-4　主跨跨径世界排名前十位的悬索桥

序号	桥名	主跨/m	国家/地区	建成时间/年
1	恰纳卡莱 1915 大桥	2 023	土耳其	在建
2	明石海峡大桥	1 991	日本	1998
3	南京仙新路过江通道跨江大桥	1 760	中国/江苏	在建
4	武汉杨泗港长江大桥	1 700	中国/湖北	2019
5	南沙大桥坭洲水道桥	1 688	中国/广东	2019
6	深中通道伶仃洋大桥	1 666	中国/广东	在建
7	西堠门大桥	1 650	中国/浙江	2009
8	Great Belt Bridge(大贝尔特桥)	1 624	丹麦	1998
9	Izmit Bridge(奥斯曼加齐大桥)	1 550	土耳其	2016
10	Gwang yang Bridge(光阳大桥)	1 545	韩国	2013

1.1.5　高桥

在高桥建设方面，随着西部大开发的进程，西部山区跨峡谷沟壑的桥梁也如雨后春笋。世界著名桥梁网站 Highest Bridges 显示，世界高桥前 100 名中，约 80 座在中国，其中有 50 多座在贵州。对于山多地少没有平原支撑的贵州来说，贵州的桥梁其险峻、壮观程度是世界任何地方都无法比拟的，世界上高度在 300m 以上的桥梁中，国外只有 2 座，其余的在国内，其中贵州就占了一大半，可以称为"世界桥梁博物馆"。图 1-1-6 所示为杭瑞高速北盘江大桥，表 1-1-5 所示为桥面高度世界排名前十位的公路桥。

图 1-1-6　杭瑞高速北盘江大桥

表 1-1-5　桥面高度世界排名前十位的公路桥

序号	桥名	桥面高度/m	桥型	国家/地区	建成时间/年
1	杭瑞高速北盘江大桥	565.4	斜拉桥	中国/贵州	2016
2	四渡河特大桥	496	悬索桥	中国/湖北	2009
3	普立特大桥	485	悬索桥	中国/云南	2015
4	金安金沙江大桥	461	悬索桥	中国/云南	2020
5	贵黔高速鸭池河大桥	434	斜拉桥	中国/贵州	2016

续表

序号	桥名	桥面高度/m	桥型	国家/地区	建成时间/年
6	清水河特大桥	406	悬索桥	中国/贵州	2015
7	巴鲁阿特大桥	390	斜拉桥	墨西哥	2013
8	息黔高速六广河特大桥	375	斜拉桥	中国/贵州	2017
9	坝陵河特大桥	370	悬索桥	中国/贵州	2003
10	关兴公路北盘江大桥	366	悬索桥	中国/贵州	2009

1.1.6 跨海连岛大桥

21世纪，中国桥梁建设进入了一个全面发展的阶段，在建设内陆主干公路的同时，开始了跨海工程建设，先后建成了东海、杭州湾、舟山连岛、胶州湾和港珠澳大桥等10多个跨海大桥工程。这些桥梁都创造了世界上多个技术第一，标志着我国的桥梁建造技术越来越成熟。在国际上，其设计和施工工艺越来越得到世界各国的认可。图1-1-7所示为港珠澳大桥，表1-1-6所示为世界排名前十位的跨海连岛大桥。

图1-1-7 港珠澳大桥

表1-1-6 世界排名前十位的跨海连岛大桥

序号	桥名	全长/km	国家/地区	建成时间/年
1	港珠澳大桥	55	中国	2018
2	青岛海湾(胶州湾)大桥	36.48	中国	2011
3	杭州湾大桥	36	中国	2008
4	上海东海大桥	32.5	中国	2005
5	大连湾跨海工程	27	中国	在建
6	King Fahd auseway(巴林跨海大桥)	25	巴林	1986
7	舟山大陆连岛工程	25	中国	2009
8	深中通道工程	24	中国	在建
9	Chesapeake Bay Bridge(切萨皮克湾大桥)	19.7	美国	1964
10	Great Belt Bridge	17.5	丹麦	1997

1.2 公路桥梁技术状况检测与评定的意义

改革开放以来，我国桥梁工程建设已经取得了进步，随着技术状况复杂的桥梁日趋增加，对桥梁的运营安全提出了更高的要求。然而，随着在役桥梁使用年限的增加，桥梁结构病害问题日益突出。国内外桥梁坍塌事故时有发生，根据对媒体报道的不完全统计，仅 2000—2019 年我国共发生桥梁坍塌事故 60 余起，给国家财产和人民生命安全带来了巨大损失，造成了严重的不良社会影响。

例如，2001 年 11 月 7 日凌晨 4 时 30 分左右，位于四川省宜宾市金沙江上的宜宾小南门大桥部分悬索及桥面发生断裂坍塌事故（图 1-1-8），造成 3 车坠江、1 船被毁，其中 2 人死亡、2 人失踪、3 人受伤。该桥为单孔跨径为 240 m 的钢筋混凝土中承式公路拱桥，桥面由 17 对钢缆吊杆悬挂承重，于 1990 年 11 月建成通车。据有关部门调查分析认为，吊杆在近桥面处防护失效，部分吊杆钢绞线生锈后发生应力腐蚀，造成吊杆中 4 对（北岸 1 对，南岸 3 对）共 8 根吊杆突然断裂是事故的主要原因。

图 1-1-8　宜宾小南门大桥垮塌事故

2011 年 7 月 15 日凌晨 2 时许，浙江杭州钱塘江三桥北向南距离滨江转盘不到 800 m 处（引桥部分）右侧车道部分桥面突然塌落（图 1-1-9），一辆满载钢板的货车从桥面坠落，又将下闸道砸塌，司机受伤。该桥总长为 5 700 m，双向 6 车道，主桥长为 1 280 m，南北高架引桥长为 4 420 m（主要为空心板梁），1997 年 1 月建成通车。据有关部门调查分析认为，垮塌的主要原因是引桥空心板梁之间采用浅直铰缝构造，在运营过程中，主梁之间铰缝逐渐损坏，最后形成单片空心板梁受力，在超载车辆作用下导致桥梁坍塌。

图 1-1-9　杭州钱塘江三桥垮塌现场

桥梁坍塌事故的原因诸多，既有在设计施工的建设期就存在缺陷的，也有原设计荷载等级偏低、交通量和大型重载的激增引发的，还有大气环境下材料的劣化、自然灾害作用引发的，但是桥梁的检测不到位、养护不及时等都是造成悲惨事故的重要原因之一。为保证公路桥梁的安全运营，必须加强对在役桥梁进行检查、维护和加固，使其经常处于良好的技术状态，确保和提高使用年限，以满足交通运输发展的需要。

桥梁技术状况检测与评定，是专业技术人员根据相关规范要求，通过一定的检测手段来了解桥梁的病害发生部位、严重程度、产生原因等情况，并分析既有病害对桥梁结构的安全性、适用性和耐久性影响，综合评定桥梁技术状况等级，为桥梁维修加固提供可靠的技术数据和依据，在保证桥梁安全运营等方面具有重要的意义。

1.3 桥梁技术状况检测技术简介

1.3.1 桥梁技术状况检测的主要内容

桥梁技术状况检测的主要内容包括外观损伤、内部缺陷、材料劣化状况、结构力学性能及几何形态特征检测等。

（1）桥梁结构的外观损伤主要有钢结构的锈蚀、连接构造失效、构件及焊缝的疲劳开裂，混凝土结构的裂缝、蜂窝、麻面、掉角、剥落等。钢结构的锈蚀、连接构造失效及混凝土蜂窝、剥落的病害特征明显，很容易检查和记录。但钢结构的结构及焊缝开裂、混凝土结构裂缝，其宽度和分布特征对评价桥梁结构安全性能具有重要的作用，而日常检查中难以察觉。

（2）桥梁结构的内部缺陷主要表现为混凝土在浇筑时，由于过密配筋、振捣不实等，产生的空洞、孔洞，或是预应力混凝土的预埋管内注浆不足产生的管内空洞。管内空洞会诱发导致预应力钢束锈蚀或局部受力过大等。

（3）桥梁结构材料的劣化主要表现为混凝土强度的降低、碱集料反应引起的混凝土开裂、混凝土中氯离子的侵入与碳化等原因诱发的钢筋锈蚀等。

（4）结构力学性能及几何形态特征检测主要有索力检测、结构应力及变形（如桥跨结构的下挠、墩台沉降）检测。桥梁几何形态的变化在一定程度上能反映结构内力的变化情况，主要包括在恒载状态下的几何特征变化与活载作用下的几何特征变化。恒载状态下的几何形态检测，主要与既往的检测数据比较，分析其变化规律。桥梁技术状况检测的范围主要是在恒载状态下的几何形态检测。活载状态下几何形态的变化检测，一般应用于荷载试验，它是桥梁承载能力评定中，桥梁正常使用阶段结构刚度特征的重要参数。

上述这些典型桥梁结构病害对保证桥梁结构承载力、运营安全性及耐久性具有重要的影响。长期以来，桥梁技术状况检测主要是通过人工目测或者采用一些简单的仪器设备进行现场测试及其他辅助性试验来进行的。随着科技的发展，许多先进的仪器设备应用到桥梁技术状况检测中，使检测工作更为方便高效和准确。本节简单介绍公路桥梁技术状况检测中常用的无损检测技术及智能化检测手段的发展现状。

1.3.2 无损检测技术

无损检测技术（Non Destructive Evaluation，NDE），是在不破坏检测对象原来状态的前提下，利用物理或化学手段，借助先进的技术和仪器设备来获取与检测对象缺陷的有无、属性、位置、大小等信息所采用的检测方法。

早在19世纪末，人们就已经开始探索无损检测技术，部分技术在第二次世界大战前已经开始得到初步应用，在第二次世界大战期间由于医学和军事的需要而得到迅速发展。无损检测技术在第二次世界大战后随着工业生产技术的迅猛发展，在工业（金属材料）上开始广泛应用，后在混凝土等非金属材料中开始应用。20世纪末期逐步形成了射线检测、超声波和冲击弹性波检测、电学和电磁检测、力学和光学检测、热力学方法和化学分析方法及图像处理、图像的识别等自动化检测技术的土木工程检测体系。桥梁无损检测技术正是在此基础上发展而形成,并随着现代传感与通信技术的发展向着智能化、快速化、系统化的方向发展。

目前,桥梁结构检测中常用的主要无损检测方法见表 1-1-7。

表 1-1-7 桥梁检测中主要的无损检测方法

检测项目		常用检测方法	主要相关检测规范
混凝土结构	表观损伤	超声波法、数字化图像识别※	《超声法检测混凝土缺陷技术规程》(CECS 21—2000)
	裂缝深度	超声波法	
	内部空洞	超声波法、冲击回波法、红外线成像法※、电磁波雷达法※、X 射线法※	《冲击回波法检测混凝土缺陷技术规程》(JGJ/T 411—2017)
	预埋管压浆密实度	X 射线法※、冲击回波法	
	钢筋位置	电磁感应法、电磁波雷达法	《混凝土中钢筋检测技术标准》(JGJ/T 152—2019)
	钢筋保护层厚度		
	钢筋锈蚀状况	半电池电位法	
	钢筋锈蚀环境	电阻率法	《回弹法检测混凝土抗压强度技术规程》(JGJ/T 23—2011)
	混凝土强度	回弹法、超声回弹综合法、钻芯法、拔出法	《超声回弹综合法检测混凝土抗压强度技术规程》(T/CECS 02—2020)
			《钻芯法检测混凝土强度技术规程》(JGJ/T 384—2016)
			《拔出法检测混凝土强度技术规程》(CECS 69—2011)
钢结构	钢材厚度	超声测厚法	《钢结构现场检测技术标准》(GB/T 50621—2010)
	涂层厚度	磁性测厚法、涡流测厚法、超声测厚法	《焊缝无损检测 射线检测 第 1 部分:X 和伽玛射线的胶片技术》(GB/T 3323.1—2019)
	焊缝质量	超声检测法、磁粉检测法、渗透检测法	《焊缝无损检测 射线检测 第 2 部分:使用数字化探测器的 X 和伽玛射线技术》(GB/T 3323.2—2019)
其他	几何形态	全站仪测量、精密水准仪测量、GPS 测量	《工程测量规范》(GB 50026—2007)
	索力	频率法、磁通量法※	《公路桥梁荷载试验规程》(JTG/T J21—01—2015)

注:右上方有※的为目前还没有规范的检测方法。

除上述常用的桥梁无损检测方法外,国内外的桥梁检测工作者还在不断探索,将更多的检测方法和手段应用到实际工程中。但必须认识到,无损检测技术是使用特定的检测装置来检测被测物的某个物理量,根据检测出的物理量与被测物的状态之间存在的某种关系来推断被测物的状态,具有不确定性。因此,在工程应用中,必须合理选择无损检测的方法和检测规范,并注意检测方法的适用范围及影响因素,从而提高检测结果的可靠性。

桥梁技术状况检测技术是本书的核心内容之一,常用的检测方法的检测原理在本书模块 3(桥梁技术状况检测技术应用)中详细说明。

1.3.3 智能化检测手段

目前,公路桥梁检测外观损伤仍借助检测支架或桥梁检测车等设备接近结构表面,以人工目测为主,工作强度大,效率低。特别是大跨径、高墩及跨海大桥等特殊结构桥梁(如斜拉桥、悬索桥等）人工检测难度大，危险系数高。近年来，无人机，爬索、爬壁机器人，水下机器人等智能化检测手段在桥梁检测中得到迅猛发展。

1. 无人机检测

无人机检测通过无人机悬挂的测量设备或高分辨率摄像头，对桥梁进行近距离、全方位观测，对结构表观缺陷、几何进行高分辨率拍摄。无人机检测系统主要由无人机、数据采集系统、数据传输系统、地面控制系统、数据分析处理系统等组成。无人机一般采用起降平稳的多旋翼无人机，利于数据采集和观测。数据传输系统用于系统控制信号、检测数据的传输。地面控制系统则用于实时监控无人机飞行、检查拍摄情况，利于及时纠正飞行轨迹和发现桥梁明显病害。与传统桥梁检测技术相比，无人机可以直接到达检测部位，无须其他辅助措施，不影响正常交通，节省费用。在高墩等复杂环境中，无须人员高空作业，提高了安全性。常用于桥梁检测的无人机检测如图 1-1-10 所示。

（a） （b）

图 1-1-10 无人机桥梁检测应用

2. 爬索、爬壁机器人检测

爬索、爬壁机器人是一种能够携带安装高清摄像装置或钢丝探伤传感器等相关设备攀爬斜拉索、墩及梁等，并对其进行高空作业，能够实现准确、及时、快速、方便的检查。

爬索、爬壁机器人包括检测装置、爬行机构、控制系统、电源、电机等几个部分。常用于桥梁检测的爬索、爬壁机器人检测如图 1-1-11 所示。

（a） （b）

图 1-1-11 爬索、爬壁机器人桥梁检测应用

3. 水下机器人检测

桥梁基础是桥梁的重要结构之一，它不仅承受着桥梁的恒载和活载，还将它传递给地基。

桥梁经过一段时间运营后，往往会因为基础混凝土浇筑质量差或流水长期冲刷侵蚀等原因而出现病害，如基础淘空、倾斜、下沉、混凝土冲蚀、磨损、破损、露筋、锈蚀、夹泥、开裂和缩径等，这些病害均会危及桥梁的正常使用。基础位于水面之下，人工检测作业存在很大的安全隐患。这些现实情况给桥梁检测的顺利实施带来了很大的困难。

水下机器人可携带高清水下摄像系统或二维多波束声呐，可以得到结构的损伤、基础的冲刷等较为直观的图像，成为长大跨海、跨江桥梁基础检测的必要手段。水下机器人桥梁检测应用如图1-1-12所示。

(a)　　　　　　　　　　　(b)

图1-1-12　水下机器人桥梁检测应用

任务2　公路桥梁技术状况检测与评定的相关规范及要求

公路桥梁技术状况检测与评定主要依据《公路桥涵养护规范》(JTG H11—2004)和《公路桥梁技术状况评定标准》(JTG/T H21—2011)来实施。本节简单介绍上述规范标准的主要相关内容，同时，也简单介绍针对技术状况评定结果为较差和危险等级的桥梁实施的《公路桥梁承载能力检验评定标准》等。

2.1　《公路桥涵养护规范》(JTG H11—2004)简介

桥梁检查是通过了解桥梁的技术状况及缺陷和损伤的性质、部位、严重程度、发展趋势，弄清楚出现缺陷和损伤的主要原因，以便能分析和评价既存缺陷和损伤对桥梁质量与使用承载能力的影响，并为桥梁维修和加固设计提供可靠的技术数据与依据。因此，桥梁检查是进行桥梁养护、维修与加固的先导工作，是决定维修与加固方案可行和正确与否的可靠保证，是桥梁评定、养护、维修与加固工作中必不可少的重要组成部分。

1996年交通运输部为了适应新形势的要求，下达将原《公路养护技术规范》中第四章的桥涵养护作为《公路桥涵养护规范》进行修改，单独成册的任务。经过6年多反复的调研、评审和修改，于2004年10月发布并实施《公路桥涵养护规范》(JTG H11—2004)。随着我国交通事业的不断发展需求，2010年交通运输部又下达了对《公路桥涵养护规范》(JTG H11—2004)进行修订的任务，目前正在修订中，近期可望颁布实施。

现行《公路桥涵养护规范》(JTG H11—2004)按照检查的范围、深度、方式和检查结果的用途等的不同，将公路桥梁检查分为经常检查、定期检查和特殊检查。

1. 经常检查

经常检查是由桥梁养护人员对桥梁进行的日常巡视检查。经常检查桥面设施、上部结构、下部结构及附属构造物,采用目测方法及配以简单工具进行测量,登记所检查项目的缺损类型,估计缺损范围及养护工作量,提出相应的小修保养措施,为编制桥梁养护(小修保养)计划提供依据。

经常检查的周期根据桥梁技术状况而定,一般每月不得少于一次,汛期应加强不定期检查。经常检查中发现桥梁重要部(构)件存在明显缺损时应及时向上级提交专项报告。

2. 定期检查

定期检查是为评定桥梁使用功能,制订管理养护计划提供基本数据,按规定周期对桥梁主体结构及附属构造物的技术状况进行定期跟踪的全面检查。评定桥梁技术状况等级,主要采用接近各部件进行目测观察和结合仪器观测(如使用裂缝宽度仪检测裂缝宽度、回弹仪检测混凝土强度、钢筋保护层厚度仪检测钢筋保护层厚度等),仔细检查桥梁各部件的功能是否完善有效,了解结构和材料的变化状况,为桥梁养护管理系统收集结构技术状态的动态数据。对于难以判断的部件,提出特殊检查的要求;对于损坏严重危及安全运行的危桥,提出限制交通和改建的建议。公路桥梁技术状况评定等级见表1-1-8。

表 1-1-8 桥梁技术状况等级分类与养护措施

技术状况评定等级	桥梁技术状况描述	养护措施
1 类	完好或良好状态。全新状态、功能完好	正常保养或预防养护
2 类	较好状态。有轻微缺损,对桥梁使用功能无影响	预防养护、轻微病害修复
3 类	差状态。有中等缺损,尚能维持正常使用功能,缺损恶化会发展	修护后更换较大缺陷构件,酌情进行交通管制
4 类	较差的状态。主要构件有大的缺损,严重影响桥梁使用功能;或影响承载能力,不能保证正常的使用	及时进行交通管制,加固、大修或改建
5 类	危险状态。存在严重缺损,主要构件不能正常使用,危及桥梁安全	及时封闭交通,改建或重建

定期检查的周期根据技术状况确定,最长不得超过三年。新建桥梁交付使用一年后,进行第一次全面检查。临时桥梁每年检查不少于一次。在经常检查中发现重要部(构)件存在明显缺损时,应立即安排一次定期检查。由于我国公路运输处于快速增长时期,过桥车辆的数量和质量变化较大,故加强检查很有必要。《交通运输部关于进一步加强公路桥梁养护管理的若干意见》(交公路发[2013]321号)中明确提出"定期检查是确定桥梁技术状况的全面检查,应不少于三年一次,鼓励将定期检查打包,委托专业桥梁检测单位实施。特大、特殊结构和特别重要的桥梁定期检查周期不少于一年一次,应委托专业桥梁检测单位实施"。

3. 特殊检查

特殊检查是为查清楚桥梁的病害原因破损程度、承载能力,确定桥梁技术状况的工作。由具有相应资质的专业检测单位,依据相关规范采用系列物理、化学等检测手段,对桥梁进行有针对性的鉴定。

依据检查目的可划分为专门检查和应急检查两种。

(1)专门检查:根据经常检查和定期检查的结果,对需要进一步判明损坏原因、缺损程度或使用能力的桥梁,针对病害进行专门的现场试验检测验算与分析等鉴定工作。

(2)应急检查:当桥梁受到灾害性损伤后,为了查明破损状况,采取应急措施,组织恢复交通,对结构进行的详细检查和鉴定工作。

因此,一般来说特殊检查需要的鉴定可分为以下3个方面。

(1)桥梁结构材料缺损状况。桥梁结构材料缺损状况包括对材料物理、化学性能退化程度与原因的测试鉴定,以及结构或构件开裂状态的检测和评定。

(2)桥梁结构承载能力。桥梁结构承载能力包括对结构强度、稳定性和刚度的计算、试验与鉴定。

(3)桥梁防灾能力。桥梁防灾能力包括桥梁抵抗洪水、流冰、风、地震等能力的检测鉴定。

《公路桥涵养护规范》(JTG H11—2004)指出以下5种情况,应作特殊检查:

(1)定期检查难以判明损坏原因及程度的桥梁;

(2)桥梁技术状况为四、五类者;

(3)拟通过加固手段提高荷载等级的桥梁;

(4)条件许可时,特殊重要的桥梁在正常使用期间可周期性进行荷载试验;

(5)桥梁遭受洪水、流冰、滑坡、地震、风灾、漂流物或船舶撞击,因超重车辆通过或其他异常情况影响造成损害时,应进行应急检查。

2.2 《公路桥梁技术状况评定标准》(JTG/T H21—2011)简介

2.2.1 公路桥梁技术状况评定的主要任务

桥梁技术状况是指桥梁结构或构件在强度、刚度、稳定性、耐久性等方面的技术特征的总称,如结构位移、构件变形、混凝土表观质量、缺损状况、钢筋锈蚀状况等。

桥梁技术状况评定的主要任务是根据规范、标准的方法,通过对桥梁存在的缺损状况、材质变化状况等检测,把握桥梁当前的技术状况并对桥梁技术状况发展的趋势作出预测,以确定桥梁在当前和今后的一个周期内需要采取的养护措施,确保桥梁的运营安全。

《公路桥涵养护规范》(JTG H11—2004)可将公路桥梁技术状况评定分为一般评定和适应性评定。

(1)一般评定。一般评定是依据桥梁定期检查资料,通过对桥梁各部件,桥面系、上部结构、下部结构及全桥进行技术状况的综合评定,确定桥梁的技术状况等级,提出各类桥梁的养护措施。

(2)适应性评定。适定性评定是依据桥梁定期及特殊检查资料,结合试验与结构受力分析,评定桥梁的实际承载能力、通行能力、抗洪能力,提出桥梁养护、改造方案。

因此,本书中桥梁技术状况检测与评定的内容主要是《公路桥涵养护规范》(JTG H11—2004)中定义的一般评定。

2.2.2 《公路桥梁技术状况评定标准》(JTG/T H21—2011)的内容

为了满足在充分考虑评价周期、难易程度和检测费用的前提下,尽可能提出量化评价指标,统一病害判定尺度,明确检测方法,尽量避免承载力鉴定等程序复杂、费用高的检测要求。交通运输部在2004年根据公路工程标准规范体系的要求,将《公路桥涵养护规范》(JTG H11—2004)中的第三章第五节桥梁评定内容编写为《公路桥梁技术状况评定标准》(JTG/T H21—2011)单独成册的任务,于2011年颁布并实施。

《公路桥梁技术状况评定标准》(JTG/T H21—2011),在《公路桥涵养护规范》(JTG H11—2004)中"一般评定"的基础上根据桥梁各部件不同材料、结构形式将桥梁进行分类,分类后根据各部件不同特点制定相应的评定标准,具有以下几个特点:

(1)分类评定:按不同桥形进行桥梁评定分类,并细化不同桥形的部件分类。

(2)分层综合评定:每类桥梁可分为上部结构、下部结构和桥面系三个部分,每个部分又分各类部件,每个部件再细分每个构件。技术状况评定首先对构件的各项指标进行评定,然后依次计算构件、部件、上部结构(下部结构、桥面系)的技术状况,最后根据上部结构、下部结构、桥面系的技术状况计算全桥技术状况。

(3)单项控制指标:提出5类(危险状态)桥梁技术状况单项控制指标,出现5类桥梁单项控制指标,则桥梁总体技术状况直接评定为5类。

桥梁技术状况评定是本书的核心内容之一，具体的评定方法等在本书"模块4 公路桥梁技术状况评定"和"模块5 桥梁技术状况评定实例"中详细说明。

2.3 其他相关规范简介

《公路桥涵养护规范》(JTG H11—2004)规定，在用桥梁有下列情况之一时，应进行特殊检查，特殊检查包含了桥梁结构承载能力评定。

(1)技术状况等级为四、五类的桥梁；
(2)拟提高荷载等级的桥梁；
(3)需通行大件运输车辆的桥梁；
(4)遭受重大自然灾害或意外事件的桥梁。

承载能力评定是了解桥梁的实际承载性能，将桥梁的实际承载能力与现行设计荷载标准的荷载效应进行比较，综合分析判断桥梁结构能否满足当前荷载的要求。

通过试验检测评定桥梁结构实际承载能力一般采用以下两种方法：
(1)通过桥梁技术状况检查，结合结构检算评定桥梁承载能力的方法(适用于大多数在用桥梁)；
(2)通过荷载试验桥梁承载能力的方法(最直接、有效，但花费物力相对较大)。

2011年10月交通运输部正式颁布的《公路桥梁承载能力检测评定规程》(JTG/T J21—2011)，替代了1988年颁布的《公路旧桥承载能力鉴定方法(试行)》。

《公路桥梁承载能力检测评定规程》(JTG/T J21—2011)提出，在用桥梁应以《公路桥涵设计通用规范》(JTG D60—2015)、《公路钢筋混凝土及预应力混凝土桥涵设计规范》(JTG 3362—2018)、《公路圬工桥涵设计规范》(JTG D61—2005)、《公路钢结构桥梁设计规范》(JTG D64—2015)、《公路桥涵地基与基础设计规范》(JTG 3363—2019)等桥梁设计规范(以下简称《桥规》)为基础，按承载能力极限状态和正常使用极限状态两类极限状态计算桥梁结构或构件抗力效应和作用效应，并采用引入分项检算系数修正极限状态设计表达式的方法进行在用桥梁承载能力检测评定。

公路桥梁荷载试验按加载方式不同可分为静载试验和动载试验。静力荷载是将标准设计荷载或标准设计荷载的等效荷载施加于桥梁结构的指定位置，对桥梁结构的应变分布、变形进行检测，并与桥梁结构的设计理论计算进行比较，以此对桥梁结构的性能作出判断。桥梁动载试验是利用某种激振方法激起桥梁振动，测定桥梁结构的固有频率、阻力比、振型、动力冲击系数、动力响应(加速度、动挠度)等参量，宏观的判断桥梁结构整体刚度与使用性能，结合静力荷载试验，对桥梁结构作出合理评价。相关规范有《公路桥梁荷载试验规程》(JTG/T J21—01—2015)、《大跨径混凝土桥梁的试验方法》(YC4—4 1982)等。

任务3 公路桥梁技术状况检测与评定的资质要求及工作程序

3.1 检测机构及检测人员资质要求

《交通运输部关于进一步加强公路桥梁养护管理的若干意见》(交公路发[2013]321号)中指出"桥梁养管单位应按照相关规定，组织桥梁养护工程师和专业桥梁检测单位对所辖桥梁进行例行检查"，"鼓励将定期检查委托专业桥梁检测单位实施"，"特大、特殊结构和特别重要的桥梁定期检查，应委托专业桥梁检测单位实施"，"特殊检测应托专业桥梁检测单位实施"。因此，公路桥梁技术状况检测与评定由管养单位的桥梁养护工程师或专业桥梁检测单位来实施。

3.1.1 桥梁养护工程师资质要求

2007年交通运输部印发的《公路桥梁养护管理工作制度》(以下简称《工作制度》)中指出，公路桥梁养护专业性强，技术含量高，桥梁养护工程师作为桥梁养护措施的制定和实施者，是保障桥梁养护质量优良的关键。其明确了桥梁养护工程师制度，按照监管单位和桥梁管养单位对桥梁养护工程师的职责进行了规定，提出了桥梁养护工程师基本任职条件和定期培训考核的要求。《工作制度》第三章桥梁养护工程师制度相关要求如下：

第十三条 各级公路管理机构、收费公路经营管理单位和桥梁养护管理单位，应设置专职的桥梁养护工程师，并保持其人员的相对稳定。

第十四条 公路桥梁管养单位的桥梁养护工程师履行以下主要职责：

(1)主持桥梁的经常检查与评定，负责组织桥梁的定期检查与评定，并根据检查结果编制和上报养护维修建议计划，提出须进行特殊检查的桥梁的申请报告，组织编制桥梁养护、维修、改建方案和对策措施。

(2)主持桥梁的小修保养和抗灾抢险工作，考核桥梁养护质量，并及时上报辖区的桥梁受自然灾害和其他因素损坏的情况。组织实施超重车辆通过的有关技术工作。

(3)监督、组织桥梁养护大、中修和改建工程；组织并参与桥梁大修、中修和改建工程的中间检查和交(竣)工验收。

(4)负责所管辖桥梁技术档案的补充、完善和保密工作，定期对辖区内桥梁技术状况进行综合评价与分析；负责桥梁管理系统的数据更新、系统维护、系统运行以及桥梁养护报告编写等工作。

(5)负责对下级单位桥梁养护工程师的技术业务培训、考核工作。

第十五条 公路桥梁养护管理监管单位的桥梁养护工程师履行以下主要职责：

(1)负责辖区内桥梁养护管理的技术工作，监督检查管养单位桥梁养护工程师职责履行情况。

(2)组织制订辖区内桥梁养护管理工作计划，并监督实施。

(3)按规定负责复核四、五类技术状况桥梁的评定工作。

(4)参与制订重要桥梁的大修、中修和改建工程技术方案和对策措施，并组织审验其科学合理性。

(5)组织辖区内桥梁养护工程师及有关技术人员的技术业务培训。

第十六条 公路桥梁管养单位的桥梁养护工程师应具有三年以上从事桥梁养护管理工作经历，具有工程师及以上技术职称。

桥梁养护管理监管单位的桥梁养护工程师应具有五年以上从事桥梁养护管理的工作经历，具有高级工程师及以上技术职称。

桥梁养护工程师的具体资格条件由省级交通主管部门制订。

第十七条 桥梁养护工程师实行定期培训考核制度。

省级交通主管部门应定期对持证桥梁养护工程师进行技术培训，并核发上岗证。桥梁养护管理技术人员经培训并参加考核合格后，才可持证上岗。

3.1.2 专业检测机构资质要求

1. 检验检测机构资质认证认可

为保障试验检测，应用科学、公正、客观、准确的数据为工程质量把好关，充分发挥试验检测对质量控制的作用。国家质量监督检验检疫局(2018年国务院机构改革，现为国家市场监督管理总局)于2006年2月依据计量法、标准化法、质量法等国家法律发布《实验室和检测机构资质认定管理办法》。2015年，按照"统一管理，共同实施"的原则，以国际通行规则和《中华人民共和国计量法》及其实施细则、《中华人民共和国认证认可条例》等法律、行政法规的规定为依据，对该办法进行了修改，建立了"法律规范、行政监管、认可约束、行业自律、社会监督"相结合的监管体系，以《检验检测机构资质认定管理办法》(163号文)发布实施。

资质认定包括检验检测机构计量认证。涵盖各类检验检测机构的资质、资格、审查认可等特殊法律规定的许可。由市场监督管理局认证认可部门依据有关法律法规和标准、技术规范的规定，对检验检测机构的基本条件和技术能力是否符合法定要求实施的评价许可。凡为社会提供公证数据的检验检测机构，必须进行计量认证。经计量认证合格的检验检测机构，由市场监督管理局进行日常监督，形成事前"认证认可"、事中事后"监督管理"的体系。

检验检测机构是指依法成立，依据相关标准或者技术规范，利用仪器设备、环境设施等技术条件和专业技能，对产品或者法律法规规定的特定对象进行检验检测的专业技术组织。

《检验检测机构资质认定管理办法》规定，在中华人民共和国境内从事向社会出具具有证明作用的数据、结果的检验检测活动以及对检验检测机构实施资质认定和监督管理，都应当遵守本办法。

我国检验检测机构采用的是准入制，凡是依法成立并能够承担相应法律责任的法人或者其他组织，均可申请资质认定。但申请资质认定的机构必须满足以下几个基本条件：

（1）依法设立的法人和其他组织，其依法注册、登记的经营范围或者业务范围包括检验检测，并且能够独立、公正从业的，能够承担相应法律责任机构。

（2）具有与其从事检验检测活动相适应的检验检测技术人员和管理人员。

（3）具有固定的工作场所，工作环境满足检验检测要求。

（4）具备从事检验检测活动所必需的检验检测设备设施。

（5）具有并有效运行保证其检验检测活动独立、公正、科学、诚信的管理体系。

（6）符合有关法律法规或者标准、技术规范规定的特殊要求。

因此，从事公路桥梁技术状况检测与评定的机构必须先通过资质认定，取得相应检测参数的认证。图 1-1-13 所示为检验检测机构资质认定证书。

图 1-1-13 检验检测机构资质认定证书

2. 公路工程试验检测机构管理

公路工程由于道路、桥梁、港口、船闸等公共设施专业检测的特殊要求，须制定符合专业实际的管理规定来规范公路工程试验检测活动。交通部于 2005 年颁布实施了《公路水运工程试验检测管理办法》（交通部令 2005 年第 12 号），极大地促进了公路水运工程试验检测工作的规范化水平。随着社会发展的需求变化，交通运输部修改发布《公路水运工程试验检测管理办法》（交通运输部令 2016 年第 80 号）。2017 年发布修订后的《公路水运工程试验检测机构等级标准》及《公路水运工程试验检测机构等级评定及换证复核工作程序》，2018 年发布了《公路水运工程试验检测等级管理要求》（JT/T 1181—2018），逐步实现试验检测工作的等级标准化、规范化、信息化和智能化。

《公路水运工程试验检测管理办法》依据有关法律法规，针对公路水运建设特点，规定了检测机构类别、专业及等级设置，建立检测机构等级评定制度。等级评定是一种必要的行业引导和管理手段检测机构按其能力水平进行等级管理，同时明确能力等级划分原则是以保证能胜任与所从事的公路水运工程相适应为准。

《公路水运工程试验检测管理办法》规定，公路水运检测机构可分为公路工程、水运工程两个专业类别。公路工程专业可分为综合类和专项类。综合类设甲、乙、丙 3 个等级；专项等级可分为交通工程、桥梁隧道工程 2 个专项。等级评定依据《公路水运工程试验检测机构等级标准》，公路水运工程试验按检测水平、主要试验检测仪器设备及检测人员的配备情况、试验检测环境、检测用房面积等基本条件进行划分。

因此，从事公路桥梁技术状况检测与评定的机构取得相应检测参数的国家计量认证后，还要取得行业的等级评定，获取如公路水运检测机构综合甲级或桥隧专项等级资质后，才能在获取的资质参数范围内担任公路桥梁技术状况的检测与评定工作。图1-1-14所示为公路水运工程试验检测机构等级证书。

图1-1-14　公路水运工程试验检测机构等级证书

3. 公路工程试验检测人员资格

交通运输部工程质量监督司根据《公路水运工程试验检测管理办法》，出台了《公路水运工程试验检测人员考试办法》，规定从事公路、水运工程试验检测的人员应当通过公路水运工程试验检测业务考试，取得上岗资格证书。2014年10月，根据《国务院机构改革和职能转变方案》和《国务院关于取消和调整一批行政审批项目等事项的决定》（国发〔2014〕50号）关于"取消公路水运工程试验检测人员资格许可和认定"的要求，人力资源社会保障部、交通运输部出台了《公路水运工程试验检测专业技术人员职业资格制度规定》和《公路水运工程试验检测专业技术人员职业资格考试实施办法》（人社部发〔2015〕59号）。这标志着公路水运工程试验检测专业技术人员水平评价类国家职业资格制度正式设立，顺利实现了职业资格制度向水平评价类国家职业资格制度的平稳过渡，面向全社会提供公路水运工程试验检测专业技术人员能力水平评价服务，满足了试验检测的工作需要。

《职业资格制度规定》规定，公路工程试验检测人员职业资格包括道路工程、桥梁隧道工程、交通工程3个专业，分为助理试验检测师和试验检测师2个级别。助理试验检测师和试验检测师职业资格实行考试的评价方式。

公路水运工程助理试验检测师和试验检测师职业资格考试，统一大纲、统一命题、统一组织。《考试实施办法》明确，公路水运工程助理试验检测师、试验检测师均设公共基础科目和专业科目，专业科目为《道路工程》《桥梁隧道工程》《交通工程》《水运结构与地基》和《水运材料》。公路水运工程助理试验检测师、试验检测师考试成绩均实行2年为一个周期的滚动管理。在连续2个考试年度内，参加公共基础科目和任一专业科目的考试并合格，可取得相应专业和级别的公路水运工程试验检测专业技术人员职业资格证书（图1-1-15）。

因此，从事公路桥梁技术状况检测与评定工作的技术人员，需通过职业资格的《公共基础》和《桥梁隧道工程》考试，合格后取得公路水运工程试验检测—桥梁隧道专业的技术人员职业资格证书。

(a)   (b)

图 1-1-15　公路水运工程试验检测人员资格证书
(a)2017年前证书式样；(b)2017年后证书式样

3.2　检测与评定工作基本程序

公路桥梁技术状况检测与评定工作程序主要有以下三个阶段：

第一阶段：准备阶段。其包括收集资料、现场调查及编制桥梁检测方案等内容。

第二阶段：检测实施阶段。主要是组织现场交通临时管制、组织设备安装和数据采集。

第三阶段：分析报告阶段。即根据外业采集的数据，进行统计分析、计算和评定，并编写检测报告。

检测与评定工作基本程序如图1-1-16所示。对于一般检测与评定项目，框图中的各个环节基本都是必不可少；对于特殊情况的检测，则应根据检测目的确定其检测程序框图和相应的内容。

准备阶段，在接受委托前应详细了解检测与评定任务的目的、检测的参数及要求完成的时间等需求，评审是否有能满足检测参数的资质、仪器设备及人员组织等能力。接受委托后要尽可能收集资料，熟悉设计图纸、查阅以往检测资料和报告，以及调取桥梁养护管理系统等，提前了解桥梁的结构和构造特点及掌握已有记录的重点病害。现场调查包括检测条件的调查和制订现场交通组织方案，同时初步确认收集的资料与现场状况的一致性及有无明显的其他病害。根据接受的委托任务要求结合收集的资料及现场调查，制订详细的检测方案，检测方案还宜包括备选检测方法、设备及交通组织等应急预案。

检测实施前，应对仪器设备的量程、精度及是否在标定期等状况进行确认。仪器设备选择要考虑到现场条件及环境条件(温度、湿度、风速等)影响，其他辅助设备如桥梁检测车、小工具、耗材、记录表格和标记笔等，也应该尽量细化。在外业检测工作前，围绕着安全、技术、操作、记录等问题，对现场检测人员进行检测前的技术交底培训。

现场的检测工作应按照既定的检测方案有序开展，要组织好检测实施的临时交通管制及交通诱导，确保检测人员及其他交通参与者的安全。设备的安装、使用等检测工作应按照相关规范等要求严格执行。现场检测要保证数据的真实有效性，检测数据应及时进行整理分析，发现数据异常或采集数据不能充分满足结果评定需求时，应即时制订补充检测方案，进行追加检测。检测工作结束后及时进行检测报告编制，报告中应针对桥梁的主要参数或重点病害开展分析，与以往调查结果进行比较，提出管养建议，并将检测数据整理、归档和上传。

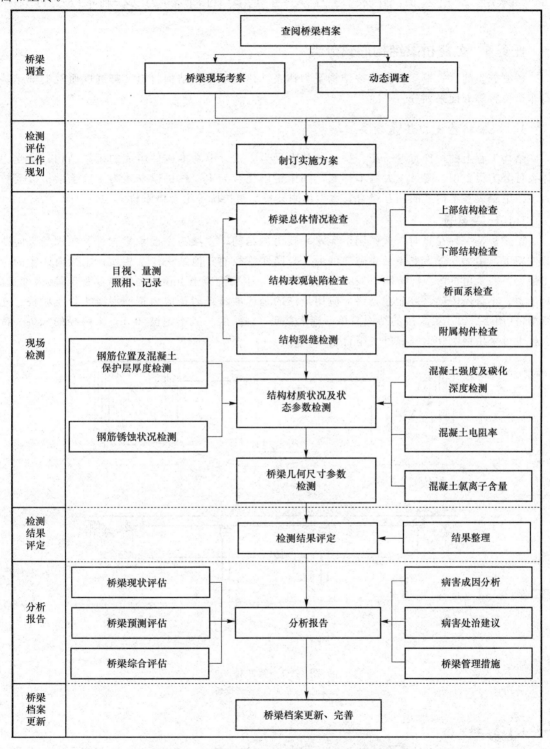

图 1-1-16 公路桥梁检测评定工作基本程序框图

课题 2　公路桥梁的分类与主要构件划分及编码规则

任务 1　公路桥梁结构形式分类

桥梁分类的方式很多,通常按结构受力体系、建设规模、结构材料、跨越性质及上部结构行车道位置等方面来划分。

1.1　按结构受力体系分类

结构工程上的构件有弯、压、拉三种基本受力方式。由基本构件组成的桥梁结构,按受力体系可分为梁、拱、索吊三大基本体系,如梁桥以受弯为主,拱桥以受压为主,悬索桥以受拉为主。由三大基本体系的相互组合,派生出刚架桥、斜拉桥等组合体系桥。

1.1.1　梁式桥

梁式桥是一种在竖向荷载作用下无水平反力的结构,主梁为主要承重构件。在承受竖向荷载作用下,主梁受弯、支座承受竖向的力。与同样跨径的其他结构体系相比,主梁内产生的弯矩最大,需要用抗弯、抗拉能力强的材料(如钢材、钢筋混凝土、预应力钢筋混凝土等)来建造。对于中、小跨径桥梁,目前在公路上应用最广的是标准跨径的预应力钢筋混凝土简支梁桥、连续梁桥(图1-2-1)。梁式桥的结构简单、施工方便,但跨度一般不超过50 m,大跨径的大桥、特大桥也可采用钢梁和钢—混凝土组合梁桥。

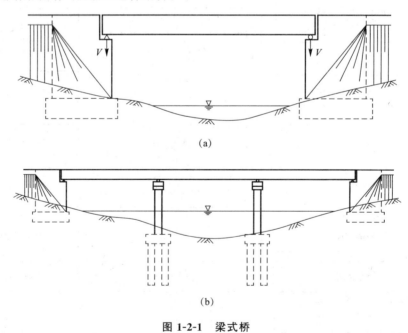

图 1-2-1　梁式桥
(a)简支梁桥;(b)连续梁桥

1.1.2　拱式桥

拱式桥的主要承重结构是拱圈或拱肋。在竖向荷载作用下,桥墩和桥台将承受水平推力,同时,墩台向拱圈(拱肋)提供水平反力。这种水平反力可大大抵消在拱圈(拱肋)内由荷载所引起的弯矩。因此，与同跨径的梁式桥相比，拱圈(拱肋)受到的弯矩显著降低，即拱圈(拱肋)主要以受压为主，通常可用抗压能力强的圬工材料(如砖、石、混凝土)和钢筋混凝土等来建造。

拱式桥跨径一般在 500 m 以内，不仅跨越能力强，而且外形美观。但下部结构和地基承受很大水平推力作用，对基础与地基要求比梁式桥要高。在地基条件不适用于修建具有很大推力的拱式桥的情况下，也可采用水平推力由受拉系杆来承受的系杆拱桥。图 1-2-2 所示为拱式桥的 3 种形式。

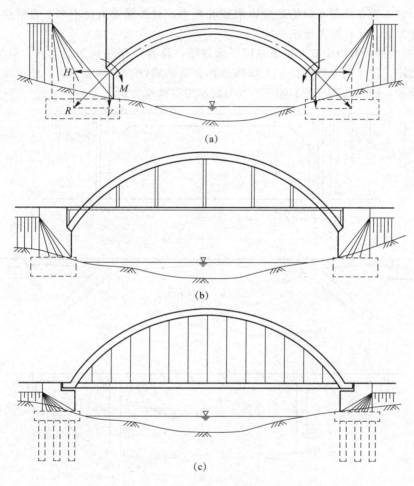

图 1-2-2 拱式桥
(a)上承式；(b)中承式；(c)下承式

1.1.3 刚构桥

刚构桥是梁(板)与立柱(竖墙)固结在一起的刚架结构，其受力状态介于梁式桥与拱式桥之间。在竖向荷载作用下，柱脚处具有水平反力。梁部主要受弯和梁内轴力，但弯矩值较同跨径的简支梁小，墩梁固结省去了大型支座，结构整体性强、抗震性能好。因此，刚构桥是目前大跨径预应力混凝土桥梁的主要桥型。

(1)门式刚构桥，其腿和梁垂直相交呈门形构造，可分为单跨门构、双悬臂单跨门构、多跨门构和三跨两腿门桥。前三种跨越能力不大，适用于跨线桥，要求地质条件良好，可用钢和钢筋混凝土结构建造。图 1-2-3(a)所示为门式刚构桥。

(2)斜腿刚构桥，桥墩为斜向支撑的刚构桥，腿和梁所受的弯矩比同跨径的门式刚构桥显著减小,而轴向压力有所增加;同上承式拱桥相比不需要设拱上建筑,使构造简化;桥形美观、宏伟,跨越能力较大,适用于峡谷桥和高等级公路的跨线桥,多采用钢和预应力混凝土结构建造。如图1-2-3(b)所示为斜腿刚构桥。

(3)T形刚构桥(带挂孔的或不带挂孔的),是修建较大跨径混凝土桥梁曾采用的桥形。由于T形刚构桥悬臂处于一种不受约束的自由变形状态,在车辆荷载作用下,悬臂内的弯、扭应力较大,各个方向均易产生裂缝。另外,由于混凝土徐变会使悬臂端产生一定的下挠,不仅损坏了伸缩缝,而且车辆在此跳车,给悬臂以附加冲击力,对桥梁受力也不利,目前这种桥形已较少采用。图1-2-3(c)所示为T形刚构桥。

(4)连续刚构桥,有两个以上主墩采用墩梁固结,具有T形刚构桥的优点。但与连续梁桥、T形刚构桥相比,连续刚构桥保持了上部构造连续梁的属性,跨越能力大,施工难度小,行车舒顺,养护简便,使用较为广泛。图1-2-3(d)所示为连续刚构桥。

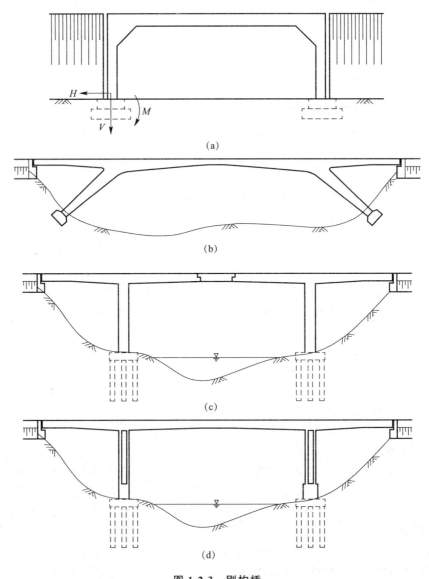

图 1-2-3 刚构桥
(a)门式刚构桥;(b)斜腿刚构桥;(c)T形刚构桥;(d)连续刚构桥

1.1.4 斜拉桥

斜拉桥由塔柱、斜拉索和主梁组成(图1-2-4),斜拉索将主梁多点吊起,并将主梁的恒载和车辆等其他荷载传递至塔柱,再通过塔柱基础传递至地基。主梁就像多点弹性支承的连续梁一样工作,从而使主梁内的弯矩、主梁尺寸大大减小,结构自重显著减轻,大幅度提高了斜拉桥的跨越能力。斜拉索的组成和布置、塔柱形式及主梁的截面形状是多种多样的,由于塔柱、斜拉索和主梁构成稳定的三角形,故结构刚度较大,抗风能力较悬索桥要好得多。但是,塔柱过高,斜拉索过长,索垂度的影响使索的刚度大幅下降,一般为500~1 000 m跨径使用较多。

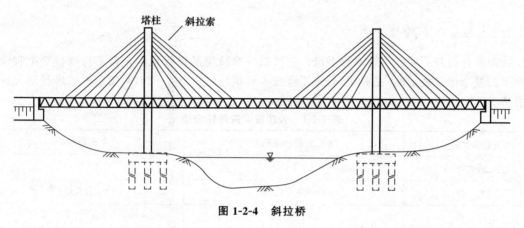

图1-2-4 斜拉桥

1.1.5 悬索桥

悬索桥又称吊桥,通常由索塔、锚碇、主缆、吊索和加劲梁组成(图1-2-5)。悬挂在两边塔架上的主缆作为主要承重结构,在桥面系竖向荷载作用下,通过吊杆使缆索承受拉力,缆索锚于悬索桥两端的锚碇结构中。锚碇承受巨大的缆索拉力,锚碇一般采用巨大的钢筋混凝土(重力式锚碇)或依靠天然完整的岩体来承受水平拉力(隧道式锚碇)。悬索桥自重较轻,受力明确,能够跨越任何其他桥形无法达到的特大跨度,适用于特大跨径桥梁。

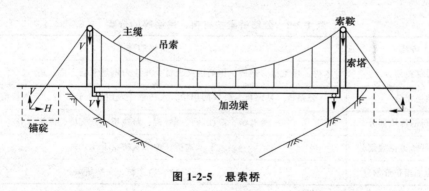

图1-2-5 悬索桥

1.1.6 组合体系桥

组合体系桥是指主要承重构件由不同体系结构体组合而成的桥梁,如拱和梁的组合、斜拉和刚构组合、斜拉和悬索组合等。组合体系可以是静定结构,也可以是超静定结构;可以是无推力结构,也可以是有推力结构。结构构件可以用同一种材料,也可以用不同的材料制成。图1-2-6所示为斜拉—悬索组合桥。

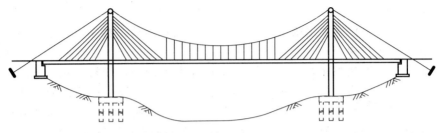

图 1-2-6 斜拉—悬索组合桥

1.2 按全长和跨径分类

按跨径分类是一种行业管理的手段,它可以反映桥梁的建设规模,但不反映桥梁工程设计和施工的复杂性。表 1-2-1 是我国《公路工程技术标准》(JTG B01—2014)规定的按跨径划分桥梁的方法。

表 1-2-1 公路桥梁按跨径分类 m

桥梁分类	多孔跨径总全长 L	单孔跨径 l
特大桥	$L>1\,000$	$l>150$
大 桥	$100 \leqslant L \leqslant 1\,000$	$40 \leqslant l \leqslant 150$
中 桥	$30<L<100$	$20 \leqslant l<40$
小 桥	$8 \leqslant L \leqslant 30$	$5 \leqslant l<20$
涵 洞	—	$l<5$

1.3 按其他方法分类

桥梁除按照上述的受力特点和跨径分类外,一般还习惯按桥梁主要材料、用途等其他方面进行分类(见表 1-2-2)。

表 1-2-2 公路桥梁按材料、用途等的分类

分类方法	桥梁的种类
按主要材料划分	木桥、圬工桥、钢桥、钢筋混凝土桥、预应力钢筋混凝土桥、钢—混凝土组合桥等
按用途划分	公路桥、铁路桥、公铁两用桥、人行桥、农用桥、管线桥、运水桥(渡槽)等
按跨越障碍的性质划分	跨海桥、跨江(河、湖)桥、跨线桥、立交桥、高架桥等
按上部结构行车道位置划分	上承式桥、中承式桥、下承式桥
按桥跨结构平面布置划分	正交桥、斜交桥、曲线桥

任务 2 公路桥梁主要构件划分及编号规则

2.1 梁式桥构件划分及上部结构构件编号规则

2.1.1 梁式桥构件划分

梁式桥由上部结构、下部结构和桥面系组成,可以划分为表 1-2-3 所列的部件。

表 1-2-3　梁式桥部件划分

部位	部件划分
上部结构	上部承重构件（主梁、挂梁）
	上部一般构件（湿接缝、横隔板等）
	支座
下部结构	翼墙、耳墙
	锥坡、护坡
	桥墩
	桥台
	墩台基础
	河床
	调治构造物
桥面系	桥面铺装
	伸缩缝装置
	人行道
	栏杆、护栏
	排水系统
	照明、标志

2.1.2　梁式桥上部结构构件编号规则

本节仅针对存在左右幅的桥梁编号规则进行说明，单幅桥可参照该编号规则自行编号。

1. 装配式梁桥上部结构构件编号规则

(1) 桥跨编号说明。按照面向大里程方向区分左右幅桥，以 L、R 表示，并按照里程增加方向对桥跨从 1 开始依次进行编号，$n=1、2、3、4$ 等。

(2) 墩台编号说明。墩台编号在桥幅编号的基础上进行，并按照里程增加方向从 0 开始依次进行编号，$n=0、1、2、3、4$ 等。

(3) T 形梁、预制箱梁、空心板编号说明。单跨单片梁板为单独构件，其编号在桥幅和桥跨编号的基础上进行，并按照面向大里程方向（路线前进方向）从小桩号向大桩号的顺序依次从 1 开始进行编号，以 L(R)-K-N 进行描述，表示左（右）幅第 K 跨的第 N 号梁板。编号示意如图 1-2-7 所示。

(4) 支座编号。

1) 对于单排支座，左、右幅编号分别为 ZZ-L-M-N、ZZ-R-M-N。其中 ZZ 表示支座，M 表示墩台数，N 表示从外侧往内侧第几个支座。ZZ-L-2-5 表示左幅 2 号桥墩上，从外侧往内侧数第 5 个支座；ZZ-R-0-5 表示右幅 0 号桥台上，从外侧往内侧数第 5 个支座。

2)对于双排支座,左、右幅编号分别为 ZZ-L-K-M-N、ZZ-R-K-M-N。其中 ZZ 表示支座,K 表示第几跨,M 代表第几号墩,N 表示从外侧往内侧第几个支座。ZZ-L-2-1-5 表示左幅第 2 跨、1 号桥墩上,从外侧往内侧数第 5 个支座;ZZ-R-1-1-4 表示右幅第 1 跨、1 号桥墩上,从外侧往内侧数第 4 个支座。编号示意如图 1-2-7 所示。

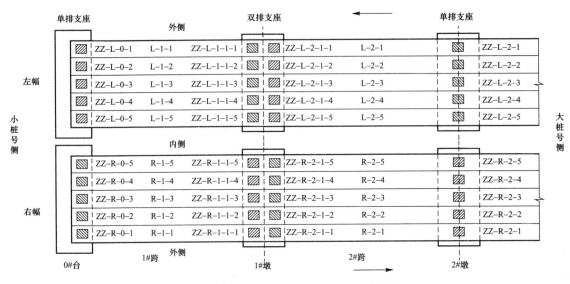

图 1-2-7 T 形梁、预制箱梁、空心板、支座编号示意

(5)横隔板编号。左、右幅横隔板编号均从外侧往内侧进行编号。如 L-K-Y-Z-H、R-K-Y-Z-H,其中 K 表示第几跨,Y 表示纵向第几排,Z 表示从外侧往内侧第几块,H 表示横隔板。如图 1-2-8 所示,L-4-1-4H 表示左幅第 4 跨、纵向第 1 排、横向第 4 块横隔板;R-4-3-5H 表示右幅第 4 跨、纵向第 3 排、横向第 5 块横隔板。

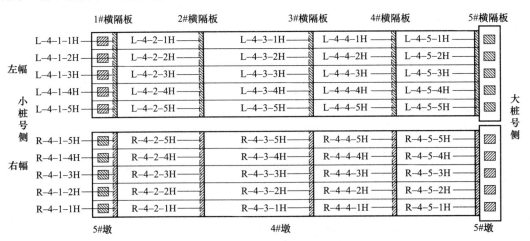

图 1-2-8 横隔板编号规则

(6)湿接缝编号。左右幅湿接缝编号均从外侧往内侧编号。如 L-K-Y-Z-S、R-K-Y-Z-S,其中 K 表示第几跨,Y 表示湿接缝位于纵向第几排,Z 表示从外侧往内侧第几块湿接缝,S 表示湿接缝。如图 1-2-9 所示,L-4-1-5S 表示左幅第 4 跨、纵向第 1 排、横向 5 块湿接缝;R-4-4-4S 表示右幅第 4 跨、纵向第 4 排、横向 4 块湿接缝。

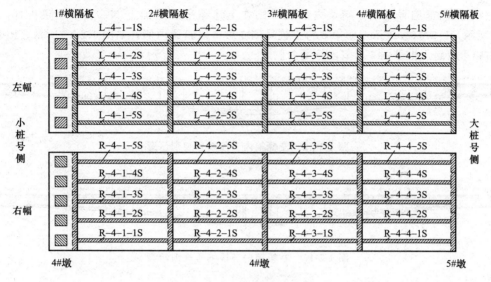

图 1-2-9　湿接缝编号规则

(7)铰缝编号。左右幅铰缝编号均从外侧往内侧编号。如 L-K-YJF、L-K-YJF，其中 JF 表示为铰缝，K 表示第几跨，Y 表示从桥梁外侧往内侧数横向第几条铰缝。L-4-1JF 表示左幅第 4 跨、横向第 1 条铰缝；R-4-4JF 表示右幅第 4 跨、横向第 4 条铰缝。

2. 刚构桥上部结构构件编号规则

(1)桥跨编号规则。按照面向大里程方向区分左右幅桥，以 L、R 表示，并按照里程增加方向对桥跨从 1 开始依次进行编号，$n=1$、2、3、4 等。

(2)墩台编号规则。墩台编号在桥幅编号的基础上进行，并按照里程增加方向从 0 开始依次进行编号，$n=0$、1、2、3、4 等。

(3)箱梁外部编号规则。根据前进方向(从小桩号往大桩号方向)将桥跨依次编号为第 1 跨、……、第 N 跨，其中引桥、主桥连续编号。当桥梁为分幅设置时，在各编号前分别加上 L 或 R 以示区别，其中 L 表示左幅、R 表示右幅。

箱梁外部编号以桥墩为基准根据节段走向对称编号，小桩号侧用 A 表示，大桩号侧用 B 表示。如 L-KA-M、R-KB-M，其中 K 表示第几跨，M 表示第几个节段。如图 1-2-10、图 1-2-11 所示，L-5A-3 表示左幅第 5 跨小桩号侧 3 号节段；R-2B-6 表示右幅第 2 跨大桩号侧 6 号节段。其中零号块和合龙段跨数后不用后缀 A 或 B，如 L-5-0 表示 5 号墩零号块，L-6-合龙段表示第 6 跨合龙段。

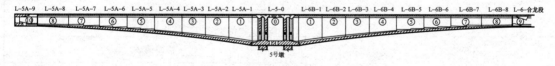

图 1-2-10　左幅箱外节段编号规则示意

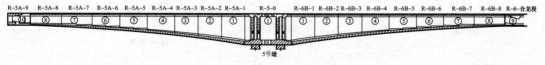

图 1-2-11　右幅箱外节段编号规则示意

(4)箱梁内部编号规则。箱梁内部编号则在上述编号后面加上 N,表示箱梁内部。如图 1-2-12所示,L-5A-6N 表示左幅第 5 跨小桩号侧 6 号节段箱梁内侧;如图 1-2-13 所示,R-6B-6N 表示右幅第 6 跨大桩号侧 6 号节段箱梁内侧。

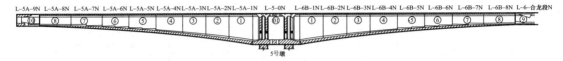

图 1-2-12　左幅箱内节段编号规则示意

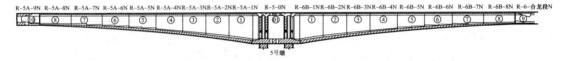

图 1-2-13　右幅箱内节段编号规则示意

2.1.3　拱式桥构件划分及上部结构构件编号规则

1. 拱式桥构件划分

拱式桥由上部结构、下部结构和桥面系组成,可以划分为表 1-2-4～表 1-2-6 所列的部件。

表 1-2-4　板拱桥、肋拱桥、箱形拱桥、双曲拱桥构件划分

部位	部件划分
上部结构	主拱圈
	拱上建筑
	桥面板
下部结构	翼墙、耳墙
	锥坡、护坡
	桥墩
	桥台
	墩台基础
	河床
	调治构造物
桥面系	桥面铺装
	伸缩缝装置
	人行道
	栏杆、护栏
	排水系统
	照明、标志

表 1-2-5 刚架拱桥、桁架拱桥构件划分

部位	部件划分
上部结构	刚架拱片(桁架拱片)
	横向连接系
	桥面板
下部结构	翼墙、耳墙
	锥坡、护坡
	桥墩
	桥台
	墩台基础
	河床
	调治构造物
桥面系	桥面铺装
	伸缩缝装置
	人行道
	栏杆、护栏
	排水系统
	照明、标志

表 1-2-6 钢-混凝土组合拱构件划分

部位	部件划分
上部结构	拱肋
	横向连接系
	立柱
	吊杆
	系杆(含锚具)
	桥面板(梁)
	支座

续表

部位	部件划分
下部结构	翼墙、耳墙
	锥坡、护坡
	桥墩
	桥台
	墩台基础
	河床
	调治构造物
桥面系	桥面铺装
	伸缩缝装置
	人行道
	栏杆、护栏
	排水系统
	照明、标志

2. 拱式桥上部结构构件编号规则

(1)桥跨编号说明。按照面向大里程方向区分左右幅桥,以 L、R 表示,并按照里程增加方向对桥跨从 1 开始依次进行编号,$n=1$、2、3、4 等。

(2)墩台编号规则。墩台编号在桥幅编号的基础上进行,并按照里程增加方向从 0 开始依次进行编号,$n=0$、1、2、3、4 等。

(3)桥面板、拱圈编号说明。

1)桥面板编号规则与刚构桥类似,如拱桥桥面板编号为 L-K-NA、R-K-NB,其中 K 表示第几跨拱桥,A 表示小桩号侧,B 表示大桩号侧(以主拱圈中心为基准,小桩号侧为 A,大桩号侧为 B),N 表示第几片桥面板。如图 1-2-14、图 1-2-15 所示,L-2-3A 表示左幅第 2 跨、小桩号侧第 3 号桥面板;R-2-4B 表示右幅第 2 跨、大桩号侧第 4 号桥面板。

2)拱圈编号与梁式桥上不称重构件编号类似,如板拱的编号为 BG-L-K,其中 BG 表示板拱,K 表示第几跨主拱圈,如 BG-L-2 表示左幅第 2 跨主拱圈。肋拱编号顺序从桥梁外侧往内侧依次增大,如编号为 GL-L-K-M,其中 GL 表示拱肋,K 代表第几跨主拱圈,M 代表从外侧往内侧数第几根拱肋,如 GL-L-2-3 表示左幅第 2 跨主拱圈第 3 条拱肋。

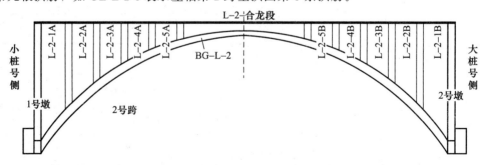

图 1-2-14 左幅桥面板、拱圈编号

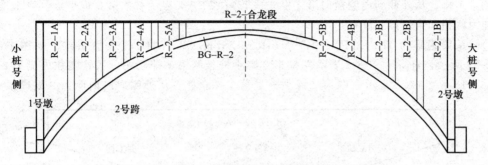

图 1-2-15 右幅桥面板、拱圈编号

(4)盖梁、承台、立柱及横系梁编号说明。

1)立柱盖梁编号为 GL-L-M-NA、GL-L-M-NB,其中 GL 表示盖梁,M 代表第几跨,N 表示第几排盖梁。如图 1-2-16、图 1-2-17 所示,GL-L-2-1A 表示左幅第 2 跨小桩号侧、第 1 排立柱盖梁;GL-L-2-2B 表示左幅第 2 跨大桩号侧、第 2 排立柱盖梁。

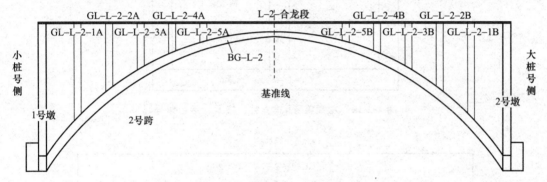

图 1-2-16 左幅立柱盖梁编号

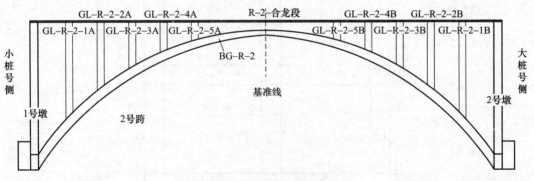

图 1-2-17 右幅立柱盖梁编号

2)立柱承台编号为 CT-L-M-NA、CT-L-M-NB,其中 CT 表示承台,N 表示第几排承台。如图 1-2-18、图 1-2-19 所示,CT-L-2-1A 表示左幅第 2 跨小桩号侧、第 1 排立柱所对应的承台;CT-L-4-1B 表示左幅第 4 跨大桩号侧、第 1 排立柱所对应的承台。

3)立柱编号为 LZ-L-M-NA-K、LZ-L-M-NB-K,其中 LZ 表示立柱,N 表示第几排立柱,K 表示从外侧到内侧第几根立柱。如图 1-2-18、图 1-2-19 所示,LZ-L-2-1A-2 表示左幅第 2 跨小桩号侧第1排、从外侧到内侧横向第2根立柱 LZ-R-2-1A-2 表示右幅第2跨小桩号第1排、从外侧向内侧横向第2根立柱；

4）横系梁编号为 HL-L-M-NA-K、HL-R-M-NB-K，其中 HL 代表横系梁。如图1-2-18、图1-2-19所示，HL-L-2-1A-2 表示左幅第2跨小桩号侧第1排立柱、从外侧往内侧第2根横系梁；；HL-R-2-1A-2 表示右幅第2跨小桩号第1排立柱、从外侧向向内侧第2根横系梁。

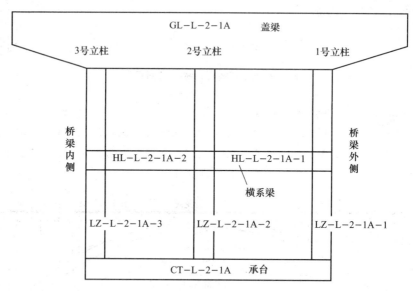

图1-2-18 左幅第A1排立柱、横梁、承台编号

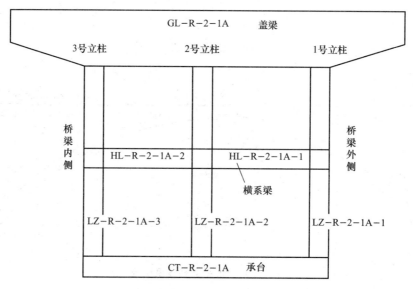

图1-2-19 右幅第A1排立柱、横梁、承台编号

2.1.4 悬索桥构件划分及上部结构构件编号规则

1. 悬索桥构件划分

悬索桥由上部结构、下部结构和桥面系组成，可以划分为表1-2-7所列的部件。

表 1-2-7　悬索桥构件划分

部位	部件划分
上部结构	加劲梁
	索塔
	支座
	主鞍
	主缆
	索夹
	吊索及钢护筒
	锚杆
下部结构	锚锭
	索塔基础
	散索鞍
	河床
	调治构造物
桥面系	桥面铺装
	伸缩缝装置
	人行道
	栏杆、护栏
	排水系统
	照明、标志

2. 悬索桥上部结构构件编号规则

因悬索桥结构形式存在差别，本书不再统一进行编号说明。针对特殊结构桥梁，原则上所有构件的编号要与原设计图纸一致，检测单位需要在制订检测工作方案前收集大桥的设计图纸，同时参考上一年检测报告的编号规则，尽量避免因存在较大的差异而不利于历年病害的对比分析。

2.1.5　斜拉桥构件划分及上部结构构件编号规则

1. 斜拉桥构件划分

斜拉桥由上部结构、下部结构和桥面系组成，可以划分为表 1-2-8 所列的部件。

表 1-2-8　斜拉桥构件划分

部位	部件划分
上部结构	斜拉索系统（斜拉索、锚具、拉索护套、减震装置等）
	主梁
	索塔
	支座

续表

部位	部件划分
下部结构	翼墙、耳墙
	锥坡、护坡
	桥墩
	桥台
	墩台基础
	河床
	调治构造物
桥面系	桥面铺装
	伸缩缝装置
	人行道
	栏杆、护栏
	排水系统
	照明、标志

2. 斜拉桥上部结构构件编号规则

因斜拉桥结构形式存在差别，本书不再统一进行编号说明。针对特殊结构桥梁，原则上所有构件的编号要与原设计图纸一致，检测单位需要在制订检测工作方案前收集大桥的设计图纸，同时参考上一年检测报告的编号规则，尽量避免因存在较大的差异而不利于历年病害的对比分析。

2.1.6 下部结构构件划分及编号规则

(1)桥墩编号说明。桥墩编号时，将桥墩细划为盖梁、墩身、横系梁等子部件。左幅桥墩盖梁、墩身、横系梁的编号规则依次为 GL-L-ND、DS-L-ND、HL-L-ND。其中 GL 表示盖梁，DS 表示墩身，HL 表示横系梁。如 GL-L-1D 表示左幅1号桥墩盖梁；DS-L-1D 表示左幅1号桥墩墩身；HL-L-1D 表示左幅1号桥墩横系梁。

(2)桥台编号说明。桥台编号时，将桥台细划为台帽、台身等子部件。左幅桥台台帽、台身的编号依次为 TM-L-NT、TS-L-NT，其中 TM 表示台帽，TS 表示台身。例如，TM-L-0T 表示左幅0号桥台台帽；TS-L-0T 表示左幅0号桥台台身。

(3)墩台基础编号说明。墩台基础编号时，将一排桥墩或一个桥台的基础简化为一个构件进行编号。编号规则为 JC-L-N，其中 JC 表示基础。例如，JC-L-1 表示左幅1号桥墩基础；JC-L-0 表示左幅0号桥台基础。

(4)翼墙、耳墙编号说明。翼墙、耳墙的编号为 YQ-L-L-N，其中 YQ 表示翼墙、耳墙，第一个 L 表示左幅桥梁或右幅桥梁，第二个 L 表示桥梁左侧或右侧，N 表示桥台编号。例如，YQ-L-L-0 表示左幅左侧0号翼墙、耳墙；YQ-L-R-0 表示左幅右侧0号翼墙、耳墙。

(5)锥坡、护坡编号说明。锥坡、护坡的编号为 ZP-L-L-N，其中 ZP 表示锥坡、护坡，第一个 L 表示左幅桥梁或右幅桥梁，第二个 L 表示桥梁左侧或右侧，N 表示桥台编号。例如，ZP-L-L-0 表示左幅左侧0号锥坡、护坡；ZP-L-R-0 表示左幅右侧0号锥坡、护坡。

(6)河床编号说明。河床的编号为 HC-L-N、HC-R-N，其中 HC 表示河床。例如，HC-L-1、HC-R-1 分别表示左幅1号墩河床、右幅1号墩河床。

(7)调治构造物编号说明。调治构造物的编号为 TZ-L-N、TZ-R-N，其中 TZ 表示调治构造物。例如，TZ-L-1、TZ-R-1 分别表示左幅1号墩调治构造物、右幅1号墩调治构造物。

2.1.7　桥面系构件划分及编号规则

(1)桥面铺装编号说明。桥面铺装编号为 L-KP、R-KP，K 表示第几跨。例如，L-5P、R-4P 分别表示左幅第 5 跨桥面铺装、右幅第 4 跨桥面铺装。

(2)护栏编号说明。护栏编号为 L-H-K-N、R-H-K-N，其中 H 表示护栏，K 表示第几跨，N 为 1、2(1、2 分别代表桥梁外侧、内侧)。例如，L-H-3-1、L-H-3-2 分别表示左幅第 3 跨外侧护栏、左幅第 3 跨内侧护栏。

(3)伸缩缝编号说明。伸缩缝编号为 L-Nf、R-Nf。例如，L-3f、R-4f 分别表示左幅第 3 条伸缩缝、右幅第 4 条伸缩缝。

(4)排水孔编号说明。排水孔编号为 L-K-NP，其中 K 表示第几跨，N 表示第 K 跨沿着前进方向的第几个排水孔。例如，L-5-1P、R-6-2P 分别表示左幅第 5 跨第 1 个排水孔、右幅第 6 跨第 2 个排水孔。

(5)照明标志编号说明。照明标志编号为 L-K-NZM、R-K-NZM，其中 ZM 表示照明标志，K 表示第几跨，N 表示第几个照明标志。例如，L-1-1ZM、L-3-2ZM 分别表示左幅第1跨第 1 个照明标志、左幅第 3 跨第 2 个照明标志。

1. 公路桥梁的检查可分为哪几类？
2. 公路桥梁检测与评定的意义是什么？
3. 简述公路桥梁技术状况检测与评定的机构及人员资质要求。

模块 2　桥梁结构典型缺陷与病害

教学要求

通过典型缺陷与病害原因分析，让学生了解不同桥梁结构典型缺陷与病害，熟悉桥梁结构典型病害的成因。

课题 1　梁式桥典型缺陷与病害

混凝土梁式桥，在施工和运营过程中常常出现剥落、掉角、蜂窝、麻面、空洞、孔洞、钢筋锈蚀、裂缝等病害缺陷，这些病害轻则影响结构混凝土强度与耐久性，重则威胁结构的安全使用。

任务 1　空心板梁桥典型缺陷与病害

由混凝土浇筑而成，横截面做成空心的板，称为空心板。这种形式提高了截面的刚度，节省了材料用量。当跨中相同时，相比其他主梁结构，空心板质量轻，运输、装配施工也更方便。其建筑高度比同跨径的 T 形梁小，所以，在小跨径桥梁中是最常用的形式之一。图 2-1-1 所示为空心板梁桥。

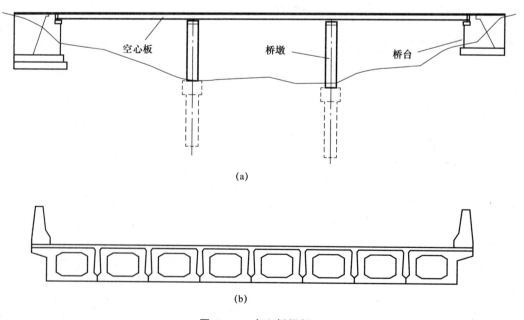

图 2-1-1　空心板梁桥

1.1 底板横向裂缝

1.1.1 钢筋混凝土空心板底板横向裂缝

由于截面抗弯承载力不足、混凝土收缩徐变、铰缝破坏形成单板受力等原因，在汽车荷载作用下，底板会产生较大的拉应力；由于混凝土抗拉性能较差，会导致空心板跨中附近出现横向裂缝。混凝土在浇筑过程中发生水化作用引起混凝土体积减小，发生干缩，进而会产生收缩横向裂缝；混凝土保护层厚度不足，会导致梁体外侧箍筋发生锈蚀从而产生锈胀横向裂缝。

横向裂缝的发展方向基本垂直于轴线方向，有浅裂缝和贯穿至空心孔内部的裂缝，就危害性来讲，后者较前者大。横向裂缝间距最小可达到 100～200 mm，裂缝引起的次生病害，如板内积水、渗水等将会加速钢筋的锈蚀，从而降低梁体的承载能力，且使结构的耐久性得不到保障。

1.1.2 预应力混凝土空心板底板横向裂缝

空心板预应力损失过大或施工过程中预应力张拉控制不当，会导致在运营过程中混凝土受拉区拉力超过其抗拉强度，产生横向裂缝。

吊装空心板时，混凝土强度太低、底部吸附粘结力过大；吊装在车上运输中支点不当或行走振动猛烈；施工局部超载过大；混凝土强度太低或质量存在问题都会引起预应力混凝土空心板底板横向裂缝。病害示例如图 2-1-2 所示。

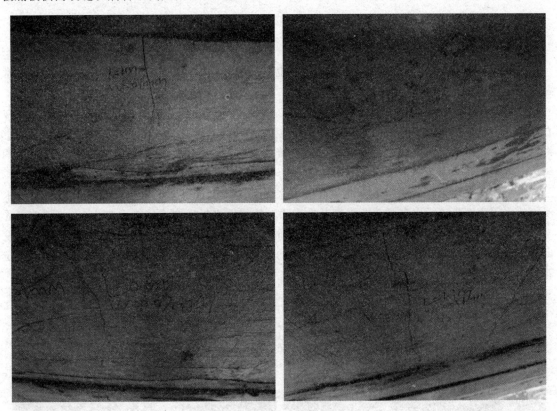

图 2-1-2 空心板底板横向裂缝

1.2 底板纵向裂缝

空心板底板施工厚度不足、底板混凝土浇筑时振捣不密实、施工期间养护不到位、混凝土保护层厚度不足、预应力构件的泊松效应等原因，都会导致空心板底板出现沿着纵筋方向的纵向裂缝。

底板厚度不足的地方出现裂缝，其原因主要在于混凝土与钢筋之间的黏结应力、混凝土的抗劈裂能力不足。普通钢筋会受裂缝影响而发生锈蚀，造成锈胀、露筋病害，从而进一步加快锈蚀速率，这样的循环会使裂缝不断地扩展，次生出更加严重的病害。病害示例如图2-1-3所示。

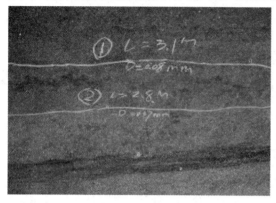 

图 2-1-3　空心板底板纵向裂缝

1.3　铰缝破损

铰缝破损作为预制空心板桥的一种通病，也是造成桥梁"单板受力"的直接原因，具有非常高的代表性。

铰缝实现了预制空心板间竖向剪力的传递，将行车荷载进行了横向传递和分配，因此，空心板的受力状况依赖于铰缝。而当行车荷载产生的竖向剪力超过了铰缝的抗力时，铰缝混凝土将发生开裂，铰缝破损由此产生。同时，空心板安装时存在错台、空心板的张拉应力控制不均匀、反拱相差较大、板间连接强度不足等，都会导致空心板铰缝的破损。

空心板侧壁和企口缝混凝土分离，混凝土会受到大量渗透下来的雨水的侵蚀；混凝土受水侵蚀后，压磨面粉碎，出现脱落，强度基本丧失，使得空心板横向连接能力丧失，出现"单板受力"这一违背横向分布设计原理的现象。空心板的单板受力会导致某些板承受过大的荷载而引发出更严重的病害。混凝土质量、新旧混凝土间的黏结力和摩阻力影响着铰缝的抗剪强度，决定着铰缝连接的可靠度。病害示例如图2-1-4所示。

图 2-1-4　空心板铰缝破损

任务2　连续T梁桥典型缺陷与病害

T形截面钢筋(预应力)混凝土连续梁即连续T梁桥(图2-1-5)。这种桥形主梁截面设计经济,混凝土的抗压能力得到充分利用,混凝土的受拉区面积相对较小,结构的质量较轻。施工方法一般为预制安装,也有采用整体现浇的。T梁吊装质量轻、施工简单、投入设备少,在桥梁设计阶段经常被采用。

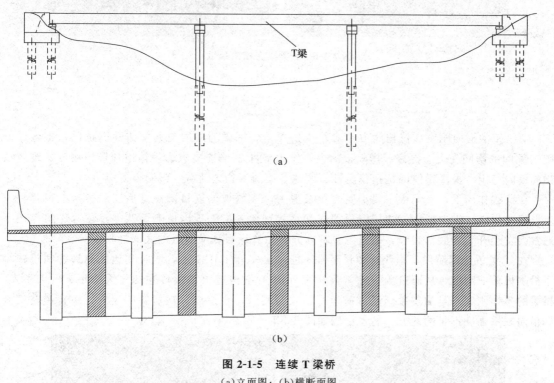

图2-1-5　连续T梁桥
(a)立面图;(b)横断面图

预应力混凝土连续T梁桥的适用跨度为20~40 m。横向是多片T形纵梁,主要通过相应的横隔板、湿接缝来连接,横向连接比较薄弱;结构分析通常是将其转化为单片梁进行分析,而这个转化由横向分布系数来实现;结构端部承受较大的剪力,跨中则主要承受弯矩。

2.1　梁底横向裂缝

2.1.1　普通混凝土T梁桥

T梁桥的抗弯承载能力不足,当弯矩过大时,梁底跨中区域就会产生横向裂缝。横向裂缝会减小梁的抗弯刚度,增大桥梁挠度,同时,裂缝会使混凝土对钢筋的保护作用降低,加速T梁钢筋的腐蚀,结构的耐久性降低。梁底部横向裂缝向马蹄侧面延伸,形成U形或L形的裂纹;高度越高,缝宽越小,最后逐渐消失。

2.1.2　预应力混凝土T梁桥

预应力混凝土T梁桥梁底产生横向裂缝的原因与普通混凝土T梁桥一样,同时,预应力损失过多也会造成梁底横向裂缝。病害示例如图2-1-6所示。

图 2-1-6　T 梁梁底横向裂缝

2.2　横隔板破损、开裂

T 梁桥的横向刚度和抗扭能力相对箱梁桥要差。桥梁的刚度与其整体性成正比,整体性好则 T 梁间的协同受力会更好。横隔板的主要作用是将 T 梁连接成为一体增加横向刚度、维持桥梁的横向稳定、提高梁体的抗扭稳定性、调整各梁的不均匀荷载、限制畸变应力。

在荷载作用下,横隔板主要承受弯矩及剪力。横隔板的连接部位受剪切的影响,很容易发生混凝土裂缝、纵向位移、连接钢板裸露腐蚀等现象。横隔板因抗弯性能差,在弯矩的作用下通常会发生开裂和底部裂缝,裂缝主要垂直分布在翼缘板和横隔板的底部之间。

在 T 梁桥运营阶段,横隔板数量经常不能满足实际工作需求,同时其他已有病害间接减小了横隔板截面刚度,从而造成了除常规病害外的 T 梁构造上横向传递的先天不足、后天不良、桥梁的整体刚度不足的现象。超负荷运行一段时间后,会造成二次病害的出现,病害主要集中在横向联系强度不足的地方。病害示例如图 2-1-7 所示。

图 2-1-7　横隔板开裂

2.3 湿接缝破损、开裂

除横隔板外，T梁翼缘板间还有湿接缝作为连接。T梁安装完成后，对横隔板进行拼装连接，然后浇筑湿接缝，形成整体结构。由于湿接缝在浇筑过程中振捣不足、混凝土强度不足、模板安装不到位等原因，会导致湿接缝翼板塌陷、坑洞、断裂等病害，翼缘板局部混凝土出现破损、坑槽以至空洞现象。病害示例如图2-1-8所示。

图 2-1-8 湿接缝破损

2.4 腹板裂缝、露筋

T梁中最常见的裂缝有腹板竖向裂缝和斜向裂缝，裂缝间距随机，宽度一般为0.1~0.2 mm。相关研究显示，抗剪承载力不足是腹板竖向裂缝、斜向裂缝产生的主要原因，裂缝宽度随混凝土徐变和荷载长期作用越来越宽，梁体抗剪强度又受这两种裂缝的影响而出现不足。

斜向裂缝的出现预示着抗剪承载力的不足，对结构的安全性危害很大。同时，构件的刚度会因斜向裂缝的出现而降低，裂缝发展到一定宽度时会导致露筋病害。病害示例如图2-1-9所示。

图 2-1-9 T梁腹板锈胀露筋

任务3　连续箱梁桥典型缺陷与病害

预应力混凝土连续箱梁桥所采用的箱形截面，较其他截面有很多优势，如横截面抗扭刚度大、稳定性好、有着良好的整体性。顶板和底板混凝土面积都相对较大，满足配筋条件，正负弯矩都能得到有效地抵抗。预应力技术的运用可以提升构件的抗裂性能和刚度，高强度材料力学性能也得到有效利用，因此，预应力在混凝土连续箱梁桥中使用广泛。

桥梁自重和汽车荷载作用在预应力混凝土连续箱梁桥上，跨中截面承受正弯矩，中间支点截面承受负弯矩，支点处的负弯矩对跨中弯矩有卸载作用，可以改善受力，同等材料下可以增大桥梁跨径。因为预应力混凝土连续箱梁桥是超静定结构，所以基础位移、温度升降、混凝土自然收缩徐变等因素会使桥梁结构出现次内力。

因为桥形美观、连续性好、刚度大、行车平稳，且施工工艺已经比较成熟，故当桥梁跨径处于 40～150 m 范围内时，设计往往会采用预应力混凝土连续箱梁桥这一形式。图 2-1-10 所示为连续箱梁桥示意。

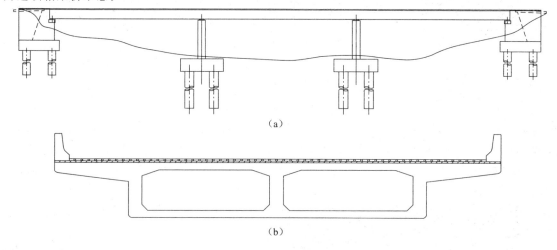

图 2-1-10　连续箱梁桥示意
(a)立面图；(b)横断面图

3.1　横向裂缝

弯矩作用在混凝土结构上时，若混凝土的抗拉强度不足以承受弯曲正应力，则横向裂缝相应产生。此类裂缝通常出现在连续箱梁桥的底板（正弯矩区）和顶板（负弯矩区）上。受正弯矩的部位，弯曲裂缝主要出现在跨中附近，裂缝会顺着横截面延伸，发展得比较严重时底板宽度方向将被贯通，裂缝会延伸到腹板内部；受负弯矩的部位，弯曲裂缝通常出现于墩顶截面附近。

在施工过程中挂篮局部变形偏大、支架沉降偏大、混凝土未养护到位、过早拆除模板、预应力钢束欠张、后期预应力损失过大等原因均可能导致弯曲裂缝的出现。

3.2　腹板斜裂缝

因为同时受到剪切和弯曲作用，支座附近截面常出现腹板斜裂缝。剪应力在支座处达到最大，如果主拉应力方向抗裂储备不足，主拉应力会将腹板混凝土拉裂，从底部往上，顺着中性轴呈 25°～50°夹角的方向开裂。

腹板斜裂缝可分为两种类型，即在施工过程中产生的斜裂缝和运营期产生的斜裂缝。

在施工过程中出现的斜裂缝主要表现为八字形，主要原因：原材料及配合比问题，尤其是外加剂的影响较大；过高的水化热及混凝土内外温度差导致腹板混凝土形成较大的温致拉应力；先浇段与后浇段龄期差异过大，使新旧混凝土收缩变形过程产生相互约束作用，致使产生混凝土拉应力；箱梁腹板纵向预应力钢束的张拉导致腹板沿纵向预应力波纹管走向垂直的方向存在较大的主拉应力，若腹板混凝土主拉应力超限，则将产生沿腹板纵向预应力波纹管方向的裂缝。腹板斜向裂缝病害示例如图2-1-11所示。

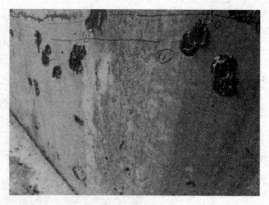

图 2-1-11 腹板斜向裂缝

运营期产生的箱梁腹板斜向裂缝，以桥梁跨中对称分布，呈八字形。主要原因：施工时，底板纵向预应力束和腹板竖向预应力束张拉不足，或预应力损失过大；实际的混凝土收缩、徐变超过设计值，收缩、徐变引起的预应力损失。

3.3 局部应力裂缝

在运行状态下，桥梁构件某些部位如支座、锚头等位置的局部应力大于其他部位，局部应力过大，一般会导致这些部位应力裂缝的出现。当某一部位突然受到外部撞击时也会产生局部应力裂缝。这类裂缝的产生原因主要是混凝土强度不足或预应力筋锚固端集中于同一个截面。

3.4 顶底板纵向裂缝

如果梁桥没有设计横向预应力或者顶板横向抗弯能力不足、横桥向配筋过少、箱梁内外温度差过大产生了温度应力，顶底板纵向裂缝就会产生。

顶底板纵向裂缝或崩裂纵向裂缝的纵向是指纵桥向，箱梁底板左右两侧比较常见到。此类裂缝是沿着纵向预应力钢束方向发展的，雨水顺着预应力孔道流动，则会造成钢筋的锈蚀病害，其危害严重程度胜于竖向裂缝。纵向预应力钢束超张；纵向预应力产生了偏大的径向力可能是产生这种病害的原因。箱梁合拢段外侧钢筋锈蚀如图2-1-12所示。

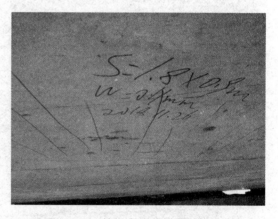

图 2-1-12 箱梁合拢段外侧钢筋锈蚀

3.5 腹板水平裂缝

腹板水平方向上出现的裂缝一般是由结构竖向拉应力造成的。横隔板设置不足时，箱梁截面在荷载作用下将发生畸变变形，畸变变形使箱梁腹板上出现竖向的拉应力，混凝土受拉开裂，腹板水平裂缝由此产生。

3.6 混凝土空洞、孔洞

由于混凝土振捣时漏振；竖向构件一次下料太多，坍落度相对较小，振捣不完全，底部漏振，混凝土中混入了杂物；钢筋密集处，预留孔或预埋件周边，混凝土浇筑时不通畅，不能充满模板等原因，会导致混凝土的空洞、孔洞。病害示例如图2-1-13、图2-1-14。

图 2-1-13 外侧空洞、孔洞露筋

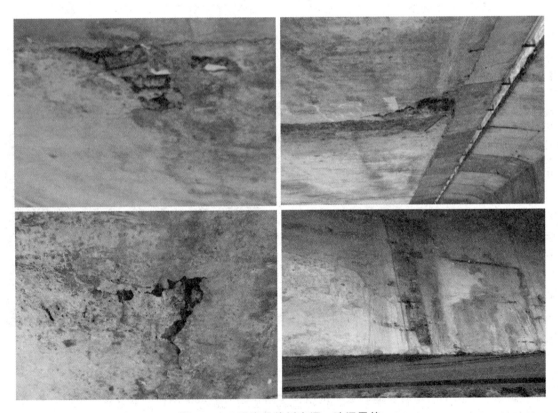

图 2-1-14 现浇段外侧空洞、孔洞露筋

3.7 混凝土剥落、掉角

由于混凝土浇筑前模板未充分湿润,造成棱角处混凝土失水或水化不充分,强度降低;拆模时棱角受损,拆模或抽芯过早,混凝土尚未建立足够强度,致使棱角受损等,将会导致混凝土剥落、掉角。病害示例如图2-1-15所示。

图 2-1-15　箱梁内侧剥落、掉角露筋

3.8　混凝土蜂窝、麻面

由于混凝土配合比不当或砂、石子、水泥材料加水计量不准，造成砂浆少、石子多；混凝土搅拌时间不够，未拌和均匀，和易性差，振捣不密实；下料不当或下料过多，未使石子集中，造成石子砂浆离析；混凝土未分层下料，振捣不实，或漏振，或振捣时间不够；模板缝隙未堵严，水泥砂浆流失；钢筋较密，使用的石子粒径过大或坍落度过小，将会导致混凝土蜂窝、麻面。病害示例如图 2-1-16 所示。

图 2-1-16　箱梁合龙段外侧蜂窝、麻面

3.9　跨中下挠

跨中下挠是指桥梁实际的挠度按照规范计算的计算值偏大了许多。腹板斜向裂缝与跨中下挠往往伴生，底板横向裂缝与纵向裂缝有时也会与跨中下挠同时出现。

桥梁运营 4~5 年后通常会出现跨中下挠与腹板斜向裂缝病害。少数桥梁的下挠现象在运营几年、十几年后会呈持续性发展，趋势并不固定。

造成这一缺陷的原因主要有：一是箱梁在施工时，部分梁段存在胀模现象，导致实际结构尺寸增大；箱内底板顶面存在较多的建筑垃圾，增加了箱梁自重。二是混凝土收缩徐变计算方法，由于影响因素复杂，至今没有一种准确的计算方法，从国内目前的实践情况看，徐变的终止时间也非三年结束，与混凝土的配合比、施工环境及各种添加剂等有很大关系。另外，预应力的效率也因管道压浆不饱满而与计算值有相当差异。三是部分连续刚构桥纵向顶板束为直线索且未设计下弯束，该设计思想在后来的实践中被证实其对主梁下挠的抑制作用效果较差。四是随着交通量的增加，重型、超重型汽车的增多，造成动荷载过大。

任务4 梁式桥支座典型缺陷与病害

梁桥支座常出现剪切变形，老化变质、开裂、磨损等病害，其原因多为设计不当、橡胶的老化、超载等。

在安装梁桥支座时，常常由于支座垫石高程控制精度差导致的不平整、预制梁底面不平、施工安装不当而导致支座的脱空现象。

支座垫石不平，造成支座局部承压，还会引起支座位置串动，严重时可能会造成个别支座脱落，使得支座承载力或刚度丧失、变形超出规范限值等问题出现。相关病害示例如图2-1-17～图2-1-20所示。

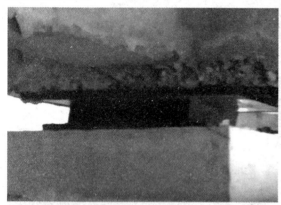

图 2-1-17 支座剪切变形　　　　　图 2-1-18 支座开裂

图 2-1-19 支座脱空　　　　　图 2-1-20 支座串动，完全滑出

课题 2 拱式桥典型缺陷与病害

任务1 钢筋混凝土桁架拱桥典型缺陷与病害

钢筋混凝土桁架拱桥是一种具有水平推力的拱型桁架桥（图2-2-1）。该种桥不仅具有桁架桥质量轻的特点，而且具有拱桥结构受力的特点。但随着交通运输业的迅猛发展，交通运输量大幅度增长，行车密度及超限车辆日益增多，昔日建造的较大一部分桁架拱桥已经不能满足运营要求。

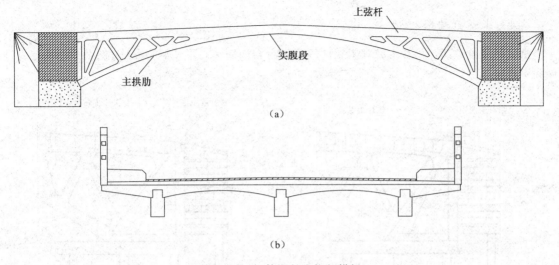

图 2-2-1　钢筋混凝土桁架拱桥

(a)立面图；(b)横断面图

钢筋混凝土桁架拱桥的桁架拱片由上下弦杆、腹杆和实腹段组成。桁架拱桥具有外形轻巧、节约材料等特点；也具有混凝土强度等级低、配筋较少等缺点。其拱片典型病害表现较多。

1.1　桁架拱变形

桁架拱变形主要表现为主拱肋下沉、桥面线形异常(图 2-2-2)；造成桁架拱变形的主要原因是结构尺寸偏小、整体刚度不足、基础水平位移、超限车辆作用等。

图 2-2-2　桥面线形异常

1.2　拱片连接处混凝土断裂

拱片在恒载和活载作用下产生应力。拱片连接处是桁架拱应力易集中部位，因此容易产生裂缝和混凝土破碎病害。在长期活载作用下，桥梁产生异常振动，拱片连接处裂缝发展，混凝土破碎，直至断裂(图 2-2-3)。

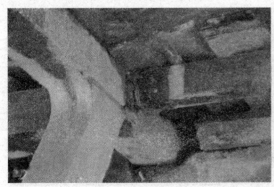

图 2-2-3　拱片连接处断裂

1.3 上弦杆缺陷

拱脚产生位移后，拱片上弦杆末端区段与桥台台面脱离，形成脱空状态（图2-2-4），造成拱圈和桥面板变形。

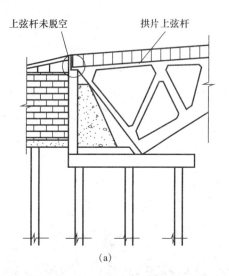
(a)

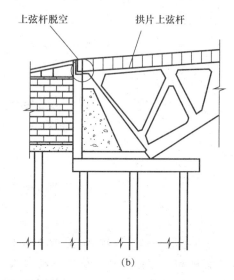
(b)

图 2-2-4　桁架拱上弦杆脱空图

20世纪70—80年代设计的桁架拱桥强度等级比较低，配筋也比较少，主拱圈的尺寸偏小；在重载交通作用下，拱片沿主筋方向的混凝土产生纵向裂缝，沿箍筋方向的裂缝形成环向裂缝，节点上产生沿钢筋纵横交错裂缝。节点裂缝如图2-2-5所示。

1.4 横向联系裂缝

桁架桥横向联系本身尺寸偏小，强度和刚度相对较弱，与拱肋连接处抗剪能力偏低，在车辆荷载及微弯板的水平推力作用下出现开裂，严重者甚至脱落。横向联系裂缝如图2-2-6所示。

图 2-2-5　节点裂缝

图 2-2-6　横向联系裂缝

任务2 刚架拱桥典型缺陷与病害

刚架拱桥是在双曲拱桥、桁架拱桥、肋拱桥和斜腿刚构桥的基础上,结合我国拱桥特点及无支架施工经验而发展起来的一种桥形,属于有推力的高次超静定结构。虽然这种拱桥有许多优点,但它属于高次超静定结构,结构受力比较复杂;一个构件产生病害,会引起整个桥梁产生一系列病害。刚架拱桥示意如图 2-2-7 所示。

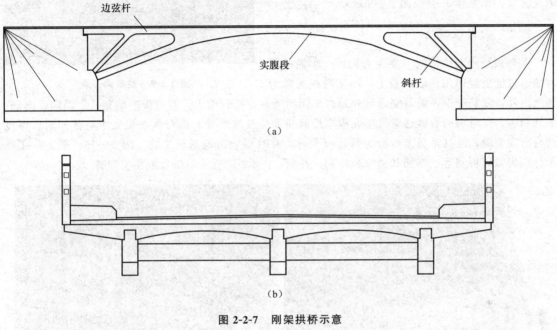

图 2-2-7 刚架拱桥示意
(a)立面图;(b)横断面图

2.1 跨中下挠

当墩台产生水平变位、转动以及不均匀沉降时,会引起拱圈下挠、变形、开裂或严重偏离。架拱跨中下挠如图 2-2-8 所示。

图 2-2-8 架拱跨中下挠

2.2 横系梁与拱片连接点松动、开裂

刚架拱桥结构整体刚度较小，横系梁与拱片连接点应力易集中，在车辆荷载作用下长期的频繁振动，横系梁与拱片连接点产生松动、开裂，拱片出现严重变形、位移，甚至导致桥面严重塌陷或沉降。横系梁开裂如图 2-2-9 所示。

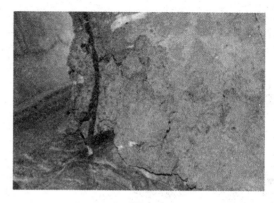

图 2-2-9 横系梁开裂

2.3 微弯板病害

微弯板是刚架拱桥的主要受力构件。车辆荷载直接通过铺装层作用在微弯板上，而微弯板通常为预制构件，配筋较少，随着交通量和超载车辆的增多，荷载增大，微弯板产生穿孔、塌陷、露筋、裂缝病害。微弯板的裂缝通常发生在板厚最薄弱部位及接缝处。微弯板在板底中心截面附近厚度薄易出现裂缝，尤其是当微弯板的跨径很大时，有时可能出现通长裂缝。图 2-2-10、图 2-2-11 所示分别为微弯板剥落、露筋和微弯板空洞、孔洞，图 2-2-12 所示为微弯板典型裂缝。

图 2-2-10 微弯板剥落、露筋

图 2-2-11 微弯板空洞、孔洞

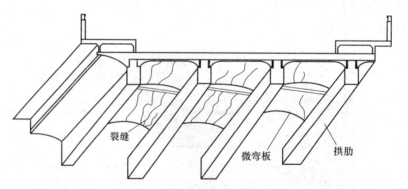

图 2-2-12 微弯板典型裂缝

2.4 拱脚位移

刚架拱桥矢跨比较大，推力较大，当地质情况不佳或其他原因引起时，通常导致墩台出现错台、水平位移、竖向位移和转角位移。

任务3 钢管混凝土拱桥典型缺陷与病害

钢管混凝土拱桥属于钢-混凝土组合结构中的一种(图2-2-13)。钢管混凝土拱桥是先用钢管形成骨架，然后在钢管内灌注混凝土形成拱肋。钢管混凝土拱桥在桥梁工程中得到了普及应用，显现了此种桥梁结构的功能特性，为桥面车辆行驶提供了安全稳定的环境。由于车流量的持续增加，钢管混凝土拱桥承受的重力荷载越来越大，早期建成拱桥的承载性能受到破坏，进而导致钢管混凝土拱桥发生了诸多病害现象。

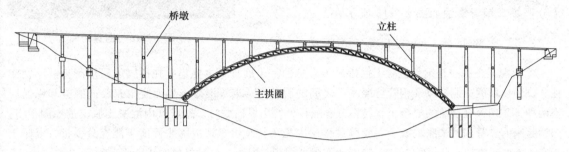

图 2-2-13 钢管混凝土拱桥

3.1 涂层缺陷

在大气腐蚀和温度作用下钢管表面涂层损坏、裂纹、起皮或剥落。涂层不均匀如图2-2-14所示。

3.2 焊缝开裂

焊缝开裂是桥梁安全的隐患，产生的主要原因有：焊缝焊接质量不达标；由于振动产生的交变荷载的影响，在焊接缺陷及局部应力集中处产生疲劳裂纹。焊缝纵向裂缝如图2-2-15所示。

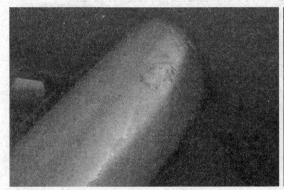 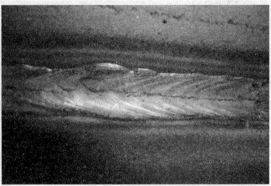

图 2-2-14 涂层不均匀　　　　图 2-2-15 焊缝纵向裂缝

3.3 构件扭曲变形、局部损伤

钢管局部变形主要表现为环状褶皱和局部凹槽。

造成钢管局部变形的主要原因：钢管弯管引起的皱褶；钢管混凝土拱肋自身承载力不足引起钢管压弯屈曲；管内脱空及混凝土徐变收缩导致钢管达到屈服应力而局部失稳。

3.4 构件腐蚀、生锈

钢管腐蚀主要是大气腐蚀，大气腐蚀的快慢及锈蚀程度取决于大气湿度和大气环境。采用喷涂防护的钢管混凝土拱桥，钢管锈蚀大多出现在施工过程中因防腐体系破坏造成的局部锈蚀；采用高分子材料防护的钢管混凝土拱桥几乎都出现了开裂和剥落，且锈蚀十分严重。钢管锈蚀如图 2-2-16 所示。

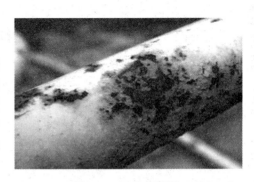

图 2-2-16　钢管锈蚀

3.5 管内混凝土填充不密实或脱空

管内混凝土脱空是钢管混凝土拱桥最为常见的一个病害，主要集中在拱脚区段混凝土的不密实性、拱顶区段的空洞，以及钢管与混凝土之间的脱粘等。钢管混凝土界面脱空有径向脱空和纵向脱空两种。采用分仓浇筑的混凝土容易在分仓隔板处发生纵向脱空。造成管内混凝土脱空的原因很多，归结起来有：管内微膨胀混凝土在膨胀过程中因无法持续供水造成膨胀性能不能充分发挥；混凝土配合比不当；混凝土压浆位置和压浆方向不当；钢管与混凝土两种材料的线膨胀系数不同等。

任务 4　圬工拱桥典型缺陷与病害

圬工拱桥是由砖、石、混凝土等各种砌筑材料砌筑的拱桥。在人类尚未掌握更高的科技与工具之时，桥梁建设一开始利用的是自然的材料，如藤、竹、木、石等。天然石料是大自然赋予人类的最早的，取之不尽、用之不竭的建筑材料。圬工拱桥的建设成为解决人们出行瓶颈的重要手段，在很长一段时期，我国许多地区修建了大量圬工拱桥。圬工拱桥一般跨度较小，具有造价低廉、施工工艺要求低等优点，但存在影响通航、质量重、整体性较差等问题。在我国，圬工拱桥是数量最多、类型最丰富的桥形，是我国早期桥梁的主要结构形式。目前相当数量的拱桥，特别是石拱桥普遍存在承载力不足、病害较多的缺陷。石拱桥如图 2-2-17 所示。

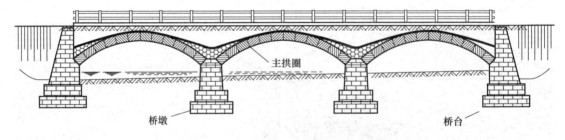

图 2-2-17　石拱桥

4.1 拱圈变形

造成拱圈变形的主要原因是拱圈承载力不足和墩台位移。拱圈变形主要表现为拱顶变形和桥面竖向呈波形。拱圈变形如图 2-2-18 所示。

4.2 主拱圈裂缝

(1)主拱圈横向开裂。主拱圈横向开裂多发生在拱脚上缘或拱顶下缘，其主要原因包括：石料强度不

图 2-2-18　拱圈变形

足，主拱圈局部强度不够；墩台基础等产生不均匀沉降引起拱圈开裂；拱圈受力不对称；施工质量差，如砌筑工艺不规范、砂浆不饱满等；墩台沿桥梁纵向发生向后滑动或转动引起拱圈开裂。

(2)主拱圈纵向开裂(图 2-2-19)。主拱圈纵向开裂主要由施工、拱上土侧压力的作用及结构本身的特殊受力因素引起。

 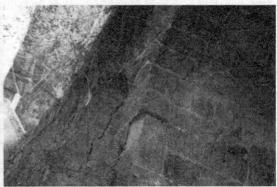

图 2-2-19　主拱圈纵向开裂

4.3　灰缝松散脱落

灰缝松散脱落的主要因素是自然风化和砂浆不饱满，主要表现为砌块之间灰缝掉落、缝隙增大。拱圈灰缝脱落如图 2-2-20 所示。

4.4　砌块断裂、脱落

在圬工拱桥批量建设时代，限于管理水平及技术水平，尤其是材料检测水平，采用的砌块强度未达到相关要求而造成砌块局部压碎等状况。另外，随着时间推移，材料风化、重车作用、局部承载力不足等均是造成拱圈块石断裂、脱落的因素。块石断裂如图 2-2-21 所示。

图 2-2-20　拱圈灰缝脱落

 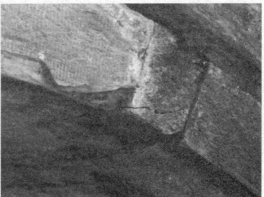

图 2-2-21　块石断裂

4.5 风化

拱圈石料经自然风化及长期遭受水和空气的侵蚀而使拱石材料物理化学性能发生变化，使石料表面软化而脱落，主要表现为拱石表面呈白色（灰色）粉状覆盖层，常呈鳞片状脱落。石拱桥风化如图 2-2-22 所示。

图 2-2-22　石拱桥风化

任务 5　系杆拱桥典型缺陷与病害

系杆拱桥作为拱桥家族中的一员，具有拱桥的一般特点，又有自身的独有特点。其是一种集拱与梁的优点于一身的桥形，它将拱与梁两种基本结构形式组合在一起，共同承受荷载，充分发挥梁受弯、拱受压的结构性能和组合作用，拱端的水平推力用拉杆承受，使拱端支座不产生水平推力。拱与弦之间用两端铰接的竖直杆连接而成。拉杆拱桥构造示意如图 2-2-23 所示。

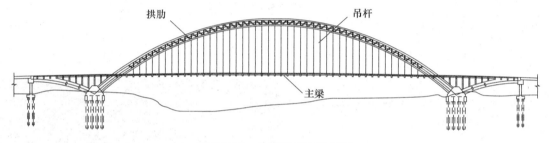

图 2-2-23　拉杆拱桥构造示意

5.1 吊杆病害

吊杆是主梁与拱肋之间的传力构件。桥面的荷载通过吊杆传递到拱肋，再通过拱肋将荷载传递到拱座，一旦吊杆发生严重损伤，会破坏整体结构力平衡，使结构的主要使用功能丧失。

5.1.1 渗水

吊杆渗水主要位于吊杆两端的锚固位置、锚头、横梁锚固构造、吊杆套管、减震器等，图 2-2-24 所示为锚头积水。

图 2-2-24　锚头积水

5.1.2 锈蚀

护筒破损，雨水侵入索体，造成钢丝锈蚀，锈斑渗出保护层，图 2-2-25 所示为索体锈蚀。

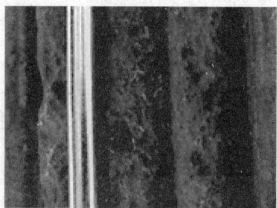

图 2-2-25　索体锈蚀

5.1.3 锚头损坏

锚头出现破损、松动或裂缝现象。

5.1.4 橡胶老化变形

吊索端部及减震器部位橡胶老化变形，并由破裂渗水现象。

5.1.5 防护套损坏

吊杆防护套开裂现象十分普遍，往往是整个吊杆体系耐久性失效的开始，尽管引起防护套开裂的原因多种多样，但都会影响到整个吊杆体系的使用。防护套损坏主要表现为防护套及连接处有松动或套管顶未封闭，造成渗水现象，或防护套涂层有损坏、裂纹、起皮、剥落现象。防护套损坏如图 2-2-26 所示。

图 2-2-26　防护套损坏

5.1.6 吊杆的防护层破坏

吊杆防护层出现不同程度的开裂或环状断裂破坏，是由于塑料原材料质量存在问题。造成防护层破坏的主要原因有原材料问题、材料老化、抗拉能力低、施工不当及防护套材料与吊杆钢材的热膨胀系数不匹配等。

5.1.7 断丝

造成吊杆钢索锈蚀、断裂或断丝的原因主要有强度问题、疲劳问题及腐蚀问题。出现断裂(丝)的吊杆多是由于吊杆防护失效引起钢索腐蚀，减小了吊杆的有效截面，在吊杆力不变的情况下增大了吊杆应力，间接导致吊杆强度破坏。吊杆在反复荷载作用下产生的疲劳损伤是造成吊杆断丝的重要原因。吊杆钢丝锈蚀、断丝如图 2-2-27 所示。

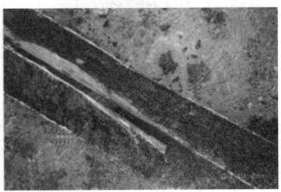

图 2-2-27　吊杆钢丝锈蚀、断丝

5.2　系杆病害

系杆的主要功能是平衡拱肋传递水平推力，一旦系杆受到破坏，水平推力无法平衡，势必造成拱脚产生水平位移，造成主拱圈破坏，严重影响桥梁安全。

5.2.1 锈蚀

系杆是下承式系杆拱桥的重要传力构件。然而，无论是包裹于混凝土中的系杆还是埋置在钢锚箱内的系杆普遍存在渗水现象，系杆钢丝锈蚀严重。造成系杆锈蚀与断裂的原因有：采用防护能力低的防锈材料，系杆锚固端的锈蚀，没有设置专门的排水设施。布置在钢箱、锚箱、混凝土凹槽中的系杆，空气流通性差、湿度大，钢箱、锚箱、凹槽中大量积水，由于未设置专门的排水孔，积水长期滞留，造成锈蚀。

5.2.2 系杆外部涂层脱落

系杆外部涂层有损坏、裂纹或剥落现象。

5.2.3 系杆连接松动

在活载作用下，桥梁产生反复振动，系杆连接处出现松动。

5.2.4 锚头、防护套损坏

锚头、防护套老化、破损、裂纹或积水，造成渗水或锈蚀现象；锚头存在老化、破损、裂纹现象，造成渗水或锈蚀现象。

5.2.5 断丝

钢绞线受力不均匀和钢绞线受深层锈蚀而拉应力不足，是系杆钢绞线被拉断的主要原因。吊杆钢丝锈蚀、断裂或损坏，或造成梁体变形。

课题 3　索承桥典型缺陷与病害

任务 1　斜拉桥典型缺陷与病害

斜拉桥是用斜拉索将主梁直接拉在索塔上的一种桥梁,是由承受斜拉索拉力的塔、承受主梁荷载的索和直接承受车辆荷载的梁体组合起来的一种结构体系(图2-3-1),其可看作是拉索代替支墩的多跨弹性支承连续梁。其可使梁体内弯矩减小,降低建筑高度,减轻结构质量,节省材料。

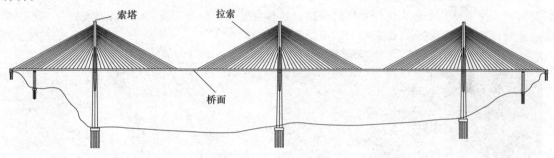

图 2-3-1　斜拉桥

1.1　拉索锈蚀、断丝

在斜拉索运营期,由于磨损、雨水腐蚀、外力撞击、振动引起保护套的疲劳损伤等原因,PE橡胶护套不可避免地会产生大量的微孔和裂纹,从而不能有效地隔绝空气、雨水等。这些物质进入保护套,容易在钢丝表面形成水气,对斜拉索进行长期的电化学腐蚀。

钢丝断裂是斜拉索腐蚀、疲劳后的直接后果。当斜拉索断丝达到一定数量后,该斜拉索即判为失效。斜拉索失效会影响斜拉桥整体结构受力,对于斜拉桥主梁的线形有很大影响,更会引发索力的重新分布,导致索力不均。部分斜拉索应力超过了其设计强度,严重威胁着斜拉桥的安全性。拉索锈蚀如图2-3-2所示。

图 2-3-2　拉索锈蚀

1.2　滑移变位

在桥梁施工阶段及运营期,同一根斜拉索在索塔两侧可能会出现不平衡力现象。其不仅与桥梁的边中跨比及主梁的设计有关,而且随机的汽车荷载、地震荷载、风荷载及施工阶段的不平衡施工荷载等都会使斜拉索在主塔两侧出现不平衡力。在不平衡力的反复作用下,索鞍抗滑移能力降低,出现相对滑移。

1.3　锚固区损坏

由于斜拉桥刚度较小,在车辆、风雨等荷载作用下,极易发生振动,经常剧烈的振动会使拉索锚固区套筒产生裂纹,发生积水,使锚头锈蚀,进而导致其破损、松动、裂缝。其主要表现为锚头或锚板出现破损、松动、裂缝，锚头积水锈蚀，锚固区出现受力裂纹。锚固区开裂如图2-3-3所示。

1.4 斜拉索护套病害

斜拉索施工涉及的工序较为繁杂，具体有运输、存放、卷盘、展开、拖索、吊装、牵引、锚固、张拉及调整等，而斜拉索的PE护套保护层为柔性聚合物，在运输、挂索、张拉等施工中，斜拉索会不可避免地受到不同程度的损伤。同时，车辆、行人、风、雨等活载的作用，拉索应力变化大，索梁

图2-3-3 锚固区开裂

振动加剧，拉索伸长量也发生往复性的变化，这种往复性的变化将使PE材料出现疲劳、开裂现象，导致保护层受到破坏。拉索护套破损如图2-3-4所示。

图2-3-4 拉索护套破损

护套病害主要表现为热挤PE护套产生环状开裂或PE层断开。拉索PE护套环裂如图2-3-5所示。

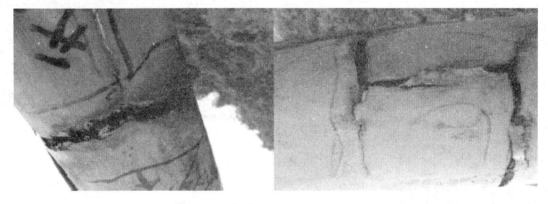

图2-3-5 拉索PE护套环裂

漆膜损坏病害主要表现为油漆变色、轻微损坏、裂纹、起皮或剥落。

护套防护层病害主要表现为护套防护层老化、破损、开裂或积水，造成局部渗水或锈蚀；个别护筒脱落。

护套锈蚀主要表现为表面发生锈蚀，产生点蚀现象，氧化皮或油漆层因锈蚀剥落或者可以刮除（图2-3-6）。

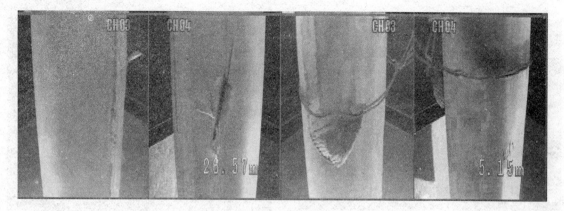

图 2-3-6 拉索护套开裂

1.5 锚具病害

斜拉桥锚固区应力易集中，且受力复杂，受锚具属于金属材料、外部荷载及周围环境等因素影响，锚头容易出现病害。由于锚头长期暴露在自然环境中，不可避免地会遭受雨水等侵蚀，出现锈蚀、断裂现象；锚具由于其结构特点，一旦进水，就不易排出，造成锚杯积水，加速锚头的腐蚀。其主要表现为锚具锈蚀、疲劳或损坏，防护开裂，并脱落，表面有点蚀现场，氧化皮或油漆因锈蚀而剥离。锚头锈蚀如图 2-3-7 所示。

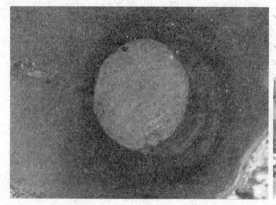

图 2-3-7 锚头锈蚀

1.6 索塔病害

索塔是斜拉桥的主要受力构件，主梁通过斜拉索将荷载传递给索塔。索塔除受自己自重外，还有斜拉索的索力。另外，温度、风荷载、地震混凝土收缩徐变都会对索塔产生影响。

斜拉桥索塔常年暴露在空气中，由于活载引起的频繁振动，再加上自然环境和人为的影响，索塔易发生不同程度的破损、腐蚀。索塔的主要病害如下：

(1)倾斜、变形。其表现为索塔出现扭转或倾斜变形、塔根出现裂缝、塔顶偏移，其主要由索塔不均匀沉降引起。

(2)混凝土裂缝。混凝土裂缝可分为锚固区裂缝和非锚固区裂缝。锚固区结构复杂，锚下拉索集中力大，使锚固区成为一个裂缝多发的区域；非锚固区裂缝一般由外荷载、变形或综合作用引起。索塔竖向裂缝如图 2-3-8 所示。

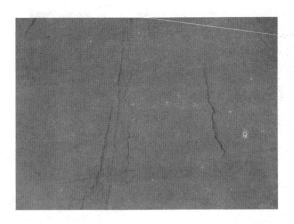
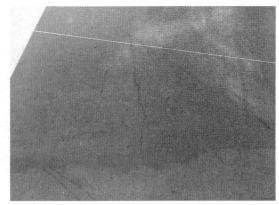

图 2-3-8 索塔竖向裂缝

1.7 主梁病害

主梁是斜拉桥直接承受恒载和活载的结构，同时也承受斜拉索的拉力。主梁结构形式主要可分为预应力混凝土加筋梁、钢桁架加筋梁、钢箱加筋梁，其病害形式呈多样化。

(1) 预应力混凝土加筋梁主要病害有剥落、露筋、跨中下挠、构件变形、混凝土裂缝、蜂窝、麻面、剥落、掉角、空洞、孔洞、钢筋、锈蚀、混凝土碳化。

(2) 钢桁架加筋梁主要病害有结构变形、锈蚀、跨中下挠、裂缝、涂层劣化、焊缝开裂、柳丁（螺栓）损失及结构变位。

(3) 钢箱加筋梁主要病害有构件变形、锈蚀、跨中下挠、裂缝、涂层劣化、焊缝开裂、柳丁（螺栓）损失及结构变位。

任务 2　悬索桥典型缺陷与病害

悬索桥又称吊桥，是指以通过索塔悬挂并锚固于两岸（或桥两端）的缆索（或钢链）作为上部结构主要承重构件的桥梁（图 2-3-9）。其缆索几何形状由力的平衡条件决定，一般接近抛物线。从缆索垂下许多吊杆，将桥面吊住，在桥面和吊杆之间常设置加劲梁，同缆索形成组合体系，以减小荷载所引起的挠度变形。

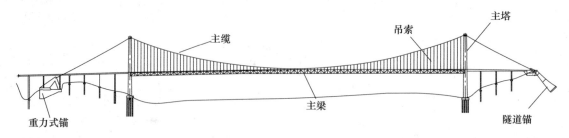

图 2-3-9 悬索桥示意

2.1 主缆病害

主缆通过鞍座悬挂并锚固于塔顶，承受主梁的恒载和活载。主缆一般由高强度钢丝组成，通过现场编织而成，然后鞍座索夹，涂防腐层，缠丝后涂外防护层。主缆病害主要有主缆防护损坏、主缆线形异常、扶手绳及栏杆绳损坏、主缆腐蚀或索股损坏及涂层劣化。在桥梁运营期,由于主缆松弛和荷载的变化,都会导致主缆线形改变,当改变到允许值范围外时就会影响桥梁的使用功能。由于主缆钢丝、索夹、索鞍等部位都会存在缝隙,外部潮湿空气可以进入内部。另外,防护层在施工中和运营期,受到不同程度的损伤及车辆、行人、风、雨等活载的作用,致使主缆发生往复性的变化,导致防护层开裂。另外,材质老化也会导致主缆防护破损开裂。

主缆防护破损主要表现为主缆表面漆损坏、裂纹、变色起皮、老化或剥落。主缆腐蚀或索股损坏主要表现为缠丝防腐层出现腐蚀、断丝、脱皮、伤痕等现象。涂膜劣化主要表现为构件表面出现气泡、裂纹、脱落、粉化和锈蚀等现象。图 2-3-10、图 2-3-11 所示分别为主缆防护损坏和主缆局部刮伤。

图 2-3-10　主缆防护损坏

图 2-3-11　主缆局部刮伤

2.2　索夹病害

索夹的主要病害有错位、滑移、索夹密封填料损坏。吊索索夹在主缆上产生滑移的原因有两个:一是高强度拉杆的预拉力松弛,使索夹与主缆的夹紧程度放松;二是在长期使用后主缆的挤紧程度提高、空隙率减少,使索夹在主缆上产生滑移。

索夹密封填料损坏主要是由于填料在大气环境下老化,在雨水冲击、桥梁振动的作用下掉落,如图 2-3-12 所示。

2.3　吊索病害

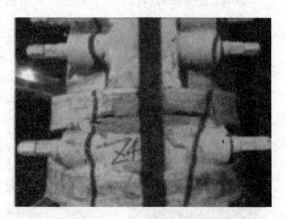

图 2-3-12　索夹密封填料损坏

吊索常见病害有渗水、锈蚀、腐蚀橡胶老化变形、防护套破坏、吊索的防护层破坏、钢丝断丝。吊索主要由钢丝、钢绞线和平行钢丝组成,在潮湿环境下容易生锈、腐蚀或断裂。

吊索渗水主要集中在吊索两端的锚固部位、冷铸锚头、横梁锚固构造、吊索套管、减震器等部位。

在吊索端部及减震器部位,橡胶护筒在高温等环境下易产生老化,橡胶表面变色、变形,局部破损(图 2-3-13、图 2-3-14)。

图 2-3-13 护筒橡胶套老化开裂

图 2-3-14 护筒橡胶套破损

2.4 索塔病害

悬索桥索塔病害与斜拉桥索塔病害一致。

2.5 索鞍病害

索鞍锈蚀主要表现为构件表面出现点蚀现场，氧化皮或油漆因锈蚀脱落而部分剥落或者可以刮除。索鞍局部轻微锈蚀如图 2-3-15 所示。

2.6 锚碇病害

锚碇是悬索桥的锚固系统，可分为隧道锚和重力式锚。锚碇的主要病害有锚坑漏水、拉杆掉皮、锈蚀。锚碇属于大体积混凝土，容易

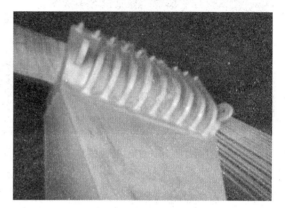
图 2-3-15 索鞍局部轻微锈蚀

产生温度裂缝，锚室顶、锚室壁都容易漏水，造成锚室积水。由于锚室积水、空气潮湿，拉杆等钢构件防腐层被腐蚀开裂、掉落，最后产生锈蚀(图 2-3-16、图 2-3-17)。

图 2-3-16 锚室侧墙漏水

图 2-3-17 拉杆锈蚀

2.7 主梁病害

悬索桥主梁病害与斜拉桥主梁病害一致。

课题 4　桥梁下部结构和桥面系典型缺陷与病害

任务 1　桥梁下部结构典型缺陷与病害

桥梁下部结构主要包括桥墩、桥台及基础。

(1)多跨桥的中间支承结构称为桥墩。桥墩可分为实体墩、柱式墩和排架墩等,按平面形状可分为矩形墩、尖端形墩、圆形墩等。桥墩主要承受上部结构的荷载、流水压力、水面以上的风力、可能出现的冰荷载和船只(漂浮物)的撞击。

(2)桥台是位于桥梁两端,支承桥梁上部结构并和路堤相衔接的构筑物。其功能除传递桥梁上部结构的荷载到基础外,还具有抵挡台后的填土压力、稳定桥头路基,使桥头线路和桥上线路可靠而平稳地连接的作用。桥台一般是石砌或素混凝土结构,轻型桥台则采用钢筋混凝土结构。

(3)墩台基础是桥梁墩台结构直接与地基接触的部分,主要承受墩台台身传来的荷载。墩台基础应具有足够的强度、刚度和稳定性,还应考虑到荷载作用下产生的水平位移、转动或沉降。常用的墩台基础有浅埋基础(刚性和柔性扩大基础)、深基础(桩基础和沉井基础等)、深水基础。

1.1　桥墩典型缺陷与病害

桥墩的典型病害通常表现为墩身开裂、破损露筋等。裂缝的出现会导致钢筋锈蚀、混凝土碳化、混凝土的抗冻融性能降低、混凝土抗渗能力下降。

1.1.1　墩身龟裂

由于施工中对混凝土养护不当等原因,会导致桥墩出现龟裂或者收缩裂缝。桥墩立柱龟裂如图 2-4-1 所示。

1.1.2　墩柱竖向裂缝

混凝土收缩过大、钢筋箍筋配箍率不足、碱集料反应、基础不均匀沉降等都是导致墩柱出现竖向裂缝的原因。桥墩竖向裂缝如图 2-4-2 所示。

图 2-4-1　桥墩立柱龟裂

图 2-4-2　桥墩竖向裂缝

1.1.3 桥墩环向裂缝

桥墩环向裂缝出现的原因有基础变位、有水平推力的作用、钢筋锈蚀导致混凝土开裂等。桥墩环向裂缝如图 2-4-3 所示。

图 2-4-3　桥墩环向裂缝

1.1.4 墩柱倾斜变位

基础滑移、侧土推力等均会导致墩柱倾斜变位，墩柱变位过大是非常危险的，甚至有可能直接导致落梁。图 2-4-4 所示为某桥的桥墩被废弃渣土掩埋，在渣土的推力下发生墩柱倾斜。

1.1.5 桥墩破损露筋

由于桥墩保护层薄，故导致混凝土内部钢筋锈胀。桥墩破损露筋如图 2-4-5 所示。

图 2-4-4　桥墩墩柱倾斜　　　　图 2-4-5　桥墩破损露筋

1.1.6 墩柱刮蹭

由于桥梁净空不足,可能导致桥墩被车辆、船只刮蹭,造成混凝土表面损伤(图 2-4-6)。

1.2 盖梁典型缺陷与病害

盖梁为受弯构件,主要的缺陷与病害包括承载能力不足导致的开裂、环境因素导致的剥落、蜂窝、破损露筋等。另外,盖梁挡块经常开裂、与主梁抵拢。

图 2-4-6 桥墩墩柱刮蹭

1.2.1 盖梁跨中竖向裂缝

盖梁跨中出现竖向裂缝的原因有:盖梁抗弯配筋不足,活载作用下导致开裂;混凝土收缩导致裂缝的产生;局部应力集中导致的劈裂等。盖梁跨中竖向裂缝如图 2-4-7 所示。

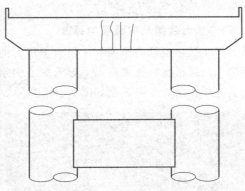

图 2-4-7 盖梁跨中竖向裂缝

1.2.2 盖梁锈蚀露筋

盖梁保护层厚度过薄可能导致盖梁锈蚀露筋(图 2-4-8)。

图 2-4-8 盖梁锈蚀露筋

1.2.3 挡块开裂、抵拢

主梁安装时就位不准或安装不到位,就会导致主梁挤压挡块,挡块与主梁抵拢(图 2-4-9),甚至直接导致挡块开裂(图 2-4-10)。另一个原因是梁体发生横移,这种情况多发生在曲线桥梁、斜交桥梁、长下坡路段。

图 2-4-9　挡块与主梁抵拢　　　　　　图 2-4-10　挡块开裂

1.3　桥台典型缺陷与病害

1.3.1　桥台台帽及前墙竖向裂缝

桥台产生竖向裂缝的原因有：桥台土压力的作用；台后路面下沉，造成桥台跳车，产生较大的冲击作用；桥台后排水不畅，导致填土中水分过大，产生较大的附加压力作用；混凝土的收缩徐变。桥台前墙竖向裂缝如图2-4-11所示。

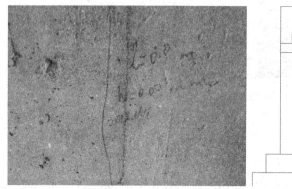
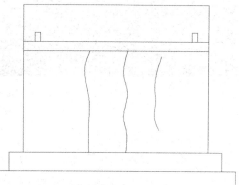

图 2-4-11　桥台前墙竖向裂缝

1.3.2　桥台跳车

桥台后路面下沉，造成桥台跳车，桥台跳车会产生较大的冲击作用(图2-4-12)。

图 2-4-12　桥台跳车

1.3.3 桥台受水侵蚀

桥台受水侵蚀的原因可能有：水流顺伸缩缝流到桥台上，侵蚀台身；水渗透到台背填料中，桥梁及附属设施未设置排水设施，积水无法排出，加之砌体之间存在间隙，积水饱和后从前墙或侧墙渗出；对于混凝土桥台，由于在施工过程中振捣不密实、新老混凝土处理失当等都是导致桥台渗水的原因。桥台受水侵蚀如图2-4-13所示。

图2-4-13 桥台受水侵蚀

1.3.4 桥台变位

桥台发生变位的原因可能有：桥台后的填土不密实，上部长期荷载作用下土体发生沉陷，挤压侧墙；桥台后排水不畅，导致填土中水分过大，产生较大的附加压力作用；基础不均匀沉降。

1.4 墩台基础典型缺陷与病害

基础的主要病害包括冲刷、淘空，剥落、漏筋，滑移和倾斜，裂缝等(图2-4-14～图2-4-17)。

图2-4-14 桥墩桩基外包混凝土开裂

图2-4-15 桥墩基础冲刷

图2-4-16 桥墩桩基冲刷外露

图2-4-17 承台竖向裂缝

1.5 翼墙、耳墙典型缺陷与病害

翼墙、耳墙典型病害有墙体下沉、开裂等(图2-4-18、图2-4-19)。

图 2-4-18　翼墙、耳墙下沉　　　　　　图 2-4-19　0#台挡块与耳墙连接处竖向裂缝

1.6　锥坡、护坡典型缺陷与病害

锥坡、护坡的常见病害有：隆起、凹陷，砌缝砂浆脱落；锥坡体和坡脚的损坏、滑坡、坍塌等造成锥坡、护坡功能丧失(图 2-4-20～图 2-4-23)。

图 2-4-20　锥坡、护坡隆起并伴随开裂　　　　图 2-4-21　锥坡、护坡凹陷坍塌

图 2-4-22　锥坡、护坡坡角损坏　　　　　　图 2-4-23　锥坡横向开裂

任务2 桥面系典型缺陷与病害

2.1 桥面铺装典型缺陷与病害

2.1.1 桥面与道路连接处接缝存在错台

桥台和桥头道路沉降量不一致,导致桥面与道路连接处接缝存在错台,桥头跳车,产生较大的冲击效应(图 2-4-24)。

图 2-4-24 连接处接缝错台

2.1.2 桥面铺装开裂

由于桥面日温差和年温差比较大,桥面收缩时超过沥青混凝土的形变量,造成桥面开裂(图 2-4-25～图 2-4-28)。

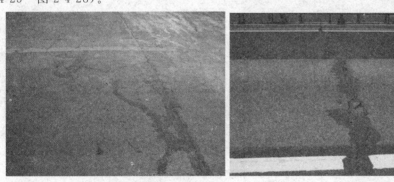

图 2-4-25 桥面铺装网状裂缝　　　　图 2-4-26 桥面铺装开裂

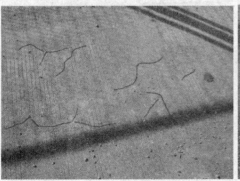 

图 2-4-27 桥面铺装龟裂(一)　　　　图 2-4-28 桥面铺装龟裂(二)

2.1.3 桥面铺装破损、坑槽

一般由于沥青混合料压实度不足、油石比太小或超载导致桥面铺装松散露骨，再经过车辆轮载的反复作用，铺装层表面的细骨料慢慢松散、脱离，表面出现锯齿状的粗糙状态（图2-4-29、图2-4-30）。松散露骨进一步发展，进而造成桥面铺装破损，形成坑槽（图2-4-31）。桥面坑槽不仅会降低行车的舒适性和行车速度，而且会增大汽车荷载对桥梁结构的冲击作用，对桥梁结构的危害很大。

图 2-4-29 桥面铺装松散露骨

图 2-4-30 桥面铺装破损

图 2-4-31 桥面铺装坑槽

2.1.4 桥面铺装拥包

与破损坑槽类似，桥面铺装拥包也会影响行车的舒适性(图 2-4-32)。

图 2-4-32 桥面铺装拥包

2.2 伸缩缝装置典型缺陷与病害

2.2.1 伸缩缝堵塞、橡胶条破裂、伸缩缝周边混凝土破损

桥面垃圾堆积未清除、橡胶条老化质量差、施工安装不当、伸缩缝安装时两接边高差过大均会导致伸缩缝堵塞、橡胶条破裂、伸缩缝周边混凝土破损(图 2-4-33～图 2-4-35)。

图 2-4-33 伸缩缝堵塞

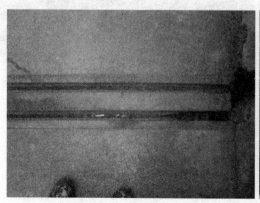 

图 2-4-34 橡胶条破裂　　　　图 2-4-35 伸缩缝周边混凝土破损

2.2.2 伸缩缝型钢断裂

伸缩缝预埋钢筋位置不正确，或锚固钢筋数量较少的主要原因是在伸缩缝混凝土直接承受车轮的反复冲击作用，而锚固钢筋又少，造成型钢处安装焊接钢筋断裂或焊缝脱落。伸缩缝型钢变形和伸缩缝型钢断裂分别如图2-4-36、图2-4-37所示。

图 2-4-36　伸缩缝型钢变形　　　　　　　图 2-4-37　伸缩缝型钢断裂

2.3 护栏典型缺陷与病害

护栏的主要病害包括护栏锈胀露筋、开裂等。

2.3.1 护栏锈胀露筋

混凝土护栏保护层厚度设置不够是导致护栏锈胀露筋的直接原因。护栏锈胀露筋如图2-4-38所示。

图 2-4-38　护栏锈胀露筋

2.3.2 护栏开裂

防撞护栏未设置变形缝，或者变形缝设置在负弯矩处等不当位置会导致护栏开裂，如图2-4-39、图2-4-40所示。

图 2-4-39 护栏斜向裂缝

图 2-4-40 护栏竖向裂缝

2.3.3 防眩板缺失

防眩板缺失会影响车辆夜间行驶的安全性。防眩板缺失如图 2-4-41 所示。

图 2-4-41 防眩板缺失

2.4 防排水系统典型缺陷与病害

桥面清洁状况不良、设计时未考虑铸铁格栅或铸铁格栅缺失会导致排水系统堵塞(图 2-4-42)。

图 2-4-42 泄水孔堵塞

课后习题

1. 钢筋混凝土桁架拱桥有哪些典型病害？
2. 钢筋混凝土桁架拱桥拱架变形的主要原因是什么？
3. 刚架拱桥有哪些典型病害？
4. 钢管混凝土拱桥有哪些典型病害？
5. 圬工拱桥有哪些典型缺陷与病害？
6. 圬工拱桥主拱圈裂缝有哪些？病害原因是什么？
7. 圬工拱桥风化有哪些特征？
8. 斜拉桥典型缺陷与病害有哪些？
9. 漆膜损坏病害特征是什么？
10. 列举悬索桥典型缺陷与病害。
11. 悬索桥吊索有哪些病害？
12. 造成系杆锈蚀的主要原因有哪些？
13. 桥墩一般有哪些病害？
14. 桥面铺装一般有哪些病害？

模块 3　桥梁结构检测技术应用

教学要求

完成本模块学习，学生能够了解桥梁结构几何尺寸与几何形态、钢结构质量缺陷检测混凝土表观与内部缺陷及桥梁材质状况检测工作的主要内容，掌握梁式桥跨中挠度、拱圈变形和高墩垂直度的检测方法，掌握钢结构涂层厚度、焊缝质量和连接螺栓扭矩检测基本原理及方法，掌握混凝土表观缺陷、裂缝深度检测和内部空洞检测的基本原理及方法，掌握结构混凝土抗压强度、碳化深度的检测基本原理及方法，掌握结构混凝土中钢筋位置、保护层厚度与锈蚀状况检测的基本原理及方法。

课题 1　结构几何尺寸与几何形态检测

桥梁的技术状况评定通常涉及结构几何尺寸与几何形态的检测，桥梁的结构几何尺寸及几何形态往往能反映结构的基础变位、桥梁材料劣化、预应力损失等引起的桥梁梁体产生位移，影响桥梁的承载能力。本课题以梁式桥的桥面线形、拱式桥的拱圈变形、高墩垂直度为重点，对桥梁的结构几何尺寸与几何形态检测关键技术进行学习。

任务 1　梁式桥桥面线形检测

桥面线形采用高精度电子水准仪进行测量，依据规范布设永久性线形观测点，考虑到永久性控制测点与国家大地测量网联络存在较大难度，测量时，可采取建立相对独立环形水准路线闭合网。永久观测点布设完成后，对该桥所有测点进行联测，采用水准仪按国家二等工程水准测量要求进行全桥桥面高程闭合水准测量，遵循《国家一、二等水准测量规范》(GB/T 12897—2006) 的规定。

1.1　桥面线形检测测点布设

1.1.1　测点布设

桥面线形的观测宜在桥面按左、中、右分别布设三条测线。桥面变形观测点应在桥墩（索塔）和墩间的测线上均匀布设，点位可布设在桥跨的八分点处。

桥面线形的测量精度，应根据桥梁的类型、结构、用途等因素综合确定，特大型桥梁的测量精度不宜低于二等，大型桥梁不宜低于三等，中小型桥梁可采用四等。

1.1.2　测量基准网布设

基准网设置原则是在需要监测的各个互通立交设立独立基准网，其他各桥设立独立基准网。

埋石基准点样式为直径 20 mm、长度 160 mm 圆柱状不锈钢标志，顶部铣切为圆弧状，以保证每次观测尺安放在同一位置。可采用埋水泥桩或冲击钻造孔植入的方法埋设。

基准点应埋设在变形区以外的基岩或原状土上，也可利用稳固的建筑物、构筑物设立基准点。

应选择在地基稳定、具有地面高程代表性的地点,并利于标石的长期保存和高程联测,避免在易受水淹、地下水较高、地下水水位变化较大、与铁路或公路距离较近而剧烈振动的地点、不坚固的建筑物、道路填方路段等。各独立基准网各由 3~4 个埋石基点组成。

埋石水准点可按所属桥梁名称首字母缩写＋BM＋流水号进行编号。

1.2 桥面线形测量方法

常用的桥面线形测量方法有几何水准测量、三角高程测量等。

1.2.1 几何水准测量

在桥面的桥轴线方向上埋设水准点,采用几何水准测量方法,与岸上固定的水准点联测,获得各水准点的高程,进而得到桥面线形,如图 3-1-1 所示。

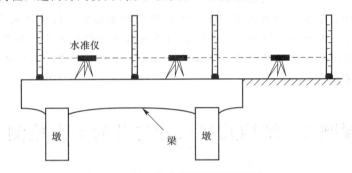

图 3-1-1　水准仪测量桥面线形

几何水准测量方法作业简单,测程大、精度高,但水准点埋设和外业测量等的工作量大,对较长的桥梁测量时间较长。桥面线形现场检测如图 3-1-2 所示。

图 3-1-2　桥面线形现场检测

1.2.2 三角高程测量

三角高程测量也称全站仪测量法,在视野好、平稳的地方架设全站仪,一般在桥体侧面安置反射棱镜,在岸坡或桥墩(台)等稳定处安置反射棱镜,测量同一状态下各棱镜点的三维坐标,反算出桥体侧面的棱镜点之间的水平距离与其相对于稳定处棱镜点的高程,并对不同状态下高程进行比较得到高差,进而得到桥梁线形,如图 3-1-3 所示。

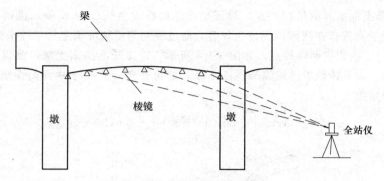

图 3-1-3 全站仪测量桥梁线形

1.3 检测评定

桥面线形的测定一般用来与成桥线形对比,定期观测主梁的下挠量。当无历史线形测量数据作为参考时,该次检测的桥梁线形可作为下一次检测的历史参考数据。另外,桥面线形可根据《公路桥梁技术状况评定标准》(JTG/T H21—2011)中表 3-1-1 来进行评定。

表 3-1-1 跨中挠度

标度	评定标准	
	定性描述	定量描述
1	完好	—
2	较好,梁体无明显变形	
3	出现明显下挠,挠度小于限值,或个别构件出现弯曲变形,形成稍感振动或摇晃	跨中最大挠度≤计算跨径的1/1 000; 悬臂端最大挠度≤悬臂长度的1/500
4	出现显著下挠,挠度接近限值,或构件存在明显的永久变形,变形小于或等于规范值,梁板出现较严重病害	跨中最大挠度>计算跨径的1/1 000 且≤计算跨径的1/600; 悬臂端最大挠度>悬臂长度的1/500 且≤悬臂长度的1/300
5	挠度或其他变形大于限值,造成结构出现明显的永久变形,梁板出现严重病害,显著影响承载力和行车安全	跨中最大挠度>计算跨径的1/600; 悬臂端最大挠度>悬臂长度的1/300

任务 2 拱式桥拱圈变形检测

拱桥在荷载、基础变位和环境条件等因素的长期作用下,拱圈(拱肋)的轴线不可避免地要发生变化,拱轴线形状的改变又直接影响拱圈内力及截面应力的分布。因此,准确测定拱圈(拱肋)线形,是既有拱桥检测和评定的基础。拱圈线形测量的麻烦之处在于人工难以抵近拱圈(拱肋)安置棱镜或水准尺。免棱镜全站仪是不需要棱镜作为合作目标就可以进行测距的全站仪,是免棱镜测距技术与传统全站仪的结合,实现了"所瞄即所测"。

2.1 拱圈变形测点布设

拱圈的变形观测点,宜布设在其拱圈上,点位宜布设在其跨度的八分点处。

2.2 拱式桥拱圈线形测量方法

采用全站仪测量拱式桥的拱圈线形的具体步骤如下:

(1)建立局部坐标系和测量控制点。局部坐标系以桥面纵轴线为 X 轴，横向为 Y 轴，竖向为 Z 轴；测量控制点选择在河流两侧适当位置，通过控制测量精确确定其三维坐标。

(2)设站定向，找到拱圈轴线点。如图 3-1-4 所示，首先瞄准拱圈上缘，测得竖角 α_1，保持全站仪水平制动，向下转动望远镜瞄准拱圈下缘，测得竖角 α_2，由于拱圈侧面竖直，故拱圈轴线点所对应的竖角为

$$\alpha = 90° - \arctan\left[\frac{1}{2}\tan(90° - \alpha_1) + \frac{1}{2}\tan(90° - \alpha_2)\right]$$

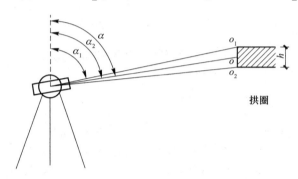

图 3-1-4 拱圈轴线点确定示意

将全站仪竖角拨到 α，则瞄准点即拱圈轴线点。由于测量距离短，不考虑大气折光的影响而将光线按直线处理，具有足够的精度。

(3)测量拱圈轴线点坐标 (X, Y, Z)。由于拱圈侧面竖直，拱圈上、下缘的 X 和 Y 坐标与轴线点相同，Z 坐标可由下式计算：

$$Z_{上} = Z + \frac{1}{2}S[\tan(90° - \alpha_1) - \tan(90° - \alpha_2)]$$

$$Z_{下} = Z - \frac{1}{2}S[\tan(90° - \alpha_1) - \tan(90° - \alpha_2)]$$

式中，S 为测站到拱圈轴线点的平距。

(4)倒镜再次观测。望远镜倒镜，水平角在正镜基础上增加 180°，重复步骤(1)～(3)，得到倒镜观测时的坐标，并取两次观测的平均值作为最终的观测结果。

2.3 拱圈变形评定

拱圈线形的测定一般用来与成桥线形对比，定期观测拱圈的变形量。当无历史线形测量数据为参考时，该次检测的桥梁线形可作为下一次检测的历史参考数据。另外，主拱圈的变形评定标准应符合《公路桥梁技术状况评定标准》(JTG/T H21—2011)的相关规定。

任务 3 高墩垂直度检测

3.1 垂线法

垂线法应在无风的条件下测试。沿结构测试部位吊下线锤，待线锤稳定后，用量尺量取测试范围内结构的上部表面到垂线的水平距离 A_1 和下部表面到垂线的水平距离 A_2，精确至 1 mm。同时，测量测试范围内结构物的高度 H，精确至 1 mm，则墩柱竖直度为

$$K = (A_2 - A_1)/H \times 100\%$$

3.2 形心法

形心法主要适用于圆柱墩的竖直度测量。形心法采用免棱镜全站仪对圆墩的竖直度进行测量,测点布置原则上沿桥梁纵向在桥墩顶部和底部左右侧布置测点。

如图 3-1-5 所示,将仪器架在 S 处分别对准 A、A'、B、B' 可测得水平角 α_A、$\alpha_{A'}$、α_B、$\alpha_{B'}$ 与平距 L_A、$L_{A'}$、L_B、$L_{B'}$ 和高程 h_C、$h_{C'}$,即可得到 α_C 和 $\alpha_{C'}$:

$$\alpha_C = (\alpha_A + \alpha_B)/2$$
$$\alpha_{C'} = (\alpha_{A'} + \alpha_{B'})/2$$

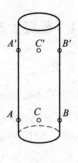

图 3-1-5 墩身竖直度测点布置

C、C' 点桥墩中心坐标:

$$X_C = (L_C + R)\cos\alpha_C$$
$$Y_C = (L_C + R)\sin\alpha_C$$
$$X_{C'} = (L_{C'} + R)\cos\alpha_{C'}$$
$$Y_{C'} = (L_{C'} + R)\sin\alpha_{C'}$$

C、C' 点桥墩中心相对坐标:

$$\Delta X = X_{C'} - X_C$$
$$\Delta Y = Y_{C'} - Y_C$$

C、C' 点相对坐标组合值 N:

$$N = \sqrt{\Delta X^2 + \Delta Y^2}$$

竖直度:

$$k = N/h \times 100\%$$

3.3 检验评定标准

评判标准依据《公路工程质量检验评定标准 第一册 土建工程》(JTG F80/1—2017),竖直度限值见表 3-1-2。

表 3-1-2 现浇墩、台身实测项目

项次	检查项目		规定值或允许偏差/mm	检查方法和频率
3	全高竖直度	$H \leqslant 5$ m	$\leqslant 5$ mm	全站仪或铅锤法:纵横向各测 2 处
		5 m$< H \leqslant 50$ m	$\leqslant H/1\ 000$,且$\leqslant 20$ mm	全站仪:纵、横向各测 2 处
		$H > 60$ m	$\leqslant H/3\ 000$,且$\leqslant 30$ mm	

课题 2 混凝土表观与内部缺陷检测

混凝土结构物,有时因施工管理不善或受使用环境及自然灾害的影响,外部可能形成蜂窝、麻面、裂缝或损伤层等缺陷,其内部可能存在不密实或空洞等缺陷。这些缺陷的存在会不同程度地影响结构承载力和耐久性,有效、准确地查明混凝土缺陷的性质、范围及尺寸,是桥梁技术状况检测与评定的重要工作。

任务1 混凝土裂缝宽度检测

1.1 简介

随着混凝土结构劣化的发展，一般在混凝土表面会出现病害的外观特征。结构外观检测主要以人力目测为主，辅以刻度放大镜、钢卷尺和锤击检查等手段，对结构表面缺陷、损伤及病害等进行检测，对检测结果尽可能采用坐标图形或照相并结合文字描述进行记录。

桥梁工程上混凝土出现裂缝的情况十分普遍，这所提到的裂缝均指可视性裂缝。对可视性裂缝的检测主要包括裂缝的长度、宽度、深度及裂缝的分布和走向。裂缝的长度、分布走向及其他缺陷等只需要通过普通几何测量即可得到，裂缝的宽度和深度检测则需要借助相关的仪器测量。对现场检测得到的病害应绘制病害展示图进行示意，体现病害的类型、病害的位置及病害的大小等。本任务混凝土表观缺陷检测只简单介绍混凝土裂缝宽度检测。

1.2 读数显微镜和裂缝尺检测

读数显微镜是可以用来测量裂缝宽度的常用光学仪器，读数显微镜种类很多。图3-2-1所示为一种便携式读数显微镜照片。该类显微镜读数精确度一般为0.01 mm，量程几毫米。其主要由物镜、目镜、刻度分划板和测微机械装置组成，体积小、质量轻，便于现场使用。

裂缝宽度读数尺，实质是一张硬质的纸片，上面刻印有许多大小不等的标准线条（图3-2-2）。在现场测试中，只需要再配一块放大镜，用比照的方法即可方便地测量裂缝的宽度。为提高卡片的使用寿命，有人将裂缝尺制作成磁卡大小的厚塑料片，对这类有一定厚度的裂缝尺在实际使用时要注意视角误差。

图3-2-1 裂缝宽度读数显微镜

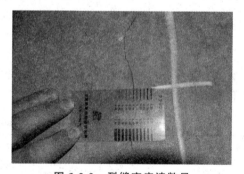

图3-2-2 裂缝宽度读数尺

1.3 数显式裂缝测宽仪检测

数显式裂缝测宽仪（图3-2-3），是专业检测混凝土结构中裂缝宽度和表面微观缺陷的仪器。数显式裂缝测宽仪主要由主机、探头（摄像头）及信号线等组成。在使用时用电缆连接显示屏和测量探头，打开电源开关，将测量探头的两支脚放置在裂缝上，在显示屏上可以看到被放大的裂缝图像及实时显示的裂缝宽度值，稍微转动摄像头使裂缝图像与刻度尺垂直，根据裂缝图像所占刻度线长度，读取裂缝宽度值。为减小误差，仪器在使用前需要校验，校验标准刻度板上分别有宽

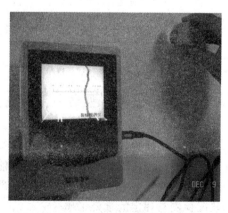

图3-2-3 数显式裂缝测宽仪

度为 0.02 mm、0.10 mm、0.20 mm 和 1.00 mm 的刻度线，分别将摄像测量头支脚放在不同宽度的刻度线上，屏幕上读取相应的刻度线宽度。当误差小于 0.02 mm 时，仪器方可正常使用。数显式裂缝测宽仪广泛用于桥梁、隧道、墙体、混凝土路面等裂缝宽度的定量检测。

任务 2　混凝土裂缝深度检测

混凝土抗拉强度很小，一般为抗压强度的 1/18～1/8。因此，在施工中或使用过程中，由于各种原因（如干燥收缩、温度应力、外荷载、基础变形等），混凝土结构中常常会出现裂缝。由于裂缝的成因、状态、发展及在结构中的位置等的不同，对结构的危害性也有很大的区别。因此，为了确定裂缝的状态、发展和成因，合理评价裂缝对结构物的影响，掌握其深度与其长度、宽度都是非常重要的。裂缝的深度测试较之长度和宽度测试要困难得多，通常需要采用钻孔取样的方法加以直接测试。但是，钻孔取样的方法既费事又对混凝土造成局部破坏，而且检测的裂缝深度具有局限性。采用超声波脉冲法检测混凝土裂缝深度，既方便又可以进行重复检测，以便观察裂缝发展情况。

2.1　检测原理

超声波法检测混凝土裂缝深度的基本原理是由发射探头产生的超声脉冲波在混凝土中传播时，由于裂缝的存在发生绕射、反射等现象。因此，在接收探头检测出的接收波中，出现传播时间增长、振幅减小等声学参数变化。利用混凝土无裂缝处与有裂缝处的参数变化比较来计算或判断裂缝深度。一般根据测试面的条件，可分为单面平测法、双面斜测法和钻孔对测法。

2.2　检测仪器

用于混凝土缺陷的超声波检测仪可分为模拟式（接收信号为连续模拟量，可由时域波形信号测读声学参数）和数字式（接收信号转化为离散数字量，具有采集、储存数字信号、测读声学参数和对数字信号处理的智能化功能）两类。《超声法检测混凝土缺陷技术规程》（CECS 21－2000）中，对超声波检测仪技术要求如下：
(1) 具有波形清晰、显示稳定的示波装置；
(2) 声时最小分度为 $0.1\ \mu s$；
(3) 具有最小分度为 1 dB 的衰减系统；
(4) 接收放大器频响范围 10～500 kHz，总增益不小于 80 dB，接收灵敏度（在信噪比为 3∶1 时）不大于 $50\ \mu V$；
(5) 电源电压波动范围在标称值±10%的情况下能正常工作；
(6) 连续正常工作时间不少于 4h。
对于模拟式超声波检测仪还应满足下列要求：
(1) 具有手动游标和自动整形两种声时读数功能；
(2) 数字显示稳定，声时调节在 20～30 μs 范围，连续 1 h，数字变化不大于 $\pm 0.2\ \mu s$。
对于数字式超声波检测仪还应满足下列要求：
(1) 具有手动游标测读和自动测读方式。当自动测读时，在同一测试条件下，1 h 内每隔 5 min 测读一次声时的差异应不大于±2 个采样点；
(2) 波形显示幅度分辨率应不低于 1/256，并具有可显示、存储和输出打印数字化波形的功能，波形最大存储长度不宜小于 4 Kb；
(3) 自动测读方式下在显示的波形上应有光标指示声时、波幅的测读位置；
(4) 宜具有幅度谱分析功能。

换能器有厚度振动方式和径向振动方式两种类型，可根据不同测试需要选用。厚度振动式换能器的频率宜采用20～250 kHz，径向振动式换能器的频率宜采用20～60 kHz，直径不宜大于32 mm。当接收信号较弱时宜选用带前置放大器的接收换能器，换能器的实测主频与标称频率相差应不大于±10%，对用于水中的换能器，其水密性应在1 MPa水压下不渗漏。

2.3 单面平测法

(1)单面平测法的适用范围。当混凝土结构被测部位只有一个表面可供超声波检测时，可采用单面平测法进行裂缝深度检测。但由于平测时的超声波传播距离有限，因此只适用于检测深度为500 mm以内的裂缝。

(2)单面平测法的基本原理。基本假设：裂缝附近混凝土质量基本一致；跨缝与不跨缝检测，其声速相同；跨缝测读的首波信号绕裂缝末端至接收换能器。

如图3-2-4所示，根据几何学原理，由图可知：$h_c^2 = AC^2 - (l/2)^2$，因为$AC = vt_c^0/2$，而$v = l/t_c$，故 $AC = lt_c^0/2t_c$，所以 $h_c^2 = (lt_c^0/2t_c)^2 - (l/2)^2$，则 $h_c = \sqrt{[l^2(t_c^0/t_c)^2 - l^2]/4} = l/2 \cdot \sqrt{(t_c^0/t_c)^2 - 1} = l/2 \cdot \sqrt{(t_c^0 v/l)^2 - 1}$。

式中　h_c——裂缝深度；

　　　l——超声测距；

　　　t_c——不跨缝测量混凝土声时；

　　　t_c^0——跨缝测量混凝土声时；

　　　v——不跨缝测量混凝土声速。

(3)单面平测法的检测步骤。不跨裂缝的声时测量：将发射(T)和接受(R)换能器置于裂缝附近的同一侧，以两个换能器内边缘l'为100 mm、150 mm、200 mm……，分别读取声时值(t_i)，绘制"时—距"坐标图(图3-2-5)或用回归分析的方法求出声时与测距之间的回归直线方程式$l_i = a + bt_i$。

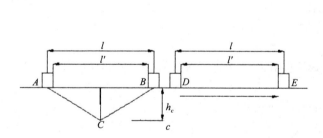

图3-2-4　单面平测裂缝深度示意图

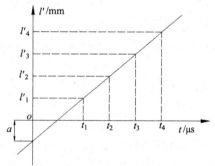

图3-2-5　平测"时-距"图

每测点超声波的实际传播距离l_i为

$$l_i = l' + |a|$$

式中　l_i——第i点的超声波实际传播距离(mm)；

　　　l'——i点的T、R换能器内边缘间距(mm)；

　　　a——"时—距"图中l'轴的截距或回归直线方程式中的常数项(mm)。

跨裂缝的声时测量：将发射(T)和接受(R)换能器分别置于以裂缝为对称的两侧，两个换能器内边缘l'为100 mm、150 mm、200 mm……，分别读取声时值(t_i^0)，同时观察首波的相位变化。

(4)单面平测法的裂缝深度计算。单面平测法检测的裂缝深度按下式计算：

$$h_i = l_i/2 \cdot \sqrt{(t_i^0 v/l_i)^2 - 1}$$

$$m_{hc} = 1/n \cdot \sum_{i=1}^{n} h_{ci}$$

式中 h_{ci} ——第 i 点计算的裂缝深度值(mm);

　　　m_{hc} ——各测点计算裂缝深度的平均值(mm);

　　　n ——测点数。

(5)单面平测法的裂缝深度的确定方法。跨缝在测量中,当在某测距发现首波反相时,可用该测距及两个相邻测距的裂缝深度计算值 h_{ci},取此三点的平均值作为该裂缝的深度值(h_c)。跨缝测量中如难于发现首波反相,则以不同测距计算 h_{ci} 及其平均值 m_{hc}。将各测距 l'_i 与 m_{hc} 相比较,凡测距 l'_i 小于 m_{hc} 和大于 $3m_{hc}$,应剔除该组数据,然后取余下平均值,作为该裂缝的深度值(h_c)。

2.4 双面斜测法

当结构物的裂缝部位具有两个相互平行的表面时,如常见的梁、柱及其结合部位,可采用双面斜测法检测。检测可按图 3-2-6 所示布置换能器,保持 T、R 换能器的连线通过裂缝和不通过裂缝的测试距离一定、倾斜角一致的条件下,读取相应的声时、波幅和频率值。当 T、R 换能器的连线通过裂缝时,由于混凝土的不连续,超声波在裂缝界面产生减衰,接收到的信号声时、振幅和频率发生突变,据此判断裂缝的深度及水平方向是否贯通。

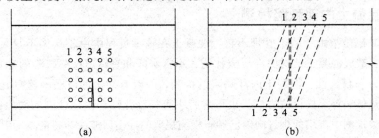

图 3-2-6　双面斜测裂缝深度示意

(a)立面图;(b)平面图

2.5 钻孔对测法

钻孔对测法适用于大体积混凝土,预计深度在 500 mm 以上的裂缝检测,且被检测混凝土应允许在裂缝两侧钻测试孔。所钻测试孔应满足下列要求:

(1)孔径应比所用换能器直径大 5~10 mm。

(2)孔深应不小于比裂缝预计深度深 700 mm。经测试如浅于裂缝深度,则应加深钻孔。

(3)对应的两个测试孔(A、B),必须始终位于裂缝两侧,其轴线应保持平行。

(4)两个对应测试孔的间距宜为 2 000 mm,同一检测对象各对测孔间距应保持相同。

(5)孔中粉末碎屑应清理干净。

(6)如图 3-2-7(a)所示,宜在裂缝一侧多钻一个孔距相同但较浅的孔(C),通过 B、C 两孔测试无裂缝混凝土的声学参数。

裂缝深度检测应选用频率为 20~60 kHz 的径向振动式换能器。测试前,应先向测试孔中注满清水,然后将 T、R 换能器分别置于裂缝两侧的对应孔中,以相同高程等间距(100~400 mm)从上到下同步移动,逐点读取声时、波幅和换能器所处的深度,如图 3-2-7(b)所示。

以换能器所处深度(h)与对应的波幅值(A)绘制坐标图[图 3-2-7(c)]。随换能器位置的下移，波幅逐渐增大，当换能器下移至某一位置后，波幅达到最大并基本稳定，该位置所对应的深度便是裂缝深度值 h_c。

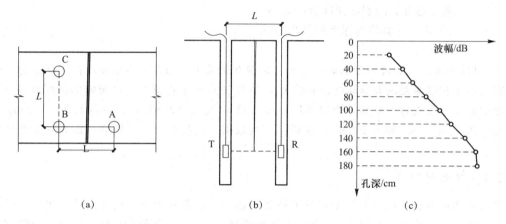

图 3-2-7　钻孔测裂缝深度示意
(a)平面图；(b)立面图；(c)h_i—A 坐标图

任务3　混凝土内部缺陷检测

混凝土内部缺陷是指由于施工管理不善，混凝土在施工过程中由于振捣不足、钢筋布置过密、模板漏浆等原因，造成混凝土结构内部形成孔洞、不密实区和蜂窝。这些缺陷的存在会不同程度地影响结构的承载力和耐久性。混凝土内部缺陷的检测，一般有冲击回波法、超声波法、雷达法、X射线法和红外线热像法等无损检测方法，也可进行小直径钻孔结合内窥检测的微损检测方法。本任务主要介绍在桥梁检测中常用的，且国内已颁布检测规范的冲击回波法和超声波透射法。

3.1　超声波检测混凝土内部缺陷

3.1.1　检测原理

采用超声波检测混凝土结构缺陷的基本原理是，利用脉冲波在技术条件相同(指混凝土的原材料、配合比、龄期和测试距离一致)的混凝土中传播的时间(或速度)、接收波的振幅和频率等声学参数的相对变化，来判定混凝土的缺陷。由于超声脉冲波传播速度的快慢与混凝土的密实程度有直接关系，故对于原材料、配合比、龄期及测试距离一定的混凝土来说，声速高则混凝土密实；相反则混凝土不密实。

另外，由于空气的声阻抗率远小于混凝土的声阻抗率，故脉冲波在混凝土中传播时，遇到蜂窝、空洞或裂缝等缺陷，便在缺陷界面发生反射和散射，声能被衰减，其中频率较高的成分衰减更快，因此，接收信号的波幅明显降低，频率明显减小或者频率谱中高频成分明显减少。再者经缺陷反射或绕过缺陷传播的脉冲波信号与直达波信号之间存在声程和相位差，叠加后互相干扰，致使接收信号的波形发生畸变。

根据以上原理，可以利用混凝土声学参数测量值和相对变化综合分析、判别其缺陷的位置和范围，或者估算缺陷的尺寸。

3.1.2　检测设备

检测设备同前超声波检测裂缝深度仪器技术要求。

3.1.3 检测步骤

(1)超声波检测混凝土内部空洞的基本方法。采用平面对测法进行混凝土内部空洞的检测;结构被测部位应具有两对平行表面,在两对平行表面被测部位分别画出网格,并逐点编号。

(2)表面处理。超声测点处表面必须平整、干净。对于不符合测试条件的需要进行打磨等必要的处理。

(3)分别在两对互相平行的表面上定出相对应测点的位置,可采用一对厚度振动式换能器,然后将T、R换能器分别涂上耦合剂后置于对应测点上,逐点读取相应的声时、波幅、频率和测距。

3.1.4 数据处理及检测评定

由于混凝土本身的不均匀性即使是没有缺陷的混凝土,测得的声时、波幅等声学参数值也会在一定范围波动,更何况混凝土的原材料品种、用量及混凝土的湿度和测距等因素都不同程度地影响着声学参数值。因此,不可能确定一个固定的临界指标作为判断缺陷的标准,一般都利用统计学方法进行判别。

统计学方法的基本思想在于,给定一置信概率(如 0.99 或 0.95),并确定一个相应的置信范围(如 $m_x \pm \lambda_1 \times S_x$),凡超过这个范围的观测值就认为它是由于观测失误或者是被测对象性质改变所造成的异常值。如果在一系列观测值中混有异常值,则必然歪曲试验结果,为了能真实地反映被测对象,应剔除测试数据中的异常值。

超声测试技术认为一般正常混凝土的质量服从正态分布,在测试条件基本一致,且无其他因素影响的条件下,其声速、频率和波幅观测值也基本属于正态分布。在一系列观测数据中,凡属于混凝土本身质量的不均匀性或测试中的随机误差带来的数值波动,都应服从统计规律,在给定的置信范围以内。当某些观测值超过了置信范围,可以判断它是属于异常值。

在超声检测中,凡遇着读数异常的测点,一般都要检查其表面是否平整、干净或是否存在别的干扰因素,必要时还要加密测点进行重复测试。因此,应该说不存在观测失误的问题,出现的异常测值必然是混凝土本身性质改变所致。这就是利用统计学方法判定混凝土内部存在不密实和空洞的基本思想。

(1)混凝土声学参数的统计计算。混凝土构件的同一测试部位声学参数的平均值和标准差应分别按下式计算:

$$m_x = \frac{1}{n} \sum x_i \qquad (1)$$

$$S_x = \sqrt{\left(\sum_{i=1}^{n} x_i^2 - nm_x^2\right)/(n-1)} \qquad (2)$$

式中,m_x、S_x 分别代表某一声学参数的平均值和标准差;x_i 为第 i 点某一声学参数的测量值;n 为参与统计的测点数。

(2)异常值的判别方法。

1)将测区各测点的波幅(A_y)、频率(f)或由声时换算成的声速(v_i)按大小顺序排列为 $x_1 \geqslant x_2 \geqslant x_3 \cdots \geqslant x_n \geqslant x_{n+1} \cdots$,排于后面明显小的数据视为异常值,将异常值中最大的一个连同其前面的数据按式(1)和式(2)进行平均值(m_x)和标准差(S_x)的计算。

2)以 $x_0 = m_x - \lambda_1 S_x$ 为异常值的判断值,当参与统计的异常值的最大值 $x_n < x_0$ 时,则 x_n 及排列于其后的参数值均为异常值,并且去掉 x_n,再用 $x_1 \sim x_{n-1}$ 进行计算和判断,直至判别不出异常值为止。若 $x_n \geqslant x_1$,则说明 x_n 是正常值,应将 x_{n+1} 重新进行计算和判别,依次类推,直至判别不出异常值为止。其中,λ_1 为异常值判定系数,λ_1 按表 3-2-1 取值。

表 3-2-1 统计数的个数与对应的 λ_1、λ_2、λ_3 值

n	20	22	24	26	28	30	32	34	36	38
λ_1	1.65	1.69	1.73	1.77	1.80	1.83	1.86	1.89	1.92	1.94
λ_2	1.25	1.27	1.29	1.31	1.33	1.34	1.36	1.37	1.38	1.39
λ_3	1.05	1.07	1.09	1.11	1.12	1.14	1.16	1.17	1.18	1.19
n	40	42	44	46	48	50	52	54	56	58
λ_1	1.96	1.98	2.00	2.02	2.04	2.05	2.07	2.09	2.10	2.12
λ_2	1.41	1.42	1.43	1.44	1.45	1.46	1.47	1.48	1.49	1.49
λ_3	1.20	1.22	1.23	1.25	1.26	1.27	1.28	1.29	1.30	1.31
n	60	62	64	66	68	70	72	74	76	78
λ_1	2.13	2.14	2.15	2.17	2.18	2.19	2.20	2.21	2.22	2.23
λ_2	1.50	1.51	1.52	1.53	1.53	1.54	1.55	1.56	1.56	1.57
λ_3	1.31	1.32	1.33	1.34	1.35	1.36	1.36	1.37	1.38	1.39
n	80	82	84	86	88	90	92	94	96	98
λ_1	2.24	2.25	2.26	2.27	2.28	2.29	2.30	2.30	2.31	2.31
λ_2	1.58	1.58	1.59	1.60	1.61	1.61	1.62	1.62	1.63	1.63
λ_3	1.39	1.40	1.41	1.42	1.42	1.43	1.44	1.45	1.45	1.45
n	100	102	104	106	108	110	112	114	116	118
λ_1	2.32	2.35	2.36	2.38	2.40	2.41	2.43	2.45	2.48	2.50
λ_2	1.64	1.65	1.66	1.67	1.68	1.69	1.71	1.73	1.75	1.77
λ_3	1.46	1.47	1.48	1.49	1.51	1.53	1.54	1.56	1.58	1.59

3）在某些异常测点附近，可能存在处于缺陷边缘的测点，为了提高缺陷范围判定的准确性，可对异常值相邻点进行判别。按 $x_0 = m_x - \lambda_2 S_x$ 计算异常值的判断值，进一步判别异常值（λ_2 值见表 3-2-1）。

（3）混凝土内部空洞尺寸的估算。设检测距离为 L，空洞中心（在一对测试面，上声时最长的测点位置）距一个测试面的垂直距离为 L_h，声波在空洞附近无缺陷混凝土中传播的时间平均值为 m_{ta}，绕空洞最大声时值为 t_h，空洞半径为 r，设 $X = (t_h - m_{ta})/m_t \times 100\%$，$Y = L_h/L$，$Z = r/L$。根据表 3-2-2 查得空洞半径 r 与测距 L 的比值 Z，再计算空洞的大致半径 r。

表 3-2-2 空洞半径估算表

Y \ X	0.05	0.08	0.10	0.12	0.14	0.16	0.18	0.20	0.22	0.24	0.26	0.28	0.30
0.10(0.90)	1.42	3.77	6.26	/	/	/	/	/	/	/	/	/	/
0.15(0.85)	1.00	2.56	4.06	5.97	8.39	/	/	/	/	/	/	/	/
0.20(0.80)	0.78	2.02	3.18	4.62	6.36	8.44	10.9	13.9	/	/	/	/	/
0.25(0.75)	0.67	1.72	2.69	3.90	5.34	7.03	8.98	11.2	13.8	16.8	/	/	/

续表

Y \ X \ Z	0.05	0.08	0.10	0.12	0.14	0.16	0.18	0.20	0.22	0.24	0.26	0.28	0.30
0.30(0.70)	0.60	1.53	2.40	3.46	4.73	6.21	7.91	9.38	12.0	14.4	17.1	20.1	23.6
0.35(0.65)	0.55	1.41	2.21	3.19	4.35	5.70	7.25	9.00	10.9	13.1	15.5	18.1	21.0
0.40(0.60)	0.52	1.34	2.09	3.02	4.12	5.39	6.84	8.48	10.3	12.3	14.5	16.9	19.6
0.45(0.55)	0.50	1.30	2.03	2.92	3.99	5.22	6.62	8.20	9.95	11.8	14.0	16.3	18.8
0.50	0.50	1.28	2.00	2.89	3.94	5.16	6.55	8.11	9.84	11.8	13.3	16.1	18.6

当被测部位只有一对可供测试的表面时，只能按空洞位于测距中心考虑，空洞尺寸可按下式计算：

$$r=\frac{L}{2}\times\sqrt{\left(\frac{t_h}{m_{ta}}\right)-1} \tag{3}$$

式中，r 为空洞半径（mm）；L 为 T、R 换能器之间的距离（mm）；t_h 为缺陷处的最大声时值（μs）；m_{ta} 为无缺陷区的平均声时值（μs）。

3.2 冲击回波法检测混凝土内部缺陷

3.2.1 简介

超声波法检测混凝土结构内部缺陷，目前主要采用的是透射法，需要两个相对测试面，且超声波法利用电气方式加振，波长短衰减快，这就限制了它的应用范围。20 世纪 80 年代中期，美国康奈尔大学的 Marry Sansalone 便开始研究一种单面检测、机械方式加振的冲击回波法（Impact Echo Method），简称 IE 法。该方法的要点是在结构表面施以微小冲击，产生应力波，当应力波在结构中传播遇到缺陷与底面时，将产生来回反射并引起结构表面微小的位移响应。接收这种响应并进行频谱分析可获得频谱图，可计算出结构厚度或判断有无缺陷及缺陷的深度。这种测试方法是单面反射测试，测试方便、快速、直观，并于 1998 年成为 ASTM 标准。我国于 2017 年颁布了相应的检测规范《冲击回波法检测混凝土缺陷技术规程》（JGJ/T 411—2017），期待着冲击回波法在工程应用中进一步推广。

3.2.2 检测原理

利用一个短时间的机械冲击（如钢球等坚硬的物体锤击）混凝土表面时，激发形成由压缩波（纵波，P 波）、剪切波（横波，S 波）及瑞利波（R 波）组成的应力波。应力波以 P 波和 S 波的形式传播到结构内部，而 R 波则沿结构的表面向外传播。当 P 波和 S 波在传播过程中遇到缺陷或边界（底面）时，由于两种介质的声阻抗率不同，应力波在这些界面处将发生反射回到混凝土表面，同样在混凝土表面再次反射回混凝土内部。这样，在表面与界面（缺陷与边界）之间产生多重反射，结果形成瞬时的类谐振条件。

如图 3-2-8 所示，当将一个传感器置于冲击点附近时，P 波占据了回波的主要成分，通过测出该处由于 P 波多次反射波引起的表面位移响应，获得的时间一位移曲线（简称时域曲线），上波形具有周期性特征。将其进行快速傅里叶变换（FFT），即获得该冲击响应中各种频率成分的振幅分布图，称为频谱图或频域曲线。利用应力波频率峰值（f，Hz）、P 波在混凝土中的传播速度（C_p，m/s）与传播距离（反射界面与测试表面的距离，m）的关系，可以推断反射发生界面的位置，从而推断出混凝土的厚度或缺陷的位置。

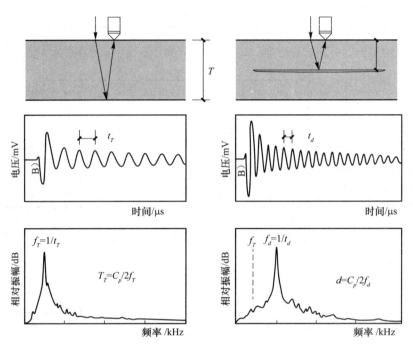

图 3-2-8 冲击回波法检测混凝土缺陷示意

3.2.3 检测仪器

冲击回波仪可分为单点式和扫描式两种。其技术要求应符合下列规定：

(1)配置钢球型冲击器或电磁激振的圆柱型冲击器；

(2)配置测量表面振动的宽频带接收传感器，可为位移传感器或加速度传感器，带宽宜为 800 Hz～100 kHz；

(3)数据采集仪宜具备信号放大功能，且增益可调；

(4)数据采集仪宜配有不少于 2 通道的模/数转换器，转换精度不应低于 16 位，采样频率不应低于 100 kHz 且采样点数可调；

(5)仪器应能实时显示冲击时传感器的输出时域信号，并应具有频率幅值谱分析功能。

3.2.4 检测步骤及注意事项

(1)混凝土检测面的要求。冲击回波响应特征容易受混凝土表面状态的影响。为了避免表面状况对检测的影响，应磨平并清除残留的粉末或碎屑，保证混凝土的清洁与平整性。

(2)冲击持续时间的要求。打击在混凝土表面施加瞬时冲击，产生应力脉冲。施加的应力脉冲宽度，即冲击持续时间 t_c(与混凝土表面的接触时间)决定了所产生的应力脉冲的频率成分及冲击回波法所能检测的缺陷和厚度的尺寸。当持续时间减小时，脉冲包含较高的频率成分(波长短)，可以探测出较小的缺陷或界面，探测的厚度也较薄。

一般认为有效检测混凝土中缺陷或厚度时，冲击持续时间应小于 P 波在缺陷或底面往复时间的 0.75 倍。冲击持续时间 t_c(s)与钢球的直径 D(m)之间，一般可以近似认为 $t_c=0.004\ 3D$，也可通过实测的方式获取。

(3)采样周期和采样长度的要求。冲击响应是瞬态连续波形。要将这波形记录下来并进行 FFT 变换，首先必须采样。采样就是按一定的时间间隔获取波形的振幅(电压值)并将其转化为数字量(A/D 转换)，这样就将连续波的模拟量转化为离散的数字量。一个数字量就是一个采样点。采样点的间隔即时间间隔(或称采样周期),其倒数称为采样频率。为保证采样不失真,采样频率须大于被采样波形频率2倍以上。

采样点数是每次采样时采集的样品个数,为了便于FFT变换,采样点数为2^N,采样点数与采样间隔(周期)之积称为采样长度。采样长度应覆盖有用的波形,但过长的采样长度没有必要,反而使计算机进行FFT运算的时间延长。

(4)冲击点位置与传感器间距。冲击点位置与传感器的间距应小于设计厚度的0.4倍。

(5)P波波速的确定。P波波速宜在已知厚度的位置进行标定,采用其他方法得到的P波波速应根据情况进行修正。

(6)缺陷类型、方向和深度的影响。平行于激振面的空洞和连续性缺陷较容易被检出。对于蜂窝等不连续缺陷,检测精度会有所降低。一般缺陷截面尺寸大于等于1/4结构厚度时,可以发现缺陷的存在。如果平面空隙的横向尺寸超过其埋深的1/3,缺陷的深度就能检测出来,其频谱图将会出现两个峰值(一个是向低频漂移的构件厚度对应的频率波峰,另一个是缺陷深度频率波峰)。如果横向尺寸超过埋深的1.5倍,则可检测到明显的缺陷埋深频率响应,但无法检出底板(即检测面的对应面)反射对应的频率。同时,缺陷检测的最小尺寸约为混凝土材料声波波长的1/2。

(7)板共振的影响。冲击回波法在实际应用过程中,测试信号中存在多种成分的频谱,其中浅表层缺陷易产生弯曲振动。弯曲共振在缺陷比较浅(壁厚比较薄)的地方易产生低频,而在深方向可引起高频,且处在相同深度的缺陷,缺陷尺寸越大,弯曲共振频率越低。一般来说,可以通过比较弯曲共振波形的振幅大、延续时间长等进行判断,或是对怀疑部位进行钻孔确认。

3.2.5 检测结果评定

(1)当频谱图中只有单峰形态且主频f与厚度计算主频f_T值不超过$2\Delta f$(Δf为频谱分辨率,采样频率与采样点数的比值),厚度—距离图显示构件厚度值随测试的距离无明显变化时,可判定混凝土密实。

(2)当频谱图中主频f与厚度计算主频f相差较大,频谱图中频率峰呈多峰形态,且向低频漂移时,可判定混凝土内部有缺陷。

(3)实测波形信号复杂、振幅衰减缓慢、无法准确分析与评价时,宜结合其他检测方法进行综合测试。对于判别困难的区域可采取钻芯核实。

课题3 钢结构质量缺陷检测

任务1 涂层厚度检测

钢结构是由钢制材料组成的结构,是主要的桥梁结构类型之一。结构主要由型钢和钢板等制成的梁钢、钢柱、钢桁架等构件组成。钢结构耐腐蚀性差,特别是在潮湿和腐蚀性介质的环境中容易锈蚀。一般钢结构要除锈、镀锌或涂料,且要定期维护。钢结构涂层在自然环境中会出现流痕、气泡、白化、漆膜发黏、针孔、起皱或皱纹、表面粉化、变色起皮、脱落等缺陷,这些缺陷都是肉眼可观察到的。在实际工程中,涂料质量、施工工艺、环境、涂层厚度等都是涂层病害的原因。其中涂层厚度对于防腐性能至关重要。

涂层厚度是一个重要的工艺参数,在产品质量、过程控制和成本控制中都发挥着重要的作用。现在,技术人员可以利用许多不同种类的仪器和方法来测量涂层或薄膜的厚度。而在选取最合适的测量方法时需要考虑到许多因素,包括涂层的类型、基体材料、涂层厚度范围、被测件的形状和尺寸及检测成本等。涂层厚度检测技术一般有无损测量法,如磁性检测、涡流检测、超声波检测及千分尺测量等;另外,还有破坏性的测量法,如横断面测量法和重量分析法等。对于粉末和液体状涂料,在其干燥固化前同样可以采取一些有效方法对其薄膜厚度进行测量。

1.1 检测原理及方法

1.1.1 磁性测厚仪

磁性测厚仪是一种可以无损测量磁性金属基体表面非磁性涂膜厚度的仪器(图 3-3-1)。它通常用于测量铁基底板上非磁性涂层的厚度。钢和铁上大多数涂层都是以这种方式测量的,主要有磁性拉伸式测厚仪和磁、电磁感应测厚仪。磁性测厚仪在测定各种导磁材料的磁阻时,测定值会因其表面非导磁覆盖层厚度的不同而发生变化,利用这种变化即可测知覆盖层厚度值。

图 3-3-1 磁性测厚仪

1.1.2 涡流测厚仪

涡流测厚仪一般用于测量位于非铁金属基板上的绝缘涂层的厚度(图 3-3-2)。当载有高频电流的探头线圈置于被测金属表面时,由于高频磁场的作用而使金属体内产生涡流,此涡流产生的磁场又反作用于探头线圈,使其阻抗发生变化,此变化量与探头线圈离金属表面的距离(即覆盖层的厚度)有关,因而,根据探头线圈阻抗的变化可间接测量金属表面覆盖层的厚度。

图 3-3-2 涡流测厚仪

1.1.3 超声波测厚仪

超声波测厚仪中所使用的超声回波脉冲技术一般用于测量金属和非金属基体材料表面上的涂层厚度(图 3-3-3)。而且,该方法属于一种无损测量方法,不会对测量样品造成损坏。超声波在各种介质中的声速是不同的,但在同一介质中声速是一常数。超声波在介质中传播遇到第二种介质时会被反射,测量超声波脉冲从发射至接收的间隔时间,即可将这间隔时间换算成厚度。

图 3-3-3 超声波测厚仪

1.2 防腐涂层厚度检测

1.2.1 一般规定

(1)防腐涂层厚度的检测应在涂层干燥后进行。检测时构件的表面不应有结露。

(2)同一构件应检测 5 处,每处应检测 3 个相距 50 mm 的测点。测点部位的涂层应与钢材附着良好。

(3)使用涂层测厚仪检测时,应避免电磁干扰。

(4)防腐涂层厚度检测,应经外观检查合格后进行。

1.2.2 检测设备

(1)涂层测厚仪的最大量程不应小于 1 200 μm,最小分辨率不应大于 2 μm,示值相对误差不应大于 3%。

(2)测试构件的曲率半径应符合仪器的使用要求。在弯曲试件的表面上测量时,应考虑其对测试准确度的影响。

1.2.3 检测步骤

(1)确定的检测位置应有代表性,在检测区域内分布宜均匀。检测前,应清除测试点表面的防火涂层、灰尘、油污等。

(2)检测前对仪器应进行校准。校准宜采用二点校准,经校准后方可测试。

(3)应使用与被测构件基体金属具有相同性质的标准片对仪器进行校准,也可用待涂覆构件进行校准。检测期间关机再开机后,应对仪器重新校准。

(4)测试时,测点距构件边缘或内转角处的距离不宜小于 20 mm。探头与测点表面应垂直接触,接触时间宜保持 1~2 s,读取仪器显示的测量值,对测量值应进行打印或记录。

1.2.4 检测结果评价

(1)每处 3 个测点的涂层厚度平均值不应小于设计厚度的 85%,同一构件上 15 个测点的涂层厚度平均值不应小于设计厚度。

(2)当设计对涂层厚度无要求时,涂层干漆膜总厚度:室外应为 150 μm,室内应为 125 μm,其允许偏差应为 -25 μm。

1.3 防火涂层厚度检测

1.3.1 一般规定

(1)防火涂层厚度的检测应在涂层干燥后进行。

(2)梁、柱构件的防火涂层厚度检测,在构件长度内每隔 3 m 取一个截面,且每个构件不应少于 2 个截面。

(3)防火涂层厚度检测,应经外观检查合格后进行。

1.3.2 检测设备

(1)对防火涂层的厚度可采用探针和卡尺进行检测,用于检测的卡尺尾部应有可外伸的窄片。测量设备的量程应大于被测的防火涂层厚度。

(2)检测设备的分辨率不应低于 0.5 mm。

1.3.3 检测步骤

(1)检测前,应清除测试点表面的灰尘、附着物等,并应避开构件的连接部位。

(2)在测点处,应将仪器的探针或窄片垂直插入防火涂层直至钢材防腐涂层表面,并记录标尺读数,测试值应精确到 0.5 mm。

(3)当探针不易插入防火涂层内部时,可采取防火涂层局部剥除的方法进行检测。剥除面积不宜大于 15 mm×15 mm。

1.3.4 检测结果评价

同一截面上各测点厚度的平均值不应小于设计厚度的 85%,构件上所有测点厚度的平均值不应小于设计厚度。

任务 2 焊缝质量检测

钢结构有两种常用的连接方式,即焊接和螺栓连接。钢结构焊缝开裂是最常见的病害,这种病害在焊接过程中和运营期都可能出现。焊接质量直接影响焊缝病害的产生。为了避免焊接质量引起运营期焊缝病害,在钢结构完成焊接后需要对焊缝进行质量检测。

焊缝质量检测是指对焊接成果的检测,目的是保证焊接结构的完整性、可靠性、安全性和使用性。除对焊接技术和焊接工艺的要求外,焊缝质量检测也是焊接结构质量管理的重要一环。常用的焊缝检测方法有超声检测(UT)、磁粉检测(MT)、液体渗透检测(PT)及 X 射线检测(RT)。

2.1 超声检测

超声波探伤是利用超声波能在弹性介质中传播时,在异质界面产生反射、折射和波型转换等特性来检测材料内部或表面缺陷的。焊缝中缺陷有裂缝、未焊透、未熔合、夹渣和气孔等,这些缺陷就是一种异质界面,超声波入射到缺陷表面就会产生反射波等。超声波检测焊缝内部质量就是利用工件中的缺陷反射波来判定工件内部的缺陷情况的。通过综合分析缺陷反射波的波型、波幅、衰减状况及传播时间等参数,检出缺陷,并对缺陷所在的位置、缺陷相对尺寸作出判定。

超声波探伤比 X 射线探伤具有较高的探伤灵敏度、周期短、成本低、灵活方便、效率高,对人体无害等优点;缺点是对工作表面要求平滑、要求富有经验的检验人员才能辨别缺陷种类、对缺陷没有直观性;超声波探伤适用于厚度较大的零件检验。超声焊缝检测如图 3-3-4 所示。

图 3-3-4 超声焊缝检测

2.1.1 探头参数

(1)检测频率。检测频率应在 2～52 MHz 范围内,同时,应遵照验收等级要求选择合适的频率。

(2)折射角。探头移动区应清除焊接飞溅、铁屑、油垢及其他外部杂质。检测表面应平整光滑,便于探头的自由扫查,必要时应进行打磨。检测面与探头靴底面之间的间隙不应大于 0.5 mm。

2.1.2 耦合剂

耦合剂应选用适当的液体或糊状物,应具有良好的透声性和宜流动性,不应对检测人员有损伤作用,同时便于检测完成后清理。常用的耦合剂有水、机油、甘油和糨糊。

2.1.3 探头的选取

超声在检测中,超声波的发射和接收都是通过探头来实现的。根据项目钢结构焊缝的声学特点和技术要求合理选择探头。

(1)直探头。晶片有效面积一般不应超过 500 mm²,直径一边长不应大于 25 mm,频率为 2～5 MHz。

(2)斜探头。斜探头声束轴线水平偏离角不应大于 2°,主声束垂直方向不应有明显的双峰。

2.1.4 探伤灵敏度

采用标准试块，标定仪器的探伤灵敏度，实际的角度 K 值、前沿距离应在检验调校时检查和确认并且记录在检测报告上。

2.1.5 检测区域

检测区域是指焊缝和焊缝两侧至少 10 cm 宽母材或热影响区域宽度内的区域。

在任何情况下，声束都要覆盖整个检测区域。如果声束不能覆盖整个检测区域，或者折射角不能满足要求时，检测双方应协商更换检测技术或者增加其他无损检测方法。

2.1.6 探头移动区域

探头移动区域应足够宽，以保证声束能覆盖整个检测区域。探头移动区域表面应平滑，无焊接飞溅、铁屑、油垢及其他外部杂质。当探头和工件的接触间隙超过 0.5 mm 时，应修正探头移动区表面。当探头与焊缝间隙大于 1 mm 时，可在受影响区域用其他角度进行补充检测。如果该检测能弥补未检测到的区域，此局部是允许的。

除非能证实母材金属高衰减或缺欠的存在不影响横波检测，否则探头移动区域的母材应在焊接前或焊接后进行纵波检测。

存在缺欠的母材部位，应对其是否影响横波检测效果进行评定。如有影响，则调整焊缝超声检测技术，当严重影响声束覆盖整个检测区域时则应考虑更换其他检测方法。

2.1.7 检测方法

根据项目钢结构焊缝的结构形式和检验等级的不同，选择不同的检测方式。

（1）对于钢结构桥梁中的部分熔透坡口角焊缝的 A 级检验，采用一种角度的探头在焊缝的单面单侧利用直射法及一次反射法进行检验，只对允许扫查到的焊缝截面进行检测。

（2）对于全熔透坡口对接焊缝的 B 级检验，原则上采用一种角度探头在焊缝的单面双侧利用直射法及一次反射法进行检验，对整个焊缝截面进行检测，条件允许时应作横向缺陷的检验。为检测焊缝及热影响区的横向缺陷，可在焊缝两侧边缘使探头与焊缝中心线成 10°～20°作斜平行扫查。

（3）单侧利用直射法及一次反射法进行检验，对整个焊缝截面进行检测，必要时辅助位置以直探头进行检测，条件允许时应作横向缺陷的检验。为检测焊缝及热影响区的横向缺陷，可在焊缝一侧边缘使探头与焊缝中心线成 10°～20°作两个方向的斜平行扫查。

2.1.8 检测等级

焊缝质量的等级要求，主要与材料、焊接工艺和使用期限有关，根据不同质量和规范要求可分为不同的等级。

2.2 磁粉检测

铁磁性材料和工件被磁化后，由于不连续性的存在，工件表面和近表面的磁力线发生局部畸变，而产生漏磁场，吸附施加在工件表面的磁粉，形成在合适光照下目视可见的磁痕，从而显示出不连续性的位置、形状和大小。

磁粉探伤适用于检测铁磁性材料表面和近表面尺寸很小、间隙极窄目视难以看出的不连续性；磁粉检测可对多种情况下的零部件检测，还可对多种型件进行检测。可发现裂纹、夹杂、发纹、白点、折叠、冷隔和疏松等缺陷。磁粉检测不能检测奥氏体不锈钢材料和用奥氏体不锈钢焊条焊接的焊缝，也不能检测铜铝镁钛等非磁性材料。对于表面浅划伤、埋藏较深洞和与工件表面夹角小于 20°的分层和折叠很难发现。磁粉检测仪和磁粉检测分别如图 3-3-5、图 3-3-6 所示。

图 3-3-5　磁粉检测仪

图 3-3-6　磁粉检测

2.2.1　检测方法

1. 表面准备

清洁被检工件的表面，不得有油脂、铁锈、氧化皮或其他黏附磁粉的物质，被检工件表面不规则状态不得影响检测结果的正确性和完整性；清理被检工件表面残留涂层。

2. 磁化方法

(1) 周向磁化：采用交流电，使工件直接通电得到周向磁化。同时喷施磁悬液，可发现轴向或与轴向夹角小于 30°的缺陷。

(2) 纵向磁化：采用直流线圈，使工件在外加磁场中得到纵向磁化。同时喷施磁悬液，可发现横向缺陷或与磁力线方向夹角小于 30°的缺陷。

(3) 复合磁化：将工件放在通以直流电的线圈中，同时，工件本身再连续通以交流电，使工件纵向和周向同时磁化。同时喷施磁悬液，可发现工件表面及近表面任何方向因锻压、淬火、机加工与疲劳产生的裂纹，以及夹渣等极细微的缺陷。

3. 磁痕的观察

工件磁痕形成后立即进行观察，在能清楚识别荧光磁痕的亮度下用肉眼进行观察，工件与荧光灯的距离在 400 mm 左右。观察后在有磁粉堆积的位置(缺陷处)用红漆作上标识，有缺陷的工件经判定可整修的应整修。对无缺陷或有允许缺陷的工件为合格品，应和不合格品及废品分开放置并作出标识。

4. 退磁操作

工件的剩磁会对以后的机械加工产生不良影响时及其他必要的场合应退磁。退磁在旋转式退磁机上进行。通过法退磁，退磁电流强度应大于磁化电流。退磁后对工件用大头针进行剩磁检查。

2.2.2　缺陷磁痕的分类和判定

磁痕显示可分为相关显示、非相关显示和伪显示。长度与宽度之比大于 3 的缺陷磁痕，按条状磁痕处理；长度与宽度之比不大于 3 的缺陷磁痕，按圆形磁痕处理。缺陷磁痕长轴方向与工件(轴类或管类)轴线或母线的夹角大于或等于 30°时，按横向缺陷处理。其他按纵向缺陷处理。

2.2.3　检测结果的评定和质量等级分类

(1) 质量分级。检测结果不允许存在任何裂纹和白点，质量分级见表 3-3-1。

表 3-3-1 质量分级

等级	线性缺陷磁痕	圆形缺陷磁痕（评定框尺寸为 2 500 mm²，其中一条矩形边长最大为 150 mm）
Ⅰ	不允许	$d \leqslant 2.0$ mm，且在评定框内不大于 1 个
Ⅱ	$l \leqslant 4.0$ mm	$d \leqslant 4.0$ mm，且在评定框内不大于 2 个
Ⅲ	$l \leqslant 6.0$ mm	$d \leqslant 6.0$ mm，且在评定框内不大于 4 个
Ⅳ		大于三级

注：l 表示线性缺陷磁痕长度(mm)；d 表示圆形缺陷磁痕长度(mm)。

（2）综合评级。在圆形缺陷评定区内同时存在多种缺陷时，应进行综合评级。对各类缺陷分别评定级别，取质量级别最低的级别作为综合评级的级别；当各类缺陷的级别相同时，则降低一级作为综合评级的级别。

2.3 液体渗透检测

零件表面被施涂含有荧光染料或着色染料后，在一段时间的毛细管作用下，渗透液可以渗透进表面开口缺陷中；经去除零件表面多余的渗透液后，再在零件表面施涂显像剂，同样，在毛细管的作用下，显像剂将吸引缺陷中保留的渗透液，渗透液回渗到显像剂中，在一定的光源下（紫外线光或白光），缺陷处的渗透液痕迹被显示（黄绿色荧光或鲜艳红色），从而探测出缺陷的形貌及分布状态。

渗透检测可检测各种材料，具有较高的灵敏度，显示直观、操作方便、检测费用低。而渗透检测不适用于检查多孔性疏松材料制成的工件和表面粗糙的工件，只能检测出缺陷的表面分布，难以确定缺陷的实际深度，因而很难对缺陷做出定量评价。此外，检测出的结果受操作者的影响也较大。

2.3.1 表面状况

表面状况与最小可检测缺欠尺寸直接有关。检测光滑表面通常能得到最佳结果。表面粗糙或不规则（如咬边、飞溅）能形成高背景和非相关显示，从而导致降低小缺欠的可探测性。

2.3.2 过程技术

过程技术宜根据检测表面状况来选择渗透系统和技术。有时这种选择会直接影响检测的可靠性，例如，若要寻找小缺欠，不推荐采用擦洗方式在粗糙表面上去除多余渗透剂。

2.3.3 验收等级

检测表面的宽度应包括焊缝金属和每侧各 10 mm 距离的邻近母材金属。渗透检测产生的显示，通常与形成这个显示的缺欠尺寸和形状特征不同。对缺欠所规定的验收等级相当于评定等级，不应考虑低于该水平的显示。通常，可接受的显示不应做记录，见表 3-3-2。

表 3-3-2 显示的验收等级   mm

显示类型	验收等级		
	1	2	3
线状显示（l 为显示长度）	$l \leqslant 2$	$l \leqslant 4$	$l \leqslant 8$
非线状显示（d 为主轴长度）	$d \leqslant 4$	$d \leqslant 6$	$d \leqslant 8$

注：验收等级 2 和 3 可规定用一个后缀"x"，表示所检测出的所有线状显示应按 1 级进行评定。但对于小于原验收等级所表示的显示，其可探测性可能偏低。

2.4 X 射线检测

X 射线检测是利用 X 射线具有较强的穿透能力，穿透被测物的射线带有反映被测物内部结构的信息，通过射线强度的变化来检测与评判材料或工件内部各种宏观或微观缺陷的性质、大小及其分布情况。显然，这里涉及 X 射线在穿透物质时产生一系列极为复杂的物理过程。

射线检测对检测体积型的缺陷比较敏感，比较容易对缺陷进行定性。射线底片易于保留，有追溯性，能够直观显示缺陷的形状和类型。缺点是不能定位缺陷的埋藏深度，同时检测厚度有限，底片需专门送洗，并且对人身体有一定危害，成本较高。

X 射线机按其结构形式可分为便携式、移动式和固定式。便携式 X 射线机多采用组合式 X 射线发生器，因其体积小、质量轻，而适用于施工现场和野外作业的探伤工作（图 3-3-7）；移动式 X 射线机能在车间或实验室内移动，适用于中、厚板焊件的探伤（图 3-3-8）；固定式 X 射线机则固定在确定的工作环境中，靠移动焊件来完成探伤工作。

图 3-3-7　便携式 X 射线机

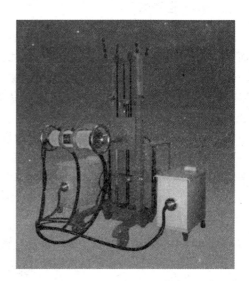
图 3-3-8　移动式 X 射线机

2.4.1 工件表面状态要求

工件焊缝及热影响区表面质量应经焊接检验员外观检查合格，表面的不规则状态在底片上的图像应不掩盖焊缝中缺陷或与之相混淆（如溅物、油污、锈蚀、凹坑、焊瘤、咬边等），否则应做适当的修整。

2.4.2 工件划线

按照射线检测工艺卡在规定的检测部位划线。采用单壁透照时需要在工件两侧（射源侧和胶片侧）同时划线，并要求所划的线段尽可能对准。采用双壁单影透照时，只需要在工件胶片侧划线。划线顺序由小号指向大号，纵焊缝按从左至右顺序，环向焊缝采用顺时针方向划线编号（工件表面应作出永久性标记以作为对每张底片重新定位的依据，工件不适合打印标记时，应采用详细的透照部位草图和其他的有效方法标注）。

2.4.3 像质计和标记摆放

(1) 像质计的类型。像质计包括线型像质计、阶梯孔型像质计和双线型像质计。

在一些特殊的场合（非金属材料检测、铝镁铸件检测、微焦点成像检测等），当规定的像质计无法满足检测要求时,允许施工非标准的像质计、带有自然或人工缺陷的校正试样等来代替。但应在技术文件或合同中做明确规定并在检测报告中注明。

(2)像质计的摆放。线型像质计应放在射源一侧的工件表面上,位于被检焊缝的一端(被检长度的1/4处),钢丝横跨焊缝并与焊缝方向垂直,细丝置于外侧。当射源一侧无法放置像质计时,可将其放在胶片侧,像质计应附加"F"标记以示区别,并做一次对比试验,使实际像质指数达到规定要求。外径大于等于200 mm的管子或容器环缝,采用射线中心法做周向曝光时,整圈环焊缝应等间隔放置至少三个像质计。

(3)标记的摆放。各种铅字标记应齐全,包括中心标记、搭接标记、工件编号、焊缝编号、部位编号、钢板厚度、焊工代号和透照日期。返修透照时,应加返修标记R_1、R_2。各种标记的摆放位置应距离焊缝边缘至少5 mm,其中搭接标记的位置:在双壁单影或射源在内$F>R$的透照方式时,应放在胶片侧,其余透照方式应放在射源侧。

2.4.4 散射线控制

散摄像和无用射线会降低图像对比度,应采用以下一种或几种措施加以控制:
(1)在X射线管窗口前安装滤波板;
(2)在探测器或X射线管窗口前安装光栅;
(3)对非检测部位进行屏蔽。

2.4.5 技术等级

X射线数字成像技术可分为以下两个等级:
(1)A级:普通级,普通的成像技术;
(2)B级:优化级,优化的成像技术。

2.4.6 检测方法

(1)准备工作。确认设备处于监控状态,相关记录和报告有效。进行坏点校正、本底校正和响应不一致性校正。

(2)透照方式。根据工件的特点和技术条件的要求选择适宜的透照方式。在可以实施的情况下应选用单壁透照方式,在单壁透照不能实施时才允许采用双壁单影透照方式。

(3)透照方向。透照时射线束中心一般应垂直指向透照区中心,需要时也可选用有利于发现缺陷的方向透照。

当受到工件形状或结构限制时,允许射线束中心与检测区域中心倾斜不超过30°的角度,但倾斜透照引起的检测图像变形应不影响对缺陷的有效识别。

(4)一次透照范围。一次透照范围定义为探测器一次可以透照的工件有效范围。通常根据检测图像质量和透照厚度来确定一次透照的范围大小。

(5)透照布置。透照布置是指射线源至探测器的距离、射线源至工件表面的距离和工件表面至探测器的距离等。透照布置示意如图3-3-9所示。

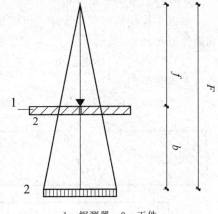

1—探测器;2—工件。

图3-3-9 透照布置示意

2.4.7 曝光次数

工件检测区域的厚度变化小于材料厚度宽容度时,同一位置只检测一次。工件厚度范围大于等于材料厚度宽容度时,同一位置应使用不同的射线能量和曝光量进行多次检测,直至覆盖检测区域所有的材料厚度。

2.4.8 射线源参数

(1)焦点尺寸。当焦点尺寸较小时,可以通过几何放大来提高图像分辨率。但由于管电流相对较小,为避免图像信噪比和灵敏度下降,曝光时间将会增长。

在图像分辨率满足的条件下,增大焦点尺寸和管电流能提高灵敏度。

(2)管电流。管电压不变,增大管电流可以增加图像信噪比,也可以提高灵敏度,但管电流的大小受焦点尺寸限制。

(3)管电压。为了获得良好的缺陷检出率,X射线管电压应尽可能低。

当工件被检区域存在较大的厚度变化时,可以用更高的管电压。但应注意,过高的管电压可能引起检测灵敏度降低。

2.4.9 探测器参数

探测器参数主要包括探测器基本空间分辨率和归一化信噪比。探测器基本空间分辨率是决定检测系统特性的主要参数。探测器归一化信噪比(SNR_N)用来划分探测器系统的质量等级。具有相同归一化信噪比但像素尺寸不同的探测器,具有相同的检测缺陷能力。探测器最小归一化信噪比要求见表3-3-3。

表 3-3-3　探测器最小归一化信噪比要求

A 级	B 级
100	140

2.4.10 图像质量

检测图像的标识应完整,包括分段标识、定位标识、透照区域标识等。

当检测区域需要两幅以上的检测图像才能覆盖时,为确保检测区域的完整性,相邻图像之间需要进行搭接。

不方便放置搭接标志的场合,可利用自动控制技术通过运动范围的精确控制来保证检测区域没有被漏检。

2.4.11 检测缺陷分析

根据焊接缺陷形状、大小,可将焊缝中的缺陷分为圆形缺陷、条形缺陷、未焊透、未熔合和裂纹五种。

(1)圆形缺陷:长宽比小于等于3的非裂纹、未焊透和未熔合缺陷。圆形缺陷包括气孔、夹渣、夹钨等缺陷。

1)气孔的成像呈暗色斑点,中心黑度较大,边缘较浅,平滑过渡,轮廓较清晰(图3-3-10)。

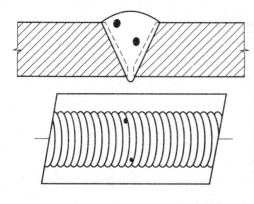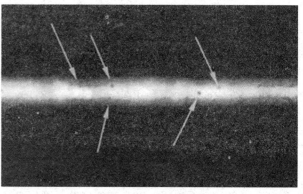

图 3-3-10　气孔

2)夹渣(非金属)的成像主要呈暗色斑点,黑度分布无规律,轮廓不圆滑,小点状夹渣轮廓较不清晰(图3-3-11)。

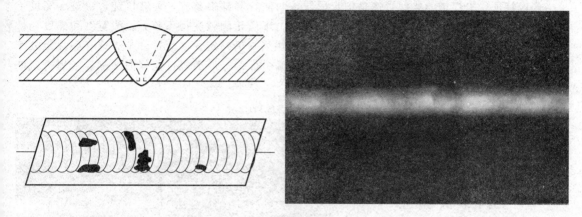

图 3-3-11 夹渣

3)夹钨(金属夹渣)的成像呈亮点,轮廓清晰(图3-3-12)。

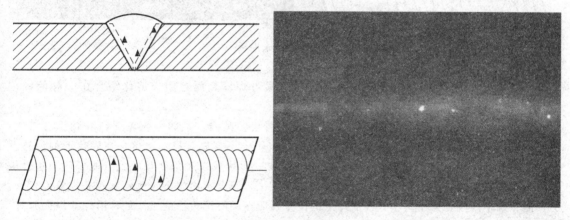

图 3-3-12 夹钨

(2)条形缺陷:不属于裂纹、未焊透和未熔合的缺陷,当缺陷的长宽比大于3时,定义为条形缺陷,包括条渣和条孔(图3-3-13)。

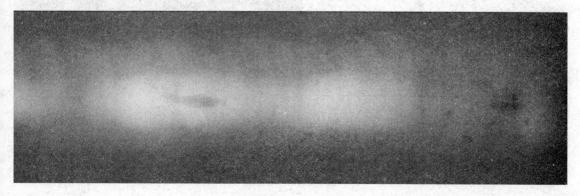

图 3-3-13 条形缺陷

(3)未焊透：未焊透是指母材金属之间没有熔化，焊缝金属没有进入接头的部位根部造成的缺陷(图 3-3-14)。

影像特征：未焊透的典型影像是细直黑线，两侧轮廓都很整齐，为坡口钝边痕迹，宽度恰好是钝边的间隙宽度。有时坡口钝边有部分融化，影像轮廓就变得不整齐，线宽度和黑度局部发生变化，但只要能判断是出于焊缝根部的线性缺陷，仍判定为未焊透。未焊透有底片上处于焊缝根部的投影位置，一般在焊缝中部，因透照偏、焊偏等原因也可能偏向一侧。未焊透呈断续或连续分布，有时能贯穿整张底片。

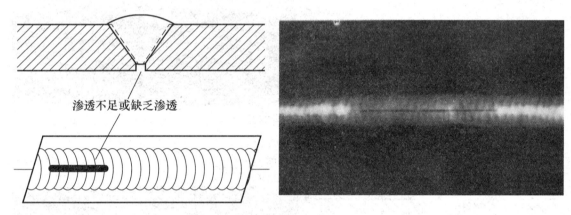

图 3-3-14　未焊透

(4)未熔合：未熔合是指焊缝金属与母材金属可焊缝金属之间未熔化结合在一起的缺陷(图 3-3-15)。

影像特征：根部未熔合的典型影像是连续或断续的黑线，线的一侧轮廓整齐且黑度较大，为坡口或钝边的痕迹，另一侧轮廓可能较规则，也可能不规则。根部未熔合在底片上的位置就是焊缝根部的投影位置，一般在焊缝的中间，因坡口形状或投影角度等原因可能偏向一边。坡口未熔合的典型影像是连续或断续的黑线，宽度不一，黑度不均匀，一侧轮廓较齐，黑度较大，另一侧轮廓不规则，黑度较小，在底片上的位置一般在中心至边缘的 1/2 处，沿焊缝纵向延伸。层间未熔合的典型影像是黑度不大的块状阴影，开关不规则，如伴有夹渣时，夹渣部位黑度较大，一般在射线照相检测中不易被发现。

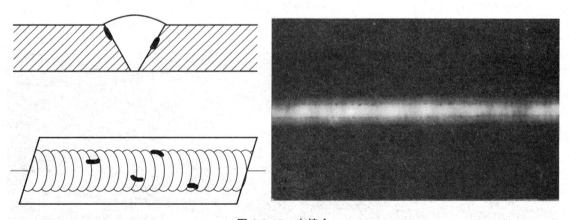

图 3-3-15　未熔合

(5)裂纹:裂纹是指材料局部断裂形成的缺陷(图 3-3-16)。

影像特征:底片上裂纹和典型影像是轮廓分明的黑线或黑丝。其细节特征包括:黑线或黑丝上有微小的锯齿,有分叉,粗细和黑度有时有变化,有些裂纹影像呈较粗的黑线与较细的黑丝相互缠绕状;线的端部尖细,端头前方有时有丝状阴影延伸。

图 3-3-16 裂纹

2.4.12 图像评定

图像需要满足质量要求后才能进行评定,可采用人工评定或计算机软件评定。缺陷分级应根据检测合同、工件技术要求来选择缺陷评定方法。

人工评定需要对病害进行定性评估和确定缺陷类型,通过评定工具、评定区域、缺陷面积和长度、缺陷面积比等进行定量分析。

计算机软件评定采用全自动评定,漏检率和误判率均很低。

任务 3 连接螺栓扭矩检测

钢结构采用螺栓和铆钉连接时,螺栓和铆钉会出现损坏、松动、丢失等病害。螺栓的松动和丢失等可能是在施工期间未紧固造成。连接螺栓扭矩检测可以对施工期间螺栓进行紧固检测,以避免施工原因造成运营期螺栓的松动、丢失。

3.1 高强度螺栓连接副施工扭矩检验

高强度螺栓连接副施工扭矩检验含初拧、复拧、终拧扭矩的现场无损检验。检验所用的扭矩扳手其扭矩精度误差应不大于 3%。

高强度螺栓连接副施工扭矩检验可分为扭矩法检验和转角法检验两种,原则上检验法与施工法应相同。扭矩检验应在施拧 1 h 后、48 h 内完成。

3.1.1 扭矩法检验

高强度螺栓连接副施工终拧扭矩值按下式计算:

$$T_c = K \cdot P_c \cdot d$$

式中 T_c——终拧扭矩值(N·m);

P_c——施工预拉力标准值(kN),见表 3-3-4;

d——螺栓公称直径(mm);

K——扭矩系数,按表3-3-4的规定试验确定。

高强度大六角头螺栓连接副初拧扭矩值 T_0 可按 $0.5T_c$ 取值。

扭剪型高强度螺栓连接副初拧扭矩值 T_0 可按下式计算:

$$T_0 = 0.065 P_c \cdot d$$

式中 T_0——初拧扭矩值(N·m);

P_c——施工预拉力标准值(kN),见表3-3-4;

d——螺栓公称直径(mm)。

表 3-3-4　高强度螺栓连接副施工扭矩范围

终拧扭矩值 $T_c = K \cdot P_c \cdot d$		初拧扭矩值 $T_0 = 0.5 T_c$	
扭矩系数平均值 K	$0.110 \sim 0.150$	$K_{max} = 0.15$	$K_{min} = 0.11$

扭矩值范围							
10.9 S		螺栓公称直径 M/mm					
		16	20	22	24	27	30
预拉力	P_c	110	170	210	250	320	390
终拧 max	T_c	264	510	693	900	1 296	1 755
终拧 min	T_c	193.6	374	508.2	660	950.4	1 287
初拧 max	T_0	132	255	346.5	450	648	877.5
初拧 min	T_0	96.8	187	254.1	330	475.2	643.5

扭矩值范围							
8.8 S		螺栓公称直径 M/mm					
		16	20	22	24	27	30
预拉力	P_c	75	120	150	170	225	275
终拧 max	T_c	180	360	495	612	911.25	1 237.5
终拧 min	T_c	132	264	363	448.8	668.25	907.5
初拧 max	T_0	90	180	247.5	306	455.625	618.75
初拧 min	T_0	66	132	181.5	224.4	334.125	453.75

3.1.2　转角法检验

(1)检查初拧后在螺母与相对位置所画的终拧起始线和终止线所夹的角度是否达到规定值。

(2)在螺尾端头和螺母相对位置画线,然后全部卸松螺母,再按规定的初拧扭矩和终拧角度重新拧紧螺栓,观察与原画线是否重合。终拧转角偏差在10°以内为合格。

终拧转角与螺栓的直径、长度等因素有关,应由试验确定。

3.2 扭剪型高强度螺栓施工扭矩检验

3.2.1 检验方法

观察尾部梅花头拧掉情况。尾部梅花头被拧掉者视同其终拧扭矩达到合格质量标准;尾部梅花头未被拧掉者应按上述扭矩法或转角法检验。高强度螺栓连接副施工预拉力标准值见表3-3-5。

表3-3-5 高强度螺栓连接副施工预拉力标准值　　　　　　　　　　kN

螺栓的性能等级	螺栓公称直径/mm					
	M16	M20	M22	M24	M27	M30
8.8 S	75	120	150	170	225	275
10.9 S	110	170	210	250	320	390

3.2.2 高强度大六角头螺栓连接副扭矩系数复验

(1)复验用螺栓应在施工现场待安装的螺栓批中随机抽取,每批应抽取8套连接副进行复验。

(2)连接副扭矩系数复验用的计量器具应在试验前进行标定,误差不得超过2%。

(3)每套连接副只应做一次试验,不得重复使用。在紧固中垫圈发生转动时,应更换连接副,重新试验。

(4)连接副扭矩系数的复验应将螺栓穿入轴力计,在测出螺栓预拉力 P 的同时,应测定施加于螺母上的施拧扭矩值 T,并应按下式计算扭矩系数 K:

$$K=\frac{T}{P \times d}$$

式中　T——施拧扭矩(N·m);

　　　d——高强度螺栓的公称直径(mm);

　　　P——螺栓预拉力(kN)。

进行连接副扭矩系数试验时,螺栓预拉力值应符合表3-3-6的规定。

表3-3-6 螺栓预拉力值范围　　　　　　　　　　kN

螺栓规格/mm		M16	M20	M22	M24	M27	M30
预拉力值 p	10.9S	93~113	142~177	175~215	206~250	265~324	325~390
	8.8S	62~78	100~120	125~150	140~170	185~225	230~275

每组8套连接副扭矩系数的平均值应为0.110~0.150,标准偏差小于或等于0.010。

课题4 桥梁材质状况检测

任务1 混凝土抗压强度检测

钢筋混凝土桥梁是依据混凝土的强度，特别是混凝土的抗压强度进行设计的。施工时受施工工艺、养护环境等影响，实际的混凝土强度在不同的部位、位置出现差异。另外，混凝土的强度在初期随着龄期逐步增长，达到某一龄期后强度达到最大值，然后又随龄期发生劣化缓慢下降。如果主要承重构件的混凝土强度不足，或是劣化下降到设计的基准强度以下，混凝土结构的承载力、耐久性会受到严重影响。因此，有必要把握桥梁结构混凝土关键部位的强度，并掌握其变化规律。

结构混凝土强度的检测方法按其对混凝土结构的影响程度可分为无损检测法和微损检测法。无损检测法以混凝土强度与某些物理量之间的相关性为基础，检测时在不影响结构或构件混凝土任何性能的前提下测试这些物理量，然后根据相关关系推算被测混凝土的强度推定值。其主要方法有回弹法、超声法、超声回弹综合法等，此类方法所用仪器简单、操作方便、费用低廉，同时便于大范围检测，在我国应用较普遍。微损检测法以不影响结构或构件的承载能力为前提，在结构或构件上直接进行局部破坏性试验，或直接钻取芯样进行破坏性试验。其主要方法有钻芯法、拔出法、射击法等。此类方法较直观可靠，测试结果易为人们接受，但会对混凝土结构造成局部破坏，不宜大范围检测等而受到种种限制。本任务主要介绍使用最为广泛的回弹法和钻芯法。

1.1 回弹法检测混凝土抗压强度

1.1.1 简介

回弹法是通过测定混凝土的表面硬度来推算抗压强度，是结构混凝土现场检测中最常用的方法。1948年瑞士人斯密特（E. Schmidt）发明了回弹仪，用弹击时能量的变化反映混凝土的弹性和塑性性质，称为回弹法。我国自20世纪50年代中期开始，采用回弹法检验混凝土的强度，建立具有我国特色的回弹仪标准和考虑混凝土碳化因素的混凝土抗压强度与回弹值的经验关系（测强曲线），编制了《回弹法检测混凝土抗压强度技术规程》（JGJ/T 23—2011）等。

回弹法的主要优点是仪器构造简单、方法易于掌握、检测效率高、费用低廉。总的来说，回弹法在桥梁技术状况检测与评定中有以下四个方面的应用：

(1)检验结构混凝土强度的分布情况；
(2)分析混凝土强度随龄期的变化，把握强度劣化的规律；
(3)空间狭窄或钢筋密集等钻芯法等设施困难部位的强度推定；
(4)确定结构中混凝土质量有疑问的区域，以便使用其他方法进一步检测。

1.1.2 检测原理

回弹法是采用回弹仪的弹簧驱动重锤，通过弹击杆（传力杆）使其以一定的冲击动能弹击在混凝土表面，并测出重锤被反弹回来的距离，以回弹值（重锤冲击混凝土表面后的剩余势能与原有势能之比的平方根）作为强度相关指标，依据已建立的混凝土抗压强度与回弹值之间的关系式（测强曲线）来推算混凝土抗压强度的一种方法。

1.1.3 检测仪器

混凝土回弹仪的构造和主要零件如图 3-4-1 所示，也可采用数字显示仪或自动记录式的回弹仪。回弹仪按标称能量的不同可分为重型、中型和轻型三种类型，共六种规格。重型用于检测大体积混凝土构件；中型用于检测一般建筑物；轻型用于薄壁构件或砂浆强度检测。桥梁结构中一般中型应用最广泛。混凝土回弹仪分类与代号见表 3-4-1。

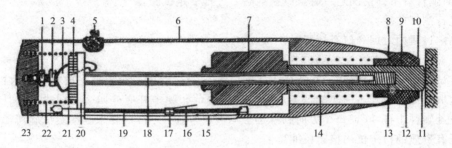

1—紧固螺母；2—调零螺钉；3—挂钩；4—挂钩销子；5—按钮；6—机壳；7—弹击锤；8—拉簧座；9—卡环；10—密封毡圈；11—弹击杆；12—盖帽；13—缓冲弹簧；14—弹击拉簧；15—刻度尺；16—指针片；17—指针块；18—中心导杆；19—指针轴；20—导向法兰；21—挂钩压簧；22—压簧；23—尾盖。

图 3-4-1　混凝土回弹仪结构图

表 3-4-1　混凝土回弹仪分类与代号

分类	标称能量/J	类型代号
重型	9.800	H980
重型	5.500	H550
重型	4.500	H450
中型	2.207	M225
轻型	0.735	L75
轻型	0.196	L20

注：数字式回弹仪的类型代号为 D。

回弹仪除应符合现行国家标准《回弹仪》(GB/T 9138—2015)的规定外，还应符合下列规定：

(1)水平弹击时，在弹击锤脱钩瞬间，回弹仪的标称能量应为 2.207 J(中型)；

(2)在弹击锤与弹击杆碰撞的瞬间，弹击拉簧应处于自由状态，且弹击锤起跳点应位于指针指示刻度尺上的"0"处；

(3)在洛氏硬度 HRC 为 60±2 的钢砧上，回弹仪的率定值应为 80±2；

(4)数字式回弹仪应带有指针直读示值系统；数字显示的回弹值与指针直读示值相差不应超过 1；

(5)回弹仪使用时的环境温度应为(-4～40)℃。

1.1.4 回弹仪的检定与保养

(1)回弹仪有下列情况之一时，应送检定单位检定：

1)新回弹仪启用前；
2)超过检定有效期限(有效期为半年)；
3)数字式回弹仪显示的回弹值与指针直读示值相差大于1；
4)经保养后，在钢砧上的率定值不合格；
5)遭受严重撞击或其他损害。

(2)回弹仪有下列情况之一时，应在钢砧上进行率定试验：
1)进行测试前后；
2)测定过程中对回弹值有怀疑时；
3)保养后。

率定试验应在室温(5~35)℃条件下进行。率定时，钢砧应稳定地平放在刚度大的物体上。回弹值应取连续向下弹击三次的稳定回弹值的平均值。弹击杆应分四个方向进行，且每个方向弹击前应旋转弹击杆90°，每个方向的率定平均值应符合80±2的要求。率定试验所用的钢砧应每2年送有资质的检定机构检定校准。

(3)回弹仪有下列情况之一时，应进行常规保养：
1)弹击超过2 000次；
2)对检测值有怀疑时；
3)在钢砧上的率定值不合格。

(4)常规养护应符合下列要求：先将弹击锤脱钩后，取出机芯，然后卸下弹击杆、缓冲压簧、弹击锤(连同弹击拉簧和拉簧座)，用清洗剂清洗机芯各部件，特别是中心导杆、弹击锤和弹击杆的内孔及冲击面。经过清洗后的零部件，除在中心导杆上薄薄涂抹钟表油或其他无腐蚀性的轻油外，其他零部件均不得抹油。清洗机壳内壁，卸下刻度尺，检测指针，其摩擦力应为0.5~0.8 N。保养时，不得旋转尾盖上已定位紧固的调零螺丝，不得自制或更换零部件。

1.1.5 检测步骤及注意事项

检测依据《回弹法检测混凝土抗压强度技术规程》(JGJ/T 23—2011)执行，规程中要求混凝土龄期小于1 000天，若混凝土龄期强度检测不符合此规定的，回弹法测试的混凝土强度值仅供参考。

在检测满足要求的基础上，各类构件的抽样尽量选择有代表性的桥跨进行回弹测试。测区的布置及数量要求如下：

(1)每一结构或构件测区数不小于10个，对某一方向尺寸小于4.5 m且另一方向尺寸小于0.3 m的构件，其测区数量可适当减少，但不应少于5个。

(2)测区的面积不宜大于0.04 m²，且相邻两测区的间距应控制在2 m以内，测区与构件边缘距离不大于0.5 m，且不宜小于0.2 m。

(3)测区应选择在能使回弹仪处于水平方向的混凝土浇筑测面。当不能满足这一要求时，也可选在使回弹仪处于非水平方向的混凝土浇筑表面或底面。

(4)测区表面应为混凝土原浆面，并应清洁平整，不应有疏松层、浮浆、油垢、涂层以及蜂窝、麻面。

(5)当检测条件与测强曲线的适用条件有较大差异时，可采用同条件试件或钻取混凝土芯样进行修正，试件或芯样数量不少于6个。钻取芯样时每个部位应取一个芯样，计算时，测区混凝土强度换算值应乘以修正系数。

检测时，回弹仪的轴线应始终垂直于结构或构件的混凝土检测面，缓慢加压、准确读数、快速复位。测点宜在测区范围内均匀分布，相邻两测点的净距一般不少20 mm。测点距外露钢筋、预埋件的距离一般不小于 30 mm，测点不应在气孔或外露石子上。同一测点，只允许弹击一次，每一测区应记录 16 个回弹值，每一测点的回弹值读数精确至 1。

1.1.6 碳化深度检测

回弹值测量完毕后，应在有代表性的测区上测量碳化深度值，测点数不应少于构件测区数的 30%，取其平均值作为该构件每个测区的碳化深度值。当碳化深度值极差大于 2 mm 时，应在每一测区分别测量碳化深度值。

1.1.7 检测数据的处理

（1）测区回弹值的计算。当回弹仪水平方向测试混凝土浇筑侧面时，应从每一测区的 16 个回弹值中剔除 3 个最大值和 3 个最小值，其余的 10 个回弹值按下式计算：

$$R_m = \frac{\sum_{i=1}^{10} R_i}{10}$$

式中 R_m——测区平均回弹值，精确至 0.1；

R_i——第 i 个测点的回弹值。

（2）测试角度修正。当回弹仪非水平方向测试混凝土浇筑侧面时，应将测得的数据按下式进行修正，计算非水平方向测定的修正回弹值，见表 3-4-2。

$$R_m = R_{m\alpha} + R_{a\alpha}$$

式中 $R_{m\alpha}$——非水平方向测定时测区的平均回弹值，精确至 0.1；

$R_{a\alpha}$——非水平方向测定时回弹值修正值。

表 3-4-2 非水平方向测定的修正回弹值

测试角度 R_m	+90°	+60°	+45°	+30°	−30°	−45°	−60°	−90°
20	−6.0	−5.0	−4.0	−3.0	+2.5	+3.0	+3.5	+4.0
30	−5.0	−4.0	−3.5	−2.5	+2.0	+2.5	+3.0	+3.5
40	−4.0	−3.5	−3.0	−2.0	+1.5	+2.0	+2.5	+3.0
50	−3.5	−3.0	−2.5	−1.5	+1.0	+1.5	+2.0	+2.5

注：表中未列出的可用内插法求得。

（3）测试面修正。当回弹仪水平方向测试混凝土浇筑表面或底面时，测区平均回弹值按下式进行修正。不同浇筑面的回弹值修正值见表 3-4-3。

$$R_m = R_m^t + R_a^t$$

$$R_m = R_m^b + R_a^b$$

式中 R_m^t，R_m^b——混凝土浇筑表面或底面时测区的平均回弹值，精确至 0.1；

R_a^t，R_a^b——混凝土浇筑表面或底面回弹值的修正值。

表 3-4-3 不同浇筑面的回弹值修正值

测试面 R_m	顶面修正值 R_a^t	底面修正值 R_a^b	测试面 R_m	顶面修正值 R_a^t	底面修正值 R_a^b
20	+2.5	−3.0	40	+0.5	−1.0
25	+2.0	−2.5	45	0	−0.5
30	+1.5	−2.0	50	0	0
35	+1.0	−1.5			

如果测试仪器即非水平方向而又非混凝土浇筑侧面，则应对回弹值先进行角度修正，然后进行浇筑面修正。

(4)测区混凝土强度值的确定。根据每一测区的回弹平均值及碳化深度值，查阅专用曲线，或地区曲线，或统一曲线编制的测区混凝土强度换算表(见表 3-4-4)，所查出的强度值即该测区混凝土的强度。当强度低于 50 MPa 或高于 10 MPa 时，表中未列入的测区强度值，可用内插法求得。

1.1.8 结构(或构件)混凝土抗压强度的推定

(1)结构(或构件)测区混凝土强度换算值平均值按下式计算：

$$m_{f_{cu}} = \frac{\sum_{i=1}^{n} f_{cu,i}^c}{n}$$

式中 $m_{f_{cu}}$——结构(或构件)测区混凝土强度的平均值，精确至 0.1 MPa；

$f_{cu,i}^c$——第 i 个测区结构混凝土的强度换算值(MPa)；

n——测区数，对于单个评定的结构或构件，取一个试件的测区数；对于抽样评定的结构或构件，取抽检试样测区数之和。

(2)当测区数 $n \geq 10$ 时，按下式计算标准差：

$$S_{f_{cu}} = \sqrt{\frac{\sum_{i=1}^{n}(f_{cu,i}^c)^2 - n(m_{f_{cu}})^2}{n-1}}$$

式中 $S_{f_{cu}}$——构件混凝土强度标准差，精确至 0.01 MPa。

(3)结构(或构件)混凝土强度的评定。用回弹法检测的混凝土结构(或构件)，多属于重要结构，应用数理统计方法进行评定。结构或构件的混凝土强度推定值($f_{cu,e}$)应按下列公式确定：

1)当该结构或构件的测区数 $n<10$ 时，应按下式计算：

$$f_{cu,e} = f_{cu,min}^c$$

式中 $f_{cu,min}^c$——构件中最小的测区混凝土强度值。

2)当该结构或构件的测区强度值中出现小于 10.0 MPa 时，应按下式计算：

$$f_{cu,e} < 10.0 \text{ MPa}$$

3)当该结构或构件测区数 n 不少于 10 个时，应按下式计算：

$$f_{cu,e} = m_{f_{cu}} - 1.645 S_{f_{cu}}$$

(4)对按批量检测的构件，当该批构件混凝土强度标准差出现下列情况之一时，则该批构件应全部按单个构件检测：

1)当该批构件混凝土强度平均值小于 25 MPa：$S_{f_{cu}} > 4.5$ MPa。

2)当该批构件混凝土强度平均值不小于 25 MPa：$S_{f_{cu}} > 5.5$ MPa。

表 3-4-4 测区混凝土抗压强度值换算表

平均回弹值 R_m	测区混凝土抗压强度换算值 $f_{cu,i}^c$/MPa												
	平均碳化深度值 d_m/mm												
	0	0.5	1.0	1.5	2.0	2.5	3.0	3.5	4.0	4.5	5.0	5.5	6.0
20	10.3	10.1											
21	11.4	11.2	10.8	10.5	10.0								
22	12.5	12.2	11.9	11.5	11.0	10.6	10.2						
23	13.7	13.4	13.0	12.6	12.1	11.6	11.2	10.8	10.5	10.1			
24	14.9	14.6	14.2	13.7	13.1	12.7	12.2	11.8	11.5	11.0	10.7	10.4	10.1
25	16.2	15.9	15.4	14.9	14.3	13.8	13.3	12.8	12.5	12.0	11.7	11.3	10.9
26	17.5	17.2	16.6	16.1	15.4	14.9	14.4	13.8	13.5	13.0	12.6	12.2	11.6
27	18.9	18.5	18.0	17.4	16.6	16.1	15.5	14.8	14.6	14.0	13.6	13.1	12.4
28	20.3	19.7	19.2	18.4	17.6	17.0	16.5	15.8	15.4	14.8	14.4	13.9	13.2
29	21.8	21.1	20.5	19.6	18.7	18.1	17.5	16.8	16.4	15.8	15.4	14.6	13.9
30	23.3	22.6	21.9	21.0	20.0	19.3	18.6	17.9	17.4	16.8	16.4	15.4	14.7
31	24.9	24.2	23.4	22.4	21.4	20.7	19.9	19.2	18.4	17.9	17.4	16.4	15.5
32	26.5	25.7	24.9	23.9	22.8	22.0	21.2	20.4	19.6	19.1	18.4	17.5	16.4
33	28.2	27.4	26.5	25.4	24.3	23.4	22.6	21.7	20.9	20.3	19.4	18.5	17.4
34	30.0	29.1	28.0	26.8	25.7	24.6	23.7	23.0	22.1	21.3	20.4	19.5	18.3
35	31.8	30.8	29.6	28.0	26.7	25.8	24.8	24.0	23.2	22.3	21.4	20.4	19.2
36	33.6	32.6	31.2	29.6	28.2	27.2	26.2	25.2	24.5	23.5	22.4	21.4	20.2
37	35.5	34.4	33.0	31.2	29.8	28.8	27.7	26.6	25.9	24.8	23.4	22.4	21.3
38	37.5	36.4	34.9	33.0	31.5	30.3	29.2	28.1	27.4	26.2	24.8	23.6	22.5
39	39.5	38.2	36.7	34.7	33.0	31.8	30.6	29.6	28.8	27.4	26.0	24.8	23.7
40	41.6	39.9	38.3	36.2	34.5	33.3	31.7	30.8	30.0	28.4	27.0	25.8	25.0
41	43.7	42.0	40.2	38.0	36.0	34.8	33.2	32.3	31.5	29.7	28.4	27.1	26.2
42	45.9	44.1	42.2	39.9	37.6	36.3	34.4	34.0	33.0	31.2	29.8	28.5	27.5
43	48.1	46.2	44.2	41.8	39.4	38.0	36.6	35.6	34.6	32.7	31.3	29.8	28.9
44	50.4	48.4	46.4	43.8	41.3	39.8	38.3	37.3	36.3	34.3	32.8	31.2	30.2
45	52.7	50.6	48.5	45.8	43.2	41.6	40.1	39.0	37.9	35.8	34.3	32.7	31.6
46	55.0	52.8	50.6	47.9	45.2	43.5	41.9	40.8	39.7	37.5	35.8	34.2	33.1
47	57.5	55.2	52.9	50.0	47.2	45.2	43.7	42.6	41.5	39.1	37.4	35.6	34.5
48	60.0	57.6	55.2	52.2	49.3	47.4	45.6	44.4	43.2	40.8	39.0	37.2	36.0
49		60.0	57.5	54.4	51.3	49.4	47.5	46.2	45.0	42.5	40.6	38.8	37.5
50			59.9	56.7	53.4	51.4	49.4	48.2	46.9	44.3	42.2	40.4	39.1
51				59.0	55.6	53.5	51.5	50.1	48.8	46.1	44.1	42.0	40.7
52					57.8	55.7	53.6	52.1	50.7	47.9	45.8	43.7	42.3
53					60.0	57.8	55.6	54.2	52.7	49.8	47.6	45.4	43.9
54							57.8	56.3	54.7	51.7	49.4	47.1	45.6
55							59.9	58.4	56.8	53.6	51.3	48.9	47.3
56									58.9	55.6	53.2	50.7	49.1
57										57.6	55.1	52.5	50.8
58										59.7	57.0	54.4	52.7
59											59.0	56.3	54.5
60												58.3	56.4

1.1.9 检测评定

混凝土桥梁结构或构件实测强度推定值或测区平均换算强度值，按下式计算其推定强度匀质系数 K_{bt} 或平均强度匀质系数 K_{bm}。

推定强度匀质系数：

$$K_{bt}=\frac{R_{it}}{R}$$

式中 R_{it}——混凝土实测强度推定值；
R——混凝土设计强度等级。

平均强度匀质系数：

$$K_{bm}=\frac{R_{im}}{R}$$

式中 R_{im}——混凝土测区强度推定值；
R——混凝土设计强度等级。

混凝土强度评定标准见表3-4-5，现场测量照片如图3-4-2所示。

表 3-4-5 混凝土强度评定标准

推定强度匀质系数 $f^c_{cu,i0}$	平均强度匀质系数 $f^c_{cu,i0}$	强度状态	强度评定标准值
≥0.95	≥1.00	良好	1
(0.95，0.90)	(1.00，0.95)	较好	2
(0.90，0.80)	(0.95，0.90)	较差	3
(0.80，0.70)	(0.90，0.85)	差	4
<0.70	<0.85	危险	5

图 3-4-2 回弹法检测混凝土抗压强度现场测量照片

1.2 钻芯法检测混凝土抗压强度

1.2.1 简介

钻芯法是利用专用钻机和人造金刚石空心薄壁钻头从结构混凝土中钻取芯样，以检测混凝土强度，也可用于检查混凝土内部缺陷等方法。由于它对结构混凝土造成局部损伤，因此它是一种微损的现场检测手段。

钻芯法检测混凝土抗压强度和缺陷无须进行某种物理量与强度或缺陷之间的换算，普遍认为它是一种直观可靠和准确的方法。但由于在检测时会对结构混凝土造成局部损伤，大量取芯往往受到一定的限制。因此，一般将钻芯法与其他无损检测方法综合使用，一方面利用无损检测技术大量测试而不损伤结构；另一方面又可利用钻芯法来验证或修正无损检测结果，提高无损检测的精度，二者相辅相成。钻芯法检测混凝土抗压强度，可参照《钻芯法检测混凝土强度技术规程》(JGJ/T 384—2016)、《钻芯法检测混凝土强度技术规程》(CECS 03—2007)等规范执行。

1.2.2 检测仪器

(1)钻芯机：主要由底座、立柱所组成。底座上一般均安装四个调整水平用的螺钉和两个行走轮(图 3-4-3)。进给部分由滑块导轨、升降座、齿条、齿轮进给柄等组成。当将升降座上的紧固螺钉松开后，利用进给手柄可使升降座安全匀速地上下移动，以保证钻头在允许行程内的前进、后退。给水部分在钻芯过程中，必须供应一定流量的冷却水，水经过水嘴后流入水套内，经过水套进入主轴中心孔，然后经过连接头最后由钻头端部排出。动力部分主要由电动机和开关等组成。

(2)钻头：宜采用金刚石或人造金刚石薄壁钻头。钻头胎体不得有肉眼可见的裂缝、缺边、少角、倾斜及喇叭口变形。钻头胎体对钢体的同心偏差不得大于 0.3 mm，钻头的径向跳动不大于 1.5 mm。

图 3-4-3 钻芯机

(3)锯切机、磨平机：芯样加工的锯切机和磨平机，应具有冷却系统和牢固夹紧芯样的装置，配套使用的人造金刚石圆锯片应有足够的刚度。

(4)钢筋位置探测仪：应适用于现场操作，最大探测深度不应小于 60 mm，探测位置偏差不宜大于±5 mm。

(5)压力试验机：试件破坏荷载宜大于压力试验机全量程的 20% 且宜小于压力试验机全量程的 80%。示值相对误差应为±1%，具有加荷速度指示装置或加荷速度控制装置，能均匀、连续地加荷。试验机上、下承压板的平面度公差不应大于 0.04 mm，平行度公差不应大于 0.05 mm，表面硬度不应小于 55 HRC，板面光滑、平整，表面粗糙度 Ra 不大于 0.80 μm。球座转动灵活，置于试件顶面，并凸面朝上。

1.2.3 钻芯前的准备

(1)钻芯直径的确定。抗压强度试验芯样的直径宜为 100 mm，且直径不宜小于骨料最大粒径的 3 倍。也可采用小直径芯样试件，但其直径不应小于 70 mm 且不得小于骨料最大粒径的 2 倍。

(2)钻芯数量的确定。钻芯法确定单个构件混凝土抗压强度推定值时，在构件上的取芯个数一般不少于 3 个。当构件的体积或截面面积较小时，取芯过多会影响结构承载能力，芯样数量不少于 2 个。

(3)钻芯位置的选择。应尽量选择在结构受力较小且具有代表性的部位，尽量避开重要构件或者构件的重要区域，以免对结构安全造成不利影响。有条件时，应首先对结构混凝土进行超回弹法检测，然后根据无损检测的结果结合检测目的与要求来确定钻芯位置。

1.2.4 芯样钻取及加工

(1)芯样钻取。将钻机安放稳固并调至水平后，安装好钻头，接通水源，启动电动机，然后操作加压手柄，使钻头慢慢接触混凝土表面，待钻头入槽稳定后方可适当加压进钻。

在进钻过程中应保持冷却水的畅通，水流量宜为 3～5 L/mim，防止金刚石温度升高烧毁钻头，及时排除钻孔中产生的大量混凝土碎屑。进钻深度要确保芯样在后期切割磨平后满足试件长度要求。移开钻机后，将平口起子插入切口内并用锤敲击，此时由于弯矩作用，使芯样在底部与结构断离，取出芯样。

(2)芯样加工。抗压芯样试件的高度与直径之比(H/d)宜为1.00。芯样试件内不宜含有钢筋，每个试件内最多只允许有一根直径小于10 mm的钢筋，且芯样内的钢筋应与芯样试件的轴线基本垂直并离开端面10 mm以上。

锯切后的芯样应进行端面处理，抗压强度低于30 MPa的芯样试件，宜采用环氧胶泥或聚合物胶泥补平，补平层厚度不宜大于2 mm。抗压强度60 MPa以上芯样宜采取在磨平机上磨平端面补平。

在试验前应按下列规定测量芯样试件尺寸：

1)平均直径用游标卡尺在芯样试件上部、中部、下部相互垂直的两个位置上共测量6次，取测量的算术平均值作为芯样试件的直径，精确至0.5 mm；

2)芯样试件高度用钢卷尺或钢板尺进行测量，精确至1 mm；

3)垂直度用游标量角器测量芯样试件两个端面与母线的夹角，取最大值作为芯样试件垂直度，精确至0.1°；

4)平整度用钢板尺或角尺紧靠在芯样试件端面上，一边转动钢板尺，另一边用塞尺测量钢板尺与芯样试件端面之间的缝隙，也可采用其他专用设备量测。

(3)芯样技术要求。芯样试件尺寸偏差及外观质量超过下列数值时，不宜进行抗压试验：

1)芯样试件的实际高径比(H/d)小于要求高径比的0.95或大于1.05倍要求的高径比；

2)沿芯样试件高度的任一直径与平均直径相差大于1.5 mm；

3)抗压芯样试件端面的不平整度在100 mm长度内大于0.1 mm；

4)芯样试件端面与轴线的不垂直度大于1°；

5)芯样有裂缝或有其他较大缺陷。

1.2.5 抗压强度试验

芯样在进行抗压强度试验时，可分为潮湿状态和自然干燥状态两种试验方法，通常潮湿状态的芯样强度比自然干燥状态低。当结构工作条件比较潮湿，需要确定潮湿状态下混凝土的强度时，芯样试件宜在20 ℃±5 ℃的清水中浸泡40~48 h，从水中取出后立即进行试验。

在试验规程中连续均匀加载，加载速率一般控制在0.3~1.0 MPa/s。当抗压强度小于30 MPa时宜0.3~0.5 MPa/s；抗压强度为30~60 MPa时宜取0.5~0.8 MPa/s；抗压强度不小于60 MPa时，加载速率宜取0.8~1.0 MPa/s。

芯样试件的混凝土强度换算值，应按下列公式计算：

$$f_{cu}^c = \alpha \frac{4F}{\pi d^2}$$

式中　f_{cu}^c——芯样试件混凝土强换算值(MPa)，精确至0.1 MPa；

F——芯样试件抗压试验测得的最大压力(N)；

d——芯样试件的平均直径(mm)；

α——不同高径比的芯样试件混凝土强度换算系数。

单个构件的混凝土强度推定值不再进行数据的舍弃，而按有效芯样试件混凝土抗压强度值中的最小值确定。

1.2.6 检测结果评定

参照回弹法检测混凝土抗压强度，现场检测照片如图3-4-4所示。

图 3-4-4　结构混凝土芯样钻取和加工

任务2　混凝土中钢筋位置及保护层厚度检测

2.1　电磁感应法检测钢筋位置及保护层厚度

2.1.1　简介

在结构设计中，对钢筋的直径、数量、位置和保护层厚度有明确的要求，不符合要求将严重影响结构的承载能力和耐久性。混凝土结构在施工过程中，由于疏忽或其他原因造成钢筋直径不符、数量不足、位置偏移和保护层厚度偏差等问题，从而造成的质量事故屡有发生。另外，在混凝土钻取芯样、预应力预埋管注浆密实度调查等其他检测或加固工作中，都需要检测钢筋位置(间距)及保护层厚度等。钢筋位置(间距)及保护层厚度的无损检测方法，主要有电磁感应法和雷达法两大类。本任务介绍电磁感应法，检测方法可依据《混凝土中钢筋检测技术标准》(JGJ/T 152—2019)执行。

2.1.2　检测原理

电磁感应钢筋扫描仪的探头内部装有两组线圈，一组为磁场线圈，另一组为感应线圈。磁场线圈在所要检查的混凝土中产生高脉冲的一次电磁场，如混凝土中有钢筋等金属物体，则该物体在电磁场作用下将产生沿钢筋分布的感应电流，钢筋的感应电流重新向外界辐射出电磁场(即二次电磁场)。感应线圈接收钢筋感应的二次场。

当探头(线圈)位于钢筋正上方即探头与钢筋的距离最小时，二次场电动势具有极大值。因此，通过对扫描信号峰值的判断来准确判定钢筋的位置。钢筋保护层厚度检测，在已知钢筋直径的前提下，接收信号的幅度 E 与钢筋直径 D 和钢筋距探头的直线距离 L 有关，探头在钢筋的正上方时，L 即保护层厚度。对于一种确定的钢筋直径，预先标定出信号幅度 E 与钢筋距探头的直线距离 L 的关系，根据探头在钢筋正上方的信号幅度值，确定钢筋与探头的距离，即保护层厚度。但应当注意，电磁感应法检测时一般只能检测最表面层的钢筋，且保护层厚度检测需要预先知道钢筋的种类和直径，并避开接头或交叉的位置才可以获得准确的检测结果。

2.1.3　检测仪器

(1)用于混凝土保护层厚度检测的仪器，当混凝土保护层厚度为10～50 mm时，保护层厚度检测的允许偏差为±1 mm；当混凝土保护层厚度大于50 mm时，保护层厚度检测允许偏差为±2 mm。

(2)用于钢筋位置检测的仪器，当混凝土保护层厚度为10～50 mm时，钢筋间距的检测允许偏差应为±2 mm。

(3)仪器的校准有效期可为 1 年，发生下列情况之一时，应对仪器进行校准：

1)新仪器启用前；

2)检测数据异常，无法进行调整；

3)经过维修或更换主要零配件。

2.1.4 检测步骤及注意事项

(1)本方法不适用于含有铁磁性物质的混凝土检测。

(2)检测面选择应便于仪器操作并应避开金属预埋件，检测面应清洁平整。

(3)进行混凝土保护层厚度检测时，检测部位应无饰面层，有饰面层时应清除。当进行钢筋间距检测时，检测部位宜选择无饰面层或饰面层影响较小的部位。

(4)混凝土保护层检测位置宜选择保护层要求较高的部位。

(5)检测前应进行下列准备工作：

1)根据设计资料了解钢筋的直径和间距。

2)根据检测目的确定检测部位，检测部位应避开钢筋接头、绑丝及金属预埋件。检测部位的钢筋间距应符合电磁感应法钢筋探测仪的检测要求。

3)根据所检测钢筋的布置状况，确定垂直于所检测钢筋轴线方向为探测方向，检测部位应平整光洁。

4)应对仪器进行预热和调零，调零时探头应远离金属物体。

(6)检测前应进行预扫描，电磁感应法钢筋探测仪的探头在检测面上沿探测方向移动，直到仪器保护层厚度示值最小，此时探头中心线与钢筋轴线应重合，在相应位置做好标记，并初步了解钢筋埋设深度。重复上述步骤，将相邻的其他钢筋位置逐一标出。

(7)钢筋混凝土保护层厚度的检测按下列步骤进行：

1)根据预扫描结果设定仪器量程范围，根据原位实测结果或设计资料设定仪器的钢筋直径参数。沿被测钢筋轴线选择相邻钢筋影响较小的位置，在预扫描的基础上进行扫描探测，确定钢筋的准确位置，将探头放在与钢筋轴线重合的检测面上读取保护层厚度检测值。

2)对同一根钢筋同一处检测两次，读取的两个保护层厚度值相差不大于 1 mm 时，取二次检测数据的平均值为保护层厚度值，精确至 1 mm；相差大于 1 mm 时，该次检测数据无效，并应查明原因，在该处重新进行两次检测，仍不符合规定时，应该更换电磁感应法钢筋探测仪进行检测或采用直接法进行检测。

3)当实际保护层厚度值小于仪器最小示值时，应采用在探头下附加垫块的方法进行检测。垫块对仪器检测结果不应产生干扰，表面应光滑平整，其各方向厚度值偏差不应大于 0.1 mm。垫块应与探头紧密接触，不得有间隙。所加垫块厚度在计算保护层厚度时应予扣除。

(8)钢筋间距的检测应按下列步骤进行：

1)根据预扫描的结果，设定仪器量程范围，在预扫描的基础上进行扫描，确定钢筋的准确位置；

2)检测钢筋间距时，应将检测范围内的设计间距相同的连续相邻钢筋逐一标出，并应逐个量测钢筋的间距。当同一构件检测的钢筋数量较多时，应对钢筋间距进行连续量测，且不宜少于 6 个。

(9)遇到下列情况之一时，应采用直接法(钻孔或剔除保护层)进行验证：

1)认为相邻钢筋对检测结果有影响；

2)钢筋公称直径未知或有异议；

3)钢筋实际根数、位置与设计有较大偏差；

4)钢筋以及混凝土材质与校准试件有显著差异。

2.1.5 检测结果评定

根据测量部位实测保护层厚度特征值 D_{ne} 与其设计值 D_{nd} 的比值，混凝土保护层厚度对结构钢筋耐久性的影响按表 3-4-6 评判钢筋位置或间距。钢筋位置及混凝土保护层厚度现场测量照片如图 3-4-5 所示。

表 3-4-6　混凝土保护层厚度对结构钢筋耐久性的影响评判标准

评定标度	D_{ne}/D_{nd}	对结构钢筋耐久性的影响
1	＞0.85	有轻度影响或影响不显著
2	0.70～0.85	有影响
3	0.55～0.70	有较大影响
4	＜0.55	钢筋易失去碱性保护，发生锈蚀

 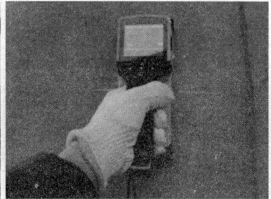

图 3-4-5　钢筋位置及混凝土保护层厚度现场测量照片

2.2　雷达法检测钢筋位置及保护层厚度

2.2.1　简介

雷达法因检测原理与电磁感应法不同，可以检测较深的多层钢筋位置，但保护层厚度检测受混凝土材质和湿润状态的影响大，检测精度稍差。雷达法检测钢筋位置及保护层厚度的仪器设备精度要求和结果评定与电磁感应法相同，本节只介绍雷达法的检测原理、检测步骤及注意事项。

2.2.2　检测原理

混凝土中钢筋检测雷达由主机和发射、接收天线组成。主机与天线主机的控制部分发出连续的触发脉冲，使天线发射一个个脉冲电磁波，并辐射到混凝土中。混凝土中的钢筋与混凝土的介电常数差异较大，辐射到混凝土中的电磁波由钢筋反射回来。反射回来的高频脉冲信号由接收天线以步进采样(又称等效采样)方式进行接收，根据电磁波反射图像来判定钢筋的位置与数量，根据反射波的双程走时和电磁波在混凝土中的传播速度可以计算钢筋到混凝土表面的距离，即钢筋保护层厚度。雷达法检测钢筋位置及混凝土保护层示意如图 3-4-6 所示。

2.2.3　检测步骤及注意事项

(1)根据检测构件的钢筋位置选定合适的天线中心频率。天线中心频率的选定应在满足探测深度的前提下，使用较高分辨率天线的雷达仪。

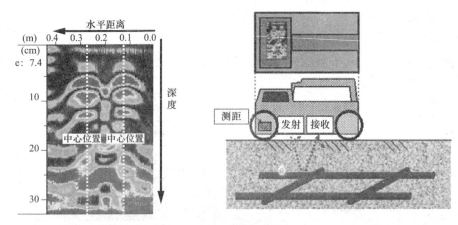

图 3-4-6 雷达法检测钢筋位置及混凝土保护层示意

(2) 根据检测构件中钢筋的排列方向，雷达仪探头或天线沿垂直于选定的被测钢筋轴线方向扫描并采集数据。在场地允许的情况下，宜使用天线阵雷达进行网格状扫描。

(3) 根据钢筋的反射回波在波幅及波形上的变化形成图像，来确定钢筋间距、位置和混凝土保护层厚度检测值，并可对被检测区域的钢筋进行三维立体显示（图 3-4-7）。

图 3-4-7 雷达法检测钢筋位置及混凝土保护层照片

(4) 遇到下列情况之一时，宜采用直接法验证：
1) 认为相邻钢筋对检测结果有影响；
2) 无设计图纸时，需要确定钢筋根数和位置；
3) 当有设计图纸时，钢筋检测数量与设计不符或钢筋间距检测值超过相关标准允许的偏差；
4) 混凝土未达到表面风干状态；
5) 饰面层电磁性能与混凝土有较大差异。

任务3 混凝土中钢筋锈蚀状况检测

3.1 简介

钢筋锈蚀的原因很多，有电化学腐蚀、化学腐蚀和应力腐蚀等。在一般的大气环境下，大部分的钢筋锈蚀是由电化学反应原因引起的。钢筋的锈蚀使钢筋截面削弱，截面承载力降低，延伸率减少。同时，锈蚀产物的体积膨胀，膨胀压力使钢筋外围混凝土产生压应力，导致保护层开裂剥落，沿钢筋长度出现纵向裂缝，降低混凝土对钢筋的约束，削弱破坏钢筋与混凝土的粘结锚固作用。所以，钢筋锈蚀直接影响结构的安全性和耐久性。目前混凝土中钢筋锈蚀状态常用的无损检测方法是半电池电位法。

3.2 检测原理

半电池电位法检测的是钢筋的自然腐蚀电位。腐蚀电位是钢筋上某区域的混合电位，反映了金属的抗腐蚀能力。处于不同化学状态的钢筋，其腐蚀电位是不同的。钢筋在钝化时，腐蚀电位升高，电位偏正；而由钝化态转入活化态时，其腐蚀电位降低，电位偏负。因此，混凝土中的钢筋活化区（阳极区）和钝化区（阴极区）显示出不同的腐蚀电位，在两个区域之间形成电场，产生电流。混凝土中的钢筋可以看作是一个电极，混凝土是电解质，与合适的参比电极（铜/硫酸铜，参考电极或其他参考电极）连通构成一个全电池系统。由于参比电极的电位值相对恒定，而混凝土中的钢筋因锈蚀产生的不同区域的电化学活性的不同会引起全电池电位的变化，它反映了混凝土中钢筋表面各点的电位，利用该电位值可评定钢筋的锈蚀状态。半电池电位法测定示意如图3-4-8所示。

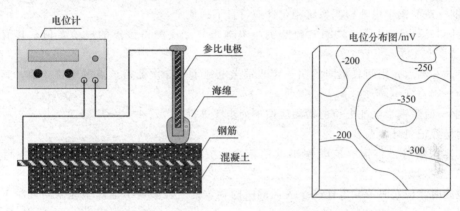

图 3-4-8 半电池电位法测定示意

3.3 检测仪器

(1)半电池电位法钢筋锈蚀检测仪应由铜-硫酸铜半电极、电压计和导线构成。

(2)饱和硫酸铜溶液应采用分析纯硫酸铜试剂晶体溶解于蒸馏水中制备，应使透明刚性管的底部积有少量未溶解的硫酸铜结晶体，溶液应清澈且饱和。

(3)电压计应具有采集、显示和存储数据的功能，满量程不宜小于1 000 mV，在满量程范围内的测试允许误差应为±3%。

(4)用于连接电压计与混凝土中钢筋的导线宜为铜导线，其总长度不宜超过150 m、截面面积宜大于0.75 mm²，在使用长度内因电阻干扰所产生的测试回路电压不应大于0.1 mV。

(5)硫酸铜溶液配置达到6个月时宜给予更换，更换后宜采用甘汞电极进行校准。在室温为(22±1)℃时，铜－硫酸铜电极与甘汞电极之间的电位差应为(68±10)mV。

3.4 检测步骤及注意事项

(1)在混凝土结构及构件上布置若干测区，测区面积不宜大于5 m×5 m，并按确定的位置进行编号。每个测区应采用行、列布置测点,依据被测结构及构件的尺寸,宜用0.1 m×0.1 m～0.5 m×0.5 m划分网格,网格的节点应为电位测点。每个结构或构件的半电池电位法测点数不应少于30个。

(2)当测区混凝土有绝缘涂层介质隔离时,应清除绝缘涂层介质,测点处混凝土表面应平整、清洁。不平整、清洁的应采用砂轮或钢丝刷打磨,并应将粉尘等杂物清除。

(3)导线与钢筋的连接按下列步骤进行:
1)采用电磁感应法钢筋探测仪检测钢筋的分布情况,并在适当位置剔凿出钢筋;
2)导线一端接于电压仪的负输入端,另一端接于混凝土中钢筋上;
3)连接处的钢筋表面应除锈或清除污物,以保证导线与钢筋有效连接;
4)测区内的钢筋必须与连接点的钢筋形成电通路。

(4)导线与铜－硫酸铜半电池的连接按下列步骤进行:
1)连接前检查各种接口,接口接触应良好;
2)导线一端连接到铜－硫酸铜半电池接线插座上,另一端连接到电压仪的正输入端。

(5)测区混凝土应预先充分浸湿。可在饮用水中加入2%液态洗涤剂配置成导电溶液,在测区混凝土表面喷洒,半电池的电连接垫与混凝土表面测点应有良好的耦合。

(6)铜－硫酸铜半电池检测系统稳定性应符合下列规定:
1)在同一测点,用同一只铜－硫酸铜半电池重复2次测得该点的电位差值,其值应小于10 mV;
2)在同一测点,用两只不同的铜－硫酸铜半电池重复2次测得该点的电位差值,其值应小于20 mV。

(7)铜－硫酸铜半电池电位的检测应按下列步骤进行:
1)测量并记录环境温度。
2)按测区编号,将铜－硫酸铜半电池依次放在各电位测点上。检测并记录各测点的电位值。
3)检测时,应及时清除电连接垫表面的吸附物,铜－硫酸铜半电池多孔塞与混凝土表面应形成电通路。
4)在水平方向和垂直方向上检测时,应保证铜－硫酸铜半电池刚性管中的饱和硫酸铜溶液同时与多孔塞和铜棒保持完全接触。
5)检测时应避免外界各种因素产生的电流影响。

(8)当检测环境温度在(22±5)℃之外时,应按下列公式对测点的电位值进行温度修正:
当 $T \geqslant 27$ ℃时:
$$V = k(T-27.0) + V_R$$
当 $T \leqslant 17$ ℃时:
$$V = k(T-17.0) + V_R$$

式中　V——温度修正后电位值(mV),精确至1 mV;
　　　V_R——温度修正前电位值(mV),精确至1 mV;
　　　T——检测环境温度(℃),精确至1 ℃;
　　　k——系数(mV/℃)

3.5　检测结果评定

依据《公路桥梁技术状况评定标准》(JTG/T H21—2011)规定,混凝土桥梁钢筋锈蚀电位评定标准见表3-4-7。混凝土中钢筋锈蚀电位检测照片如图3-4-9所示。

表 3-4-7　混凝土桥梁钢筋锈蚀电位评定标准

评定标度值	电位水平/mV	钢筋状态
1	0～-200	无锈蚀活动性或锈蚀活动不确定
2	-200～-300	有锈蚀活动性，但锈蚀状态不确定，可能坑蚀
3	-300～-400	有锈蚀活动性，发生锈蚀概率大于90%
4	-400～-500	有锈蚀活动性，严重锈蚀可能性不大
5	<-500	构件存在锈蚀开裂区域

图 3-4-9　混凝土中钢筋锈蚀电位检测照片

任务4　混凝土电阻率检测

4.1　简介

一般钢筋在电阻率大的干燥混凝土中不发生锈蚀，但在电阻率大的湿润混凝土中容易锈蚀。混凝土电阻率检测是通过测定钢筋保护层的混凝土电阻率来评定钢筋是否处在容易锈蚀环境的方法。混凝土电阻率与混凝土的内在因素（自身成分、粉煤灰、外加剂、矿粉、龄期等）和外在因素（湿度、温度等）有关，工程上常采用四电极法来检测混凝土电阻率。

4.2　检测原理

混凝土电阻率法检测的基本原理是基于钢筋锈蚀是一个电化学的过程，其包括以离子形式流动于阳极与阴极反应区域之间的混凝土的电流。钢筋失钝化以后，其锈蚀速度既依赖于氧对阴极反应的供应，也依赖于混凝土的电阻率。混凝土的电阻率决定了离子在阴阳极之间的转移速度，而它又依赖于混凝土的微观结构和水饱和度。因此，混凝土的电阻率越大，离子电子流越低，腐蚀速率越低。混凝土的电阻率与表征钢筋锈蚀的锈蚀电流之间尚未建立明确的关系方程或关系曲线，测量结果受环境影响大，对钢筋锈蚀速度的检测只能是定性检测。

四电极法检测混凝土电阻率的方法，如图 3-4-10 所示。在混凝土表面等间距接触四

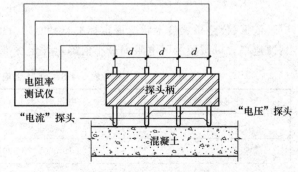

图 3-4-10　四电极法检测电阻率示意图

支电极,两外侧电极为电流电极,两内侧电极为电压电极,通过检测两电压电极间的混凝土阻抗获得混凝土电阻率,用下式计算:

$$\rho = 2\pi dV/I$$

式中　ρ——混凝土电阻率($\Omega \cdot cm$);
　　　d——电极间距;
　　　V——电压电极间所测电压;
　　　I——电流电极通过的电流。

4.3　检测仪器

依据《混凝土中钢筋检测技术标准》(JGJ/T 152—2019)要求:
(1)混凝土电阻率测试仪应包括主机、四电极探头、导电溶液等;
(2)混凝土电阻率测试仪量程宜为 $0\ \Omega \cdot cm \sim 2\ 000\ k\Omega \cdot cm$;
(3)显示分辨率应为 $0.1\ \Omega \cdot cm$,准确度应为 $\pm 1\ \Omega \cdot cm$。

4.4　检测步骤及注意事项

(1)在混凝土构件上可布置若干测区,测区面积不宜大于 $5\ m \times 5\ m$,并按确定的位置编号。每个测区应采用行、列布置测点,依据被测结构及构件的尺寸,宜用 $0.3\ m \times 0.3\ m \sim 0.6\ m \times 0.6\ m$ 划分网格,网格的节点应为混凝土电阻率测点。

(2)当测区混凝土有绝缘涂层介质隔离时,应清除绝缘涂层介质。测区应清洁、平整,不应有接缝、施工缝、蜂窝、麻面或孔洞等。

(3)混凝土电阻率检测应按下列步骤进行:
1)测量并记录环境温度;
2)检测钢筋的分布情况,在混凝土表面作出标记;
3)检测前应将海绵充分吸水后塞入电极中;
4)应按测区编号,将四电极探头依次放在各测点上,检测并记录各测点的混凝土电阻率值;
5)检测时,四电极探头应远离钢筋,并保证四电极探头海绵塞与混凝土表面测点有着良好的耦合。

混凝土电阻率现场检测照片如图 3-4-11 所示。

图 3-4-11　混凝土电阻率检测照片

4.5　检测结果评定

依据《公路桥梁技术状况评定标准》(JTG/T H21—2011)规定,混凝土电阻率间接评定钢筋锈蚀速率,可按照测区电阻率最小值确定评定标准(见表 3-4-8)。

表 3-4-8　混凝土电阻率评定标准

评定标度值	电阻率/($\Omega \cdot cm$)	可能的锈蚀速率
1	≥20 000	很慢
2	[15 000,20 000)	慢

续表

评定标度值	电阻率/(Ω·cm)	可能的锈蚀速率
3	[10 000, 15 000)	一般
4	[5 000, 10 000)	快
5	<5 000	很快

注：量测时混凝土桥梁结构或构件应为自然状态。

任务5 混凝土碳化状况检测

5.1 简介

在新浇筑的混凝土中，水泥水化反应后生成的氢氧化钙[$Ca(HO)_2$]具有强碱性（pH12～pH13）。混凝土中的钢筋在强碱性环境下，钢筋表面生成难溶的氧化铁（Fe_2O_3）和四氧化三铁（Fe_3O_4），称为钝化膜（碱性氧化膜），可以有效抑制钢筋的锈蚀。随着时间的变化，空气中的二氧化碳（CO_2）气体渗透到混凝土内部，与氢氧化钙[$Ca(HO)_2$]反应生成碳酸盐（$CaCO_3$）和水（H_2O），使混凝土碱性降低的过程称为混凝土碳化，又称为中性化，其化学反应方程式为 $Ca(OH)_2 + CO_2 = CaCO_3 + H_2O$。当碳化深度达到混凝土中钢筋的位置附近，混凝土的pH值低于10时，钢筋表面的钝化膜被破坏，在水与空气的作用下开始生锈。混凝土的碳化与结构的耐久性有密切的关系，因此，从结构的钢筋锈蚀原因分析和劣化预测角度来看，有必要测定混凝土的碳化深度，工程上常采用酚酞试剂呈色法来检测。

5.2 检测原理

采用工具在完整的混凝土表层形成孔洞，利用1%～2%的酚酞酒精溶液在碳化部颜色不发生变化、未碳化部碱性pH值在8.2～10以上时呈紫红色的呈色反应，来区分混凝土的未碳化部分与碳化部分。

5.3 检测仪器

(1)钻孔或破碎冲击钻；
(2)浓度为1%～2%的酚酞酒精溶液（取1～2 g酚酞，用95%乙醇溶解，并稀释至100 mL）；
(3)碳化深度测量工具，测量精度为0.25 mm以上。

5.4 检测步骤及注意事项

(1)选择无裂缝、蜂窝等缺陷的位置进行检测；
(2)采用工具在测区表面形成直径约15 mm的孔洞，其深度应大于混凝土的碳化深度；
(3)清除孔洞中的粉末和碎屑，且不得用水擦洗；
(4)采用浓度为1%～2%的酚酞酒精溶液滴（喷雾）在孔洞内壁的边缘处，当已碳化与未碳化界线清晰时，应采用碳化深度测量仪测量已碳化与未碳化混凝土交界面到混凝土表面的垂直距离，并应测量3次，每次读数应精确至0.25 mm；
(5)取三次测量的平均值作为检测结果，并应精确至0.5 mm。

5.5 检测结果评定

依据《公路桥梁技术状况评定标准》（JTG/T H21—2011）的规定，根据测区混凝土碳化深度平均值与实测钢筋保护层厚度平均值的比值 K_c 进行标度评定。混凝土碳化深度评定标准见表 3-4-9。混凝土碳化深度检测照片如图 3-4-12 所示。

表 3-4-9　混凝土碳化深度评定标准

评定标度值	K_c	定性描述
1	<1.0	完好
2	(1.0, 1.5)	少量碳化
3	(1.5, 2.0)	局部碳化深度大于保护层厚度
4	≥2.0	全部测点碳化深度大于保护层厚度

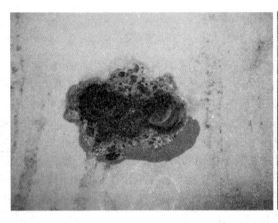 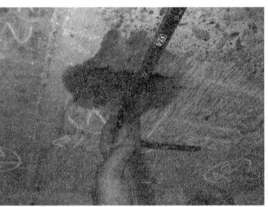

图 3-4-12　混凝土碳化深度检测照片

课后习题

1. 混凝土内部空洞产生的原因是什么？
2. 声波透射法检测混凝土内部空洞，检测仪器是什么？
3. 《回弹法检测混凝土抗压强度技术规程》(JGJ/T 23—2011) 中要求混凝土龄期小于多少天？
4. 某混凝土构件进行了混凝土强度检测，计算得出，推定强度匀质系数为 0.96，平均强度匀质系数为 0.94，该构件强度评定标准值为多少？
5. 在使用钢筋保护层测定仪检测保护层厚度时，第一步应该进行什么操作？
6. 在混凝土电阻率测试过程中，如果海绵塞干了，则需要进行什么操作？
7. 混凝土碳化会直接引起混凝土结构性能的劣化吗？

模块 4 公路桥梁技术状况评定

教学要求

完成本模块的学习，学生可掌握公路桥梁技术状况评定的方法，熟悉各类桥梁各部件的各种病害特征记录及标度评定，能够准确评定各构件、部件、桥面系、上部结构、下部结构及全桥的技术评定。

课题 1 公路桥梁技术状况评定标准

任务 1 评定方法与等级分类

1.1 评定方法

按照《公路桥梁技术状况评定标准》(JTG/T H21—2011)规定，公路桥梁技术状况评定包括桥梁构件、部件、桥面系、上部结构、下部结构和全桥评定。公路桥梁技术状况评定应采用分层综合评定与5类桥梁单项控制指标相结合的方法，先对桥梁各构件进行评定，然后对桥梁各部件进行评定，再对桥面系、上部结构和下部结构分别进行评定，最后进行桥梁总体技术状况的评定。桥梁技术状况评定指标如图 4-1-1 所示。

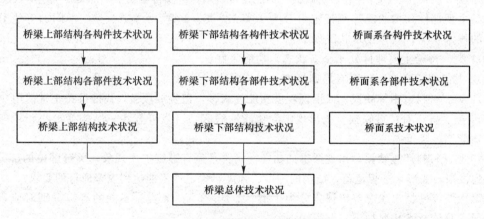

图 4-1-1 桥梁技术状况评定指标

当同一个桥梁存在两种以上结构形式时，可根据结构形式的分布情况划分评定单元，分别对各评定单元进行桥梁技术状况的等级评定。由于现实中的桥梁可能存在由两种或两种以上的结构形式组成，单个桥梁存在既有斜拉桥又有梁桥，或主桥引桥采用两种不同结构形式等情况，故可分别对各评定单元进行桥梁技术状况评定，然后以评定等级最低的单元作为全桥的评定结果。

1.2 桥梁技术状况等级分类

桥梁不同的部件采用不同的技术状况等级分类。对于同一个桥梁，桥梁部件可分为主要部件和次要部件。对于不同类型桥梁，其主要部件见表4-1-1，其他部件为次要部件。

表4-1-1 桥梁主要部件

序号	结构类型	主要部件
1	梁式桥	上部承重构件、桥墩、桥台、基础、支座
2	板拱桥（圬工桥、混凝土桥）、肋拱桥、箱形拱桥、双曲拱桥	主拱圈、拱上结构、桥面板、桥墩、桥台、基础
3	刚架拱桥、桁架拱桥	刚架（桁架）拱片、横向连接系、桥面板、桥墩、桥台、基础
4	钢—混凝土组合拱桥	拱肋、横向连接系、立柱、吊杆、系杆、行车道板（梁）、支座
5	悬索桥	主缆、吊索、加劲梁、索塔、锚碇、桥墩、桥台、基础、支座
6	斜拉桥	斜拉索（包括锚具）、主梁、索塔、桥墩、桥台、基础、支座

桥梁技术状况评定等级可分为桥梁总体技术状况等级评定、桥梁主要部件技术状况等级评定和桥梁次要部件技术状况等级评定。

桥梁总体技术状况等级评定可分为1类、2类、3类、4类、5类。不同的等级分别对应不同的技术状况，具体技术状况如下：

(1)1类。桥梁处于全新状态，使用功能完好。

(2)2类。桥梁有轻微缺损，但不影响桥梁的正常使用功能。

(3)3类。桥梁有中等缺损，尚能维持正常使用功能。

(4)4类。桥梁主要构件有较大的缺损，严重影响桥梁的使用功能，或影响桥梁承载能力，不能确保桥梁正常使用。

(5)5类。桥梁主要构件存在严重缺损，不能正常使用，危及桥梁安全，桥梁处于危险状态。

桥梁主要部件技术状况等级评定可分为1类、2类、3类、4类、5类。不同的等级分别对应不同的技术状况，具体技术状况如下：

(1)1类。桥梁主要部件处于全新状态，功能完好。

(2)2类。功能良好，材料有局部轻度缺损或污染。

(3)3类。材料有中等缺损，或出现轻度功能性病害，但发展缓慢，尚能维持正常使用功能。

(4)4类。材料有严重缺损，或出现中等功能性病害，且发展较快；结构变形小于或等于规范值，功能明显降低。

(5)5类。材料严重缺损，出现严重的功能性病害，且有继续扩展现象；关键部位的部分材料强度达到极限，变形大于规范值，结构的刚度、强度、稳定性不能达到安全通行的要求。

桥梁次要部件技术状况等级评定分为1类、2类、3类、4类。不同的等级分别对应不同的技术状况，具体技术状况如下：

(1)1类。部件处于全新状态，功能完好；或功能良好，材料有轻度缺损、污染等。

(2)2类。有中等缺损或污染。

(3)3类。材料有严重缺损，出现功能降低，进一步恶化将不利于主要部件，影响正常交通。

(4)4类。材料有严重缺损，失去应有功能，严重影响正常交通；或原无设置，而调查需要补设。

桥梁技术状况评定工作流程如图4-1-2所示。

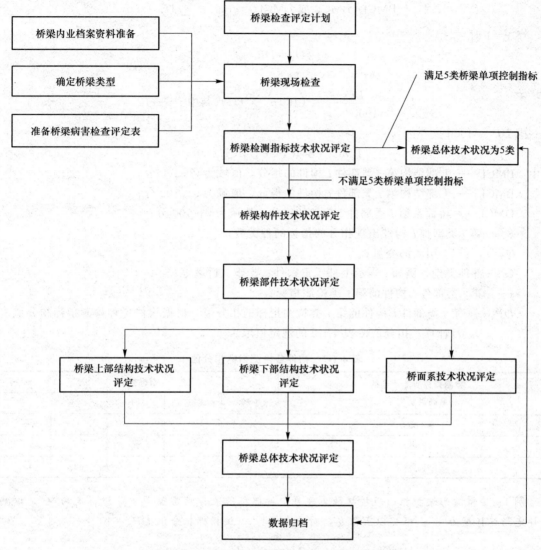

图 4-1-2 桥梁技术状况评定工作流程

任务2 评定计算方法与单项控制指标

本任务依据"模块 4　公路桥梁技术状况评定"[同《公路桥梁技术状况评定标准》(JTG/T H21—2011)]中相关规定进行公路桥梁技术状况评定计算。

2.1 桥梁技术状况评定计算

2.1.1 桥梁构件技术状况评分

构件技术状况评分特点如下：
(1) 构件得分随构件病害种类的增加而降低。
(2) 无论构件病害程度与病害数量如何增加，构件得分始终≥0。
桥梁构件的技术状况评分，按下式计算：

$$\mathrm{PMCI}_l\,(\mathrm{BMCI}_l\,\text{或}\,\mathrm{DMCI}_l) = 100 - \sum_{x=1}^{k} U_x$$

当 $x=1$ 时

$$U_1 = DP_{il}$$

当 $x \geq 2$ 时

$$U_x = \frac{DP_{ij}}{100 \times \sqrt{x}} \times \left(100 - \sum_{y=1}^{x-1} U_y\right) \text{(其中 } i = x)$$

当 $DP_{ij} = 100$ 时

$$\mathrm{PMCI}_l\,(\mathrm{BMCI}_l\,\text{或}\,\mathrm{DMCI}_l) = 0$$

式中 PMCI_l——上部结构第 i 类部件 l 构件的得分,值域为 0~100 分;

BMCI_l——下部结构第 i 类部件 l 构件的得分,值域为 0~100 分;

DMCI_l——桥面系第 i 类部件 l 构件的得分,值域为 0~100 分;

k——第 i 类部件 l 构件出现扣分的指标的种类数;

U,x,y——引入的变量;

i——部件类别,例如 i 表示上部承重构件、支座、桥墩等;

j——第 i 类部件 l 构件的第 j 类检测指标;

DP_{ij}——第 i 类部件 l 构件的第 j 类检测指标的扣分值,根据构件各种检测指标扣分值进行计算,扣分值按表 4-1-2 的规定值取。

表 4-1-2 构件各检测指标扣分值

检测指标所能达到的最高级别类型	指标类别				
	1 类	2 类	3 类	4 类	5 类
3 类	0	20	35	—	—
4 类	0	25	40	50	—
5 类	0	35	45	60	100

例 1:某桥波形梁护栏出现撞坏缺失现象。按照标准表,病害最严重等级标度为"4",该病害评定指标标度为"3"。根据以上信息,对应表 4-1-2,该指标扣分值 $DP_{ij} = 40$ 分。

$$\mathrm{DMCI}_l = 100 - \sum_{x=1}^{1} U_x = 100 - U_1 = 100 - 40 = 60$$

例 2:某桥梁底某一片梁出现混凝土裂缝和剥落两种病害。

(1)查扣分值:按照标准中,病害最严重等级标度为"5",裂缝病害评定指标标度为"3",查表得该病害扣分值 $DP_{ij} = 45$ 分;

按照标准表,病害最严重等级标度为"4",混凝土剥落病害评定指标标度为"3",查表得该病害扣分值 $DP_{ij} = 40$ 分;

(2)扣分值排序:DP_{ij} 按从大到小的顺序排列,即 $DP_{i1} > DP_{i2}$,得 $DP_{i1} = 45$ 分,$DP_{i2} = 40$ 分。

(3)计算:

$$U_1 = 45$$

$$U_2 = \frac{DP_{i2}}{100\sqrt{2}} \times \left(100 - \sum_{y=1}^{1} U_1\right) = \frac{40}{100\sqrt{2}} \times (100 - 45) = 15.6$$

U_2 是第 2 种病害扣分值的修正值。

$$\mathrm{PMCI}_l = 100 - \sum_{x=1}^{1} U_x = 100 - U_1 - U_2 = 100 - 45 - 15.6 = 39.4$$

该主梁最终得分为39.4分。

2.1.2 桥梁部件技术状况评分

部件技术状况评分有以下特点:
(1)组成部件的单个构件分数越低,部件分数也就越低。
(2)通过最差构件的得分对构件得分平均值进行修正。
(3)考虑到主要部件中最差构件对桥梁安全性的影响,当主要部件中的构件评分值在(0,40)时,主要部件的评分值等于此构件的评分值。

桥梁各部件的技术状况评分,按下式计算:

$$PCCI_i = \overline{PMCI} - (100 - PMCI_{min})/t$$

或

$$BCCI_i = \overline{BMCI} - (100 - BMCI_{min})/t$$

或

$$DCCI_i = \overline{DMCI} - (100 - DMCI_{min})/t$$

式中 $PCCI_i$——上部结构第 i 类部件的得分,值域为 0~100 分;当上部结构中的主要部件某一构件评分值 $PMCI_i$ 在 [0,60) 区间时,其相应的部件评分值 $PCCI_i = PMCI_i$;

$\overline{PMCI}$——上部结构第 i 类部件各构件的得分平均值,值域为 0~100 分;

$BCCI_i$——下部结构第 i 类部件的得分,值域为 0~100 分;当下部结构中的主要部件某一构件评分值 $BMCI_i$ 在 [0,60) 区间时,其相应的部件评分值 $BCCI_i = BMCI_i$;

$\overline{BMCI}$——下部结构第 i 类部件各构件的得分平均值,值域为 0~100 分;

$DCCI_i$——桥面系第 i 类部件的得分,值域为 0~100 分;

$\overline{DMCI}$——桥面系第 i 类部件各构件的得分平均值,值域为 0~100 分;

$PMCI_{min}$——上部结构第 i 类部件中分值最低的构件得分;

$BMCI_{min}$——下部结构第 i 类部件中分值最低的构件得分;

$DMCI_{min}$——桥面系第 i 类部件中分值最低的构件得分;

t——随构件的数量而变的系数,见表4-1-3。

表 4-1-3 t 值

n(构件数)	t	n(构件数)	t
1	∞	20	6.6
2	10	21	6.48
3	9.7	22	6.36
4	9.5	23	6.24
5	9.2	24	6.12
6	8.9	25	6.00
7	8.7	26	5.88
8	8.5	27	5.76
9	8.3	28	5.64
10	8.1	29	5.52
11	7.9	30	5.4
12	7.7	40	4.9

续表

n（构件数）	t	n（构件数）	t
13	7.5	50	4.4
14	7.3	60	4.0
15	7.2	70	3.6
16	7.08	80	3.2
17	6.96	90	2.8
18	6.84	100	2.5
19	6.72	≥200	2.3

注：1. n 为第 i 类部件的构件总数。
　　2. 表中未列出的 t 值采用内插法计算。

例3：某桥有2个桥台。按照标准对2个桥台进行逐一评定，得分分别为80、60。

$$\text{BCCI}_{桥台} = \overline{\text{BMCI}} - \frac{(100-\text{BMCI}_{min})}{t} = 70 - \frac{(100-60)}{10} = 66$$

该桥下部结构（桥台）最终得分为66分。

例4：某桥有10片梁。按照标准对10片梁进行逐一评定，得分分别为100、65、100、100、100、75、80、100、100、100。

$$\text{PCCI}_{梁} = \overline{\text{PMCI}} - \frac{(100-\text{PMCI}_{min})}{t} = 92 - \frac{(100-65)}{8.1} = 87.7$$

该桥上部承重构件（梁）最终得分为87.7分。

2.1.3　桥梁上部结构、下部结构、桥面系技术状况评分

桥梁上部结构、下部结构、桥面系的技术状况评分按下式计算：

$$\text{SPCI(SBCI 或 BDCI)} = \sum_{i=1}^{m} \text{PCCI}_i(\text{BCCI}_i \text{ 或 } \text{DCCI}_i) \times W_i$$

式中　SPCI——桥梁上部结构技术状况评分，值域为0～100分；
　　　SBCI——桥梁下部结构技术状况评分，值域为0～100分；
　　　BDCI——桥面系技术状况评分，值域为0～100分；
　　　m——上部结构（下部结构或桥面系）的部件种类数；
　　　W_i——第 i 类部件的权重值，见表4-1-6～表4-1-11。

在实际工作中，当存在某座桥梁没有设置部件，如单跨桥梁无桥墩、高速公路桥梁无人行道等情况时，需要根据此构件隶属于上部构件、下部构件或桥面系关系，将此缺失构件的权重值分配给其他部件。分配方法采用将缺失部件权重值按照既有部件权重在全部既有部件权重中所占比例进行分配，保证既有部件参与评价，使桥梁评价更符合实际情况。

2.1.4　桥梁总体的技术状况评分

桥梁总体的技术状况评分按下式计算：

$$D_r = \text{BDCI} \times W_D + \text{SPCI} \times W_{SP} + \text{SBCI} \times W_{SB}$$

式中　D_r——桥梁总体技术状况评分，值域为0～100分；
　　　W_D——桥面系在全桥中的权重，按表4-1-4规定取值；
　　　W_{SP}——上部结构在全桥中的权重，按表4-1-4规定取值；
　　　W_{SB}——下部结构在全桥中的权重，按表4-1-4规定取值。

表 4-1-4 桥梁结构组成权重值

桥梁部位	权重
上部结构	0.40
下部结构	0.40
桥面系	0.20

2.1.5 桥梁技术状况分类界限

桥梁技术状况分类界限按表 4-1-5 取值。

表 4-1-5 桥梁技术状况分类界限

技术状况评分	技术状况等级 D_j				
	1类	2类	3类	4类	5类
D_r(SPCI、SBCI、BDCI)	[95,100]	[80,95)	[60,80)	[40,60)	[0,40)

当上部结构和下部结构技术状况等级为 3 类、桥面系技术状况等级为 4 类,且桥梁总体技术状况评分为 $40 \leqslant D_r < 60$ 时,桥梁总体技术状况等级应评定为 3 类。

例 5:某桥经计算:桥面系 BDCI=45(4 类),上部结构 SPCI=62(3 类),下部结构 SBCI=62(3 类)。

$$D_r = BDCI \times W_D + SPCI \times W_{SP} + SBCI \times W_{SB}$$
$$= 45 \times 0.2 + 62 \times 0.4 + 62 \times 0.4$$
$$= 58.6$$

桥梁总体技术状况评分在 $40 \leqslant D_r < 60$ 之间,该桥桥梁总体技术状况等级评定为 3 类(不是 4 类)。

全桥总体技术状况等级评定,当主要部件评分达到 4 类或 5 类且影响桥梁安全时,可按照桥梁主要部件最差的缺损状况评定。

例 6:某桥预应力混凝土空心板梁桥,梁底出现多条横向裂缝,其中 1-2#、1-3#梁跨中出现横向贯通裂缝,宽度为 0.4 mm(裂缝超限,病害等级为"4")。经计算:
上部结构 SPCI=53.2(其中 PCCI 上部承重构件=40,PCCI 上部一般构件=80,PCCI 支座=90),下部结构 SBCI=65,桥面系 BDCI=80。

$$D_r = BDCI \times W_D + SPCI \times W_{SP} + SBCI \times W_{SB}$$
$$= 80 \times 0.2 + 53.2 \times 0.4 + 65 \times 0.4$$
$$= 63.3$$

桥梁总体技术状况评分在 $60 \leqslant D_r < 80$ 之间,按照表 4-1-5,该桥评定为 3 类,但是考虑到该桥预应力混凝土梁底跨中裂缝达到 0.4 mm,影响桥梁安全,且其中 PCCI 上部承重构件=40,参考表 4-1-5,上部承重评定为 4 类,全桥总体技术状况也可以根据最差部件评定为 4 类。

2.2 桥梁技术状况单项控制指标

在桥梁技术状况评定中,当满足下列情况之一时,整座桥应评定为 5 类桥:

(1)上部结构有落梁,或梁、板断裂现象。梁板断裂如图 4-1-3 所示。
(2)梁式桥上部承重构件控制截面出现全截面开裂;或组合结构上部承重构件结合面开裂贯通,造成截面组合作用严重降低。跨中处梁体全截面开裂如图 4-1-4 所示。

图 4-1-3 梁板断裂

(3)梁式桥上部承重构件有严重的异常位移,存在失稳现象(图4-1-5)。

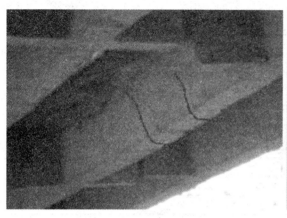
图4-1-4 跨中处梁体全截面开裂

图4-1-5 上部结构异常位移

(4)结构出现明显的永久变形,变形大于规范值。

(5)关键部位混凝土出现压碎或杆件失稳倾向;桥面板出现严重塌陷(图4-1-6)。

(6)拱式桥拱脚严重错台、位移,造成拱顶挠度大于限值;或拱圈严重变形(图4-1-7)。

图4-1-6 桥面板严重塌陷

图4-1-7 基础下沉,拱圈严重变形

(7)圬工拱桥拱圈大范围砌体断裂,脱落现象严重。主拱圈砌块纵向断裂至墩台如图4-1-8所示。

(8)腹拱、侧墙、立墙或立柱产生破坏,造成桥面板严重塌落。

(9)系杆或吊杆出现严重锈蚀或断裂现象。

(10)悬索桥主缆或多根吊索出现严重锈蚀、断丝。

(11)斜拉桥拉索钢丝出现严重锈蚀、断丝,主梁出现严重变形。

(12)扩大基础冲刷深度大于设计值,冲空面积达20%以上。

图4-1-8 主拱圈砌块纵向断裂至墩台

(13)桥墩(桥台或基础)不稳定,出现严重滑动、下沉、位移、倾斜等现象。

(14)悬索桥、斜拉桥索塔基础出现严重沉降或位移;或悬索桥锚碇有水平位移或沉降。

2.3 各结构形式桥梁部件权重

(1)梁式桥各部件权重宜按表4-1-6的规定取值。

表 4-1-6　梁式桥各部件权重

部位	类别 i	评价部件	权重
上部结构	1	上部承重构件(主梁、挂梁)	0.70
上部结构	2	上部一般构件(湿接缝、横隔板等)	0.18
上部结构	3	支座	0.12
下部结构	4	翼墙、耳墙	0.02
下部结构	5	锥坡、护坡	0.01
下部结构	6	桥墩	0.30
下部结构	7	桥台	0.30
下部结构	8	墩台基础	0.28
下部结构	9	河床	0.07
下部结构	10	调治构造物	0.02
桥面系	11	桥面铺装	0.40
桥面系	12	伸缩缝装置	0.25
桥面系	13	人行道	0.10
桥面系	14	栏杆、护栏	0.10
桥面系	15	排水系统	0.10
桥面系	16	照明、标志	0.05

(2)拱式桥各部件权重宜按表4-1-7～表4-1-9的规定取值。

表 4-1-7　板拱桥、肋拱桥、箱形拱桥、双曲拱桥各部件权重

部位	类别 i	评价部件	权重
上部结构	1	主拱圈	0.70
上部结构	2	拱上结构	0.20
上部结构	3	桥面板	0.10
下部结构	4	翼墙、耳墙	0.02
下部结构	5	锥坡、护坡	0.01
下部结构	6	桥墩	0.30
下部结构	7	桥台	0.30
下部结构	8	墩台基础	0.28
下部结构	9	河床	0.07
下部结构	10	调治构造物	0.02
桥面系	11	桥面铺装	0.40
桥面系	12	伸缩缝装置	0.25
桥面系	13	人行道	0.10
桥面系	14	栏杆、护栏	0.10
桥面系	15	排水系统	0.10
桥面系	16	照明、标志	0.05

表 4-1-8 刚架拱桥、桁架拱桥各部件权重

部位	类别 i	评价部件	权重
上部结构	1	刚架拱片(桁架拱片)	0.50
上部结构	2	横向连接系	0.50
上部结构	3	桥面板	0.25
下部结构	4	翼墙、耳墙	0.02
下部结构	5	锥坡、护坡	0.01
下部结构	6	桥墩	0.30
下部结构	7	桥台	0.30
下部结构	8	墩台基础	0.28
下部结构	9	河床	0.07
下部结构	10	调治构造物	0.02
桥面系	11	桥面铺装	0.40
桥面系	12	伸缩缝装置	0.25
桥面系	13	人行道	0.10
桥面系	14	栏杆、护栏	0.10
桥面系	15	排水系统	0.10
桥面系	16	照明、标志	0.05

表 4-1-9 钢—混凝土组合拱桥各部件权重

部位	类别 i	评价部件	权重
上部结构	1	拱肋	0.28
上部结构	2	横向连接系	0.05
上部结构	3	立柱	0.13
上部结构	4	吊杆	0.13
上部结构	5	系杆(含锚具)	0.28
上部结构	6	桥面板(梁)	0.08
上部结构	7	支座	0.05
下部结构	8	翼墙、耳墙	0.02
下部结构	9	锥坡、护坡	0.01
下部结构	10	桥墩	0.30
下部结构	11	桥台	0.30
下部结构	12	墩台基础	0.28
下部结构	13	河床	0.07
下部结构	14	调治构造物	0.02
桥面系	15	桥面铺装	0.40
桥面系	16	伸缩缝装置	0.25
桥面系	17	人行道	0.10
桥面系	18	栏杆、护栏	0.10
桥面系	19	排水系统	0.10
桥面系	20	照明、标志	0.05

(3)悬索桥各部件权重宜按表 4-1-10 的规定取值。

表 4-1-10 悬索桥各部件权重

部位	类别 i	评价部件	权重
上部结构	1	加劲梁	0.15
	2	索塔	0.20
	3	支座	0.05
	4	主鞍	0.04
	5	主缆	0.25
	6	索夹	0.04
	7	吊索及钢护筒	0.17
	8	锚杆	0.10
下部结构	9	锚碇	0.40
	10	索塔基础	0.30
	11	散索鞍	0.15
	12	河床	0.10
	13	调治构造物	0.05
桥面系	14	桥面铺装	0.40
	15	伸缩缝装置	0.25
	16	人行道	0.10
	17	栏杆、护栏	0.10
	18	排水系统	0.10
	19	照明、标志	0.05

(4)斜拉桥各部件权重宜按表 4-1-11 的规定取值。

表 4-1-11 斜拉桥各部件权重

部位	类别 i	评价部件	权重
上部结构	1	斜拉索系统 (斜拉索、锚具、拉索护套、减振装置等)	0.40
	2	主梁	0.25
	3	索塔	0.25
	4	支座	0.10
下部结构	5	翼墙、耳墙	0.02
	6	锥坡、护坡	0.01
	7	桥墩	0.30
	8	桥台	0.30
	9	墩台基础	0.28
	10	河床	0.07
	11	调治构造物	0.02
桥面系	12	桥面铺装	0.40
	13	伸缩缝装置	0.25
	14	人行道	0.10
	15	栏杆、护栏	0.10
	16	排水系统	0.10
	17	照明、标志	0.05

课题 2　梁式桥上部结构技术状况评定

任务 1　梁式桥上部结构主要检测内容

梁式桥根据材料的不同,可分为混凝土梁桥(包含预应力混凝土梁桥)和钢梁桥。上部结构可分为上部承重结构(主梁、挂梁)、上部一般构件(湿接缝、横隔板)和支座,这些重点部位常见的缺陷、病害对桥梁的整体质量有很大的影响,及早地通过检查分析,排除隐患,对桥梁质量和安全具有重要的意义。

1.1　混凝土及预应力混凝土梁式桥

常见的混凝土及预应力混凝土梁式桥有钢筋混凝土箱梁桥、钢筋混凝土空心板桥、预应力混凝土箱梁桥、预应力混凝土 T 梁桥、预应力混凝土空心桥及 T 形刚构桥等。混凝土梁式桥上部结构检测应包括以下几项:

(1)混凝土构件有无开裂及裂缝是否超限,有无渗水、蜂窝、麻面、剥落、掉角、空洞、孔洞、露筋及钢筋锈蚀。

(2)混凝土保护层厚度、碳化深度及钢筋锈蚀检测。

(3)混凝土强度检测。

(4)主梁跨中、支点及变截面处,悬臂端牛腿或中间铰部位,刚构的固结处和桁架的节点部位,混凝土是否开裂、缺损和出现钢筋锈蚀。

(5)预应力钢束锚固区段混凝土有无开裂、沿预应力筋的混凝土表面有无纵向裂缝。

(6)组合梁的桥面板与梁的结合部位及预制桥面板之间的接头处混凝土有无开裂、渗水,横向连接构件是否开裂,连接钢板的焊缝有无锈蚀、断裂。

(7)桥面线形及结构变位情况。

1.2　钢梁桥

钢梁桥包括简支或连续体系的钢板梁、钢箱梁和钢桁梁桥等。钢桥上部结构检测应包括下列内容:

(1)构件涂层劣化情况。

(2)构件锈蚀、裂缝、变形、局部损伤。

(3)焊缝开裂或脱开。

(4)铆钉和螺栓松动、脱落或断裂。

(5)结构的跨中挠度、结构变位情况。

对于钢—混凝土组合梁桥,其检测可综合混凝土梁桥和钢梁桥的检测内容进行。

1.3　支座

桥梁的支座按材料可分为橡胶支座、钢支座、混凝土摆式支座,还有悬索桥、斜拉桥等使用的特殊横向支座和竖向支座。支座是容易损坏的部位,应视为重点检测的部位。桥梁支座的检测应包括下列内容:

(1)支座是否缺失,组件是否完整、清洁,有无断裂、错位、脱空。

(2)活动支座是否灵活,实际位移量、转角量是否正常,固定支座的锚销是否完好。

(3)橡胶支座是否老化、开裂,有无位置串动、脱空,有无过大的剪切变形或压缩变形,各夹层钢板之间的橡胶层外凸是否均匀。

(4)四氟滑板支座是否脏污、老化,聚四氟乙烯板是否磨损、是否与支座脱离。

(5)盆式橡胶支座的固定螺栓是否剪断,螺母是否松动,钢盆外露部分是否锈蚀,防尘罩是否完好,抗震装置是否完好。

(6)组合式钢支座是否干涩、锈蚀,固定支座的锚栓是否紧固,销板或销钉是否完好,钢支座部件是否出现磨损、开裂。

(7)摆柱支座各组件相对位置是否准确,混凝土摆柱的柱体有无破损、开裂、露筋,钢筋及钢板有无锈蚀,活动支座滑动面是否平整。

(8)辊轴支座的辊轴是否出现爬动、歪斜,摇轴支座是否倾斜,轴承是否有裂纹、切口或偏移。

(9)球型支座地脚螺栓有无剪断、螺纹有无锈死,支座防尘密封裙有无破损,支座相对位移是否均匀,支座钢组件有无锈蚀。

(10)支承垫石是否开裂、破损。

(11)简易支座的油毡是否老化、破裂或失效。

(12)支座螺纹、螺帽是否松动,锚螺杆有无剪切变形,上下座板(盆)的锈蚀状况。

(13)支座封闭材料是否老化、开裂、脱落。

任务2 梁式桥上部结构评定指标

2.1 混凝土梁式桥

混凝土梁式桥上部结构(含预应力混凝土梁式桥)评定指标可分为蜂窝、麻面,剥落、掉角,空洞、孔洞,混凝土保护层厚度,钢筋锈蚀,混凝土碳化,混凝土强度,跨中挠度,结构变位,预应力构件损伤,简支梁(板)桥、刚架桥裂缝及连续梁桥、连续刚构桥、悬臂梁桥、T形刚构桥裂缝12类。分级评定标准如下:

(1)蜂窝、麻面:标度分为3级,根据蜂窝、麻面累计面积占构件面积的百分比来确定标度等级,评定标准见表4-2-1。

表 4-2-1 蜂窝、麻面

标度	评定标准	
	定性描述	定量描述
1	完好,无蜂窝、麻面	—
2	较大面积蜂窝、麻面	累计面积≤构件面积的50%
3	大面积蜂窝、麻面	累计面积>构件面积的50%

(2)剥落、掉角:标度分为4级,根据剥落、掉角累计面积占构件面积的百分比和单处面积大小来确定标度等级,评定标准见表4-2-2。

表 4-2-2 剥落、掉角

标度	评定标准	
	定性描述	定量描述
1	完好,无剥落、掉角	—
2	局部混凝土剥落或掉角	累计面积≤构件面积的5%,或单处面积≤0.5 m²

续表

标度	评定标准	
	定性描述	定量描述
3	较大范围混凝土剥落或掉角	累计面积>构件面积的5%且<构件面积的10%,或单处面积>0.5 m² 且<1.0 m²
4	大范围混凝土剥落或掉角	累计面积≥构件面积的10%,或单处面积≥1.0 m²

(3)空洞、孔洞:标度分为4级,根据空洞、孔洞累计面积占构件面积的百分比来确定标度等级,评定标准见表4-2-3。

表4-2-3 空洞、孔洞

标度	评定标准	
	定性描述	定量描述
1	完好,无空洞、孔洞	—
2	局部混凝土空洞、孔洞	累计面积≤构件面积的5%,或单处面积≤0.5 m²
3	较大范围混凝土空洞、孔洞	累计面积>构件面积的5%且<构件面积的10%,或单处面积>0.5 m² 且<1.0 m²
4	大范围混凝土空洞、孔洞	累计面积≥构件面积的10%,或单处面积≥1.0 m²

(4)混凝土保护层厚度:标度分为4级,根据混凝土保护层厚度对钢筋耐久性影响程度来确定标度等级,评定标准见表4-2-4。

表4-2-4 混凝土保护层厚度

标度	评定标准
	定性描述
1	完好
2	承重构件混凝土保护层厚度符合要求,对钢筋耐久性有轻度影响
3	承重构件混凝土保护层厚度不足,对钢筋耐久性有较大影响,造成钢筋锈蚀
4	承重构件混凝土保护层厚度严重不足,对钢筋耐久性有很大影响,钢筋失去碱性保护,发生较严重锈蚀

(5)钢筋锈蚀:标度分为5级,根据承重构件外观锈蚀的程度或钢筋锈蚀电位水平、电阻率来确定标度等级,评定标准见表4-2-5。

表4-2-5 钢筋锈蚀

标度	评定标准	
	定性描述	定量描述
1	完好	承重构件钢筋锈蚀电位水平为0~−200 mV,或电阻率>20 000 Ω·cm
2	承重构件有轻微锈蚀现象	承重构件钢筋锈蚀电位水平为−200~−300 mV,或电阻率为15 000~20 000 Ω·cm
3	承重构件钢筋发生锈蚀,混凝土表面有沿钢筋的裂缝或混凝土表面有锈迹	承重构件钢筋锈蚀电位水平为−300~−400 mV,或电阻率为10 000~15 000 Ω·cm
4	承重构件钢筋锈蚀引起混凝土剥落,钢筋裸露,表面膨胀性锈层显著	承重构件钢筋锈蚀电位水平为−400~−500 mV,或电阻率为5 000~10 000 Ω·cm
5	承重构件大量钢筋锈蚀引起混凝土剥落,部分钢筋屈服或锈断,混凝土表面严重开裂,影响结构安全	承重构件钢筋锈蚀电位水平<−500 mV,或电阻率<5 000 Ω·cm

(6)混凝土碳化：标度分为4级，根据承重构件出现碳化现象部位的多少和深度来确定标度等级，评定标准见表4-2-6。

表 4-2-6 混凝土碳化

标度	评定标准
	定性描述
1	完好
2	承重构件有少量碳化现象，且所有碳化深度均小于混凝土保护层厚度
3	承重构件的主要受力部位部分位置出现碳化现象，局部碳化深度大于混凝土保护层厚度，混凝土表面少量胶凝料松散粉化
4	承重构件的主要受力部位全部测点碳化且碳化深度大于混凝土保护层厚度，混凝土表面胶凝料大量松散粉化

(7)混凝土强度：标度分为5级，根据承重构件混凝土低下造成的影响程度或推定强度均质系数来确定标度等级，评定标准见表4-2-7。

表 4-2-7 混凝土强度

标度	评定标准	
	定性描述	定量描述
1	承重构件混凝土强度处于良好状态	承重构件混凝土推定强度均质系数 $K_{bt} \geq 0.95$，平均强度均质系数 $K_{hm} \geq 1.00$
2	承重构件混凝土强度处于较好状态	承重构件混凝土推定强度均质系数 $0.95 > K_{bt} \geq 0.90$，平均强度均质系数 $K_{hm} \geq 0.95$
3	承重构件混凝土强度处于较差状态，造成承重构件出现缺损现象	承重构件混凝土推定强度均质系数 $0.90 > K_{bt} \geq 0.80$，平均强度均质系数 $K_{hm} \geq 0.90$
4	承重构件混凝土强度处于很差状态，造成承重构件出现较严重缺损或变形现象	承重构件混凝土推定强度均质系数 $0.80 > K_{bt} \geq 0.70$，平均强度均质系数 $K_{hm} \geq 0.85$
5	承重构件混凝土强度处于非常差状态，造成承重构件有严重的变形、位移、失稳等现象，显著影响承载力和行车安全	承重构件混凝土推定强度均质系数 $K_{bt} < 0.70$，平均强度均质系数 $K_{hm} < 0.85$

(8)跨中挠度：标度分为5级，根据主梁挠度限值来确定标度等级，评定标准见表4-2-8。

表 4-2-8 跨中挠度

标度	评定标准	
	定性描述	定量描述
1	完好	—
2	较好，梁体无明显变形	—
3	出现明显下挠，挠度小于限值，或个别构件出现弯曲变形，行车稍感振动或摇晃	跨中最大挠度≤计算跨径的1/1 000；悬臂端最大挠度≤悬臂长度1/500
4	出现显著下挠，挠度接近限值，或构件存在明显的永久变形，变形小于或等于规范值，梁板出现较严重病害	跨中最大挠度>计算跨径的1/1 000且≤计算跨径的1/600；悬臂端最大挠度>悬臂长度的1/500且≤悬臂长度的1/300
5	挠度或其他变形大于限值，造成结构出现明显的永久变形，梁板出现严重病害，显著影响承载力和行车安全	跨中最大挠度>计算跨径的1/600；悬臂端最大挠度>悬臂长度的1/300

(9)结构变位：标度分为5级，根据结构变位的影响情况来确定标度等级，评定标准见表4-2-9。

表 4-2-9　结构变位

标度	评定标准
	定性描述
1	完好
2	较好，结构无明显位移
3	横向连接件松动，纵向接缝开裂较大
4	边梁有横移或外倾现象，行车振动或摇晃明显，有异常声音
5	构件有严重的横向位移，存在失稳现象，结构振动或摇晃显著

(10)预应力构件损伤(锚头、钢绞线、齿板等)：标度分为5级，根据预应力构件损坏情况来确定标度等级，评定标准见表4-2-10。

表 4-2-10　预应力构件损伤

标度	评定标准
	定性描述
1	完好
2	锚头、钢绞线等无明显缺陷
3	钢绞线裸露出现极个别断丝现象，或锚头出现开裂等现象，或齿板位置处出现部分裂缝，裂缝未超限
4	部分钢绞线断裂或失效，或锚头开裂较严重但未完全失效，或齿板位置处裂缝严重，裂缝超限
5	预应力钢绞线大量断裂，预应力损耗严重，或锚头损坏失效，梁板出现严重变形

(11)简支梁(板)桥、刚架桥裂缝：标度分为5级，根据裂缝的不同形态和受力，可将裂缝分为网状裂缝、龟裂、竖向裂缝、纵向裂缝、斜裂缝和水平裂缝，根据产生这些裂缝对结构的不同影响程度确定标度等级，评定标准见表4-2-11。

表 4-2-11　简支梁(板)桥、刚架桥裂缝

标度	评定标准	
	定性描述	定量描述
1	完好	—
2	局部出现网状裂缝，或主梁出现少量轻微裂缝，缝宽未超限	网状裂缝累计面积≤构建面积的20%，单处面积≤1.0 m²，或主梁裂缝缝长≤截面尺寸的1/3
3	出现大面积网状裂缝，或主梁出现较多横向裂缝(钢筋混凝土梁、板)，或顺主筋方向出现纵向裂缝，或出现斜裂缝、水平裂缝、竖向裂缝等，缝宽未超限	网状裂缝累计面积>构建面积的20%，单处面积>1.0 m²，或主梁裂缝缝长>截面尺寸的1/3且≤截面尺寸的2/3
4	主梁控制截面出现较多横向裂缝(钢筋混凝土梁、板)，或顺主筋方向出现严重纵向裂缝并伴有钢筋锈蚀等，或出现斜裂缝、水平裂缝、竖向裂缝等，裂缝缝宽超限	主梁裂缝缝长>截面尺寸的2/3，间距<20 cm
5	主梁控制截面出现大量结构性裂缝，裂缝大多贯通，且缝宽超限，主梁出现变形	主梁裂缝缝宽>1.0 mm，间距≤10 cm

(12)连续梁桥、连续刚构桥、悬臂梁桥和 T 形刚构桥裂缝：标度分为 5 级，根据裂缝的不同形态和受力，可将裂缝分为网状裂缝、龟裂、竖向裂缝、纵向裂缝、斜裂缝和水平裂缝。根据连续刚构桥的结构特点及产生这些裂缝对结构的不同影响程度确定裂缝标度，评定标准见表 4-2-12。

表 4-2-12　连续梁桥、连续刚构桥、悬臂梁桥和 T 形刚构桥裂缝

标度	评定标准	
	定性描述	定量描述
1	无裂缝	—
2	局部出现网状裂缝，或主梁出现少量轻微裂缝，缝宽未超限	网状裂缝累计面积≤构件面积的 20%，单处面积≤1.0 m²，或主梁裂缝缝长≤截面尺寸的 1/3
3	出现大面积网状裂缝，或主梁出现横向裂缝（钢筋混凝土梁），或顺主筋方向出现纵向裂缝，或出现斜裂缝、水平裂缝、竖向裂缝等，缝宽未超限	网状裂缝累计面积>构件面积的 20%，单处面积>1.0 m²，或主梁缝长>截面尺寸的 1/3 且≤截面尺寸的 1/2
4	主梁控制截面出现较多横向裂缝（钢筋混凝土梁），或顺主筋方向出现严重纵向裂缝并伴有钢筋锈蚀等，或出现斜裂缝、水平裂缝、竖向裂缝等，裂缝缝宽超限	主梁裂缝缝长>截面尺寸的 1/2，间距<30 cm
5	主梁控制截面出现大量结构性裂缝，裂缝大多贯通，且缝宽严重超限，主梁出现变形	主梁裂缝缝宽>1.0 mm，间距≤20 cm

2.2　钢梁桥

钢结构梁桥上部结构检查指标分为涂层劣化、锈蚀、焊缝开裂、铆钉（螺栓）损失、构件裂缝、跨中挠度、构件变形和结构变位 8 类，分级评定标准如下：

(1)涂层劣化：标度分为 4 级，根据涂层劣化损坏情况和累积面积占构件面积比例来确定标度等级，评定标准见表 4-2-13。

表 4-2-13　涂层劣化

标度	评定标准	
	定性描述	定量描述
1	完好	—
2	涂层个别位置出现流痕、气泡、白化、漆膜发黏、针孔、起皱或皱纹、表面粉化、变色起皮、脱落等缺陷	累计面积≤构件面积的 10%
3	涂层出现较严重流痕、气泡、白化、漆膜发黏、针孔、起皱或皱纹、表面粉化、变色起皮、脱落等缺陷	累计面积>构件面积的 10%且≤构件面积的 50%
4	涂层出现严重流痕、气泡、白化、漆膜发黏、针孔、起皱或皱纹、表面粉化、变色起皮、脱落等缺陷	累计面积>构件面积的 50%

(2)锈蚀：标度分为 4 级，根据锈蚀情况和锈蚀累积面积占构件面积比例来确定标度等级，评定标准见表 4-2-14。

表 4-2-14　锈蚀

标度	评定标准	
	定性描述	定量描述
1	完好	—

续表

标度	评定标准	
	定性描述	定量描述
2	构件表面发生轻微锈蚀，部分氧化皮或油漆层出现剥落	锈蚀累计面积≤构件面积的5%
3	构件表面有较多点蚀现象，氧化皮、油漆层因锈蚀而部分剥落或可以刮除，重要部位有锈蚀成洞现象	锈蚀累计面积＞构件面积的5%且≤构件面积的15%，或锈蚀孔洞≤3个，工字梁孔洞直径≤30 mm，板梁≤50 mm，且边缘完好；桁梁孔洞直径≤30 mm且≤杆件宽度的15%
4	构件表面有大量点蚀现象，氧化皮、油漆层因锈蚀而全面剥离，重要部位被锈蚀成洞	锈蚀累计面积＞构件面积的15%，或锈蚀孔洞＞3个，工字梁孔洞直径＞30 mm，板梁＞50 mm且边缘完好；桁梁孔洞直径＞30mm，或＞杆件宽度的15%

(3) 焊缝开裂：标度分为5级，根据不同形式钢结构受力特点和焊缝开裂对结构的不同影响程度，对主梁、纵横梁的不同部位焊缝开裂进行分别描述，结合焊缝开裂长度来确定标度等级，评定标准见表4-2-15。

表 4-2-15 焊缝开裂

标度	评定标准	
	定性描述	定量描述
1	完好	—
2	焊缝部位涂层有少量裂纹	—
3	焊缝部位涂层有大量裂纹，受拉翼缘边焊缝存在裂缝，其他部位焊缝无裂缝	主梁、纵横梁受拉翼缘边焊缝开裂长度≤5 mm
4	主要构件焊缝出现较多裂缝，构件出现变形	主梁、纵横梁受拉翼缘边焊缝开裂长度＞5 mm且≤10 mm，其他位置焊缝开裂长度≤5 mm
5	主要构件焊缝存在大量裂缝甚至完全开裂，主要构件存在明显的变形，变形大于规范值	主梁、纵横梁受拉翼缘边焊缝开裂长度＞10mm，其他位置焊缝开裂长度＞5mm

(4) 铆钉(螺栓)损失：标度分为5级，根据铆钉(螺栓)松动或损失对钢结构梁式桥的不同影响程度进行分类描述，结合损坏、失效数量占总数量的百分比来确定标度等级，评定标准见表4-2-16。

表 4-2-16 铆钉(螺栓)损失

标度	评定标准	
	定性描述	定量描述
1	完好	—
2	铆钉(螺栓)少量损坏、松动或丢失，造成连接部位铆钉(螺栓)失效	损坏、失效数量≤总量的1%
3	铆钉(螺栓)有较多损坏、松动或丢失，造成连接部位铆钉(螺栓)失效	损坏、失效数量＞总量的1%且≤总量的10%
4	主要构件铆钉(螺栓)有较多损坏、松动或丢失，造成连接部位铆钉(螺栓)失效，构件出现明显变形	损坏、失效数量＞总量的10%且≤总量的30%
5	主要构件铆钉(螺栓)有大量损坏、松动或丢失，造成连接部位铆钉(螺栓)失效，主要构件存在明显的永久变形，变形大于规范值	损坏、失效数量＞总量的30%

(5) 构件裂缝：标度分为5级，根据不同形式钢结构受力特点和构件裂缝对结构的不同影响程度，对主梁、纵横梁和桁梁的不同部位构件裂缝分别进行描述，结合裂缝长度来确定标度等级，评定标准见表4-2-17。

表 4-2-17　构件裂缝

标度	评定标准	
	定性描述	定量描述
1	完好	—
2	钢构件出现少量细小裂纹	—
3	钢构件出现较多细小裂缝，截面削弱，但不影响正常使用	主梁、纵横梁受拉翼缘边裂缝长度≤3 mm，或受拉翼缘焊接盖板端部裂缝长度≤10 mm，或桁梁端横梁与纵梁连接处下端及腹杆接头处裂缝长度≤20 mm
4	主要构件出现较多裂缝，截面削弱	主梁、纵横梁受拉翼缘边裂缝长度>3 mm 且≤5 mm，或受拉翼缘焊接盖板端部裂缝长度>10 mm 且≤20 mm，或桁梁端横梁与纵梁连接处下端及腹杆接头处裂缝长度>20 mm 且≤50 mm
5	主要构件出现较多严重裂缝，截面削弱，主要构件存在明显的永久变形，变形大于限值	主梁、纵横梁受拉翼缘边裂缝长度>5mm，或受拉翼缘焊接盖板端部裂缝长度>20mm，或桁梁端横梁与纵梁连接处下端及腹杆接头处裂缝长度>50mm

(6)跨中挠度：标度分为 5 级，根据主梁挠度限值来确定标度等级，评定标准见表 4-2-18。

表 4-2-18　跨中挠度

标度	评定标准	
	定性描述	定量描述
1	完好	—
2	较好，无明显挠曲变形	—
3	挠度小于限值	简支或连续板梁跨中最大挠度≤计算跨径的 1/800；或简支或连续桁架中最大挠度≤计算跨径的 1/1 000
4	主要构件挠度接近限值，裂缝状况较严重	简支或连续板梁跨中最大挠度>计算跨径的 1/800 且≤计算跨径的 1/600；或简支或连续桁架中最大挠度>计算跨径的 1/1 000 且≤计算跨径的 1/800
5	主要构件挠度大于限值，存在明显的永久变形，裂缝状况严重，严重影响承载力，有不正常移动并影响结构安全	简支或连续板梁跨中最大挠度>计算跨径的 1/600；或简支或连续桁架跨中最大挠度>计算跨径的 1/800

(7)构件变形：标度分为 5 级，根据构件竖向弯曲矢度限值、梁、纵梁、横梁及工字梁横向弯曲矢度限值，桁梁的压力杆件和拉力杆件、腹杆或连接杆件弯曲矢度限值来确定标度等级，评定标准见表 4-2-19。

表 4-2-19　构件变形

标度	评定标准	
	定性描述	定量描述
1	完好	—
2	较好，构件无明显变形	—
3	个别次要构件出现异常变形，行车稍感振动或摇晃	构件竖向弯曲矢度≤跨度的 1/1 500；或板梁、纵梁、横梁及工字梁横向弯曲矢度≤自由长度 1/8 000 且<15 mm；或桁梁的压力杆件弯曲矢度≤杆件自由长度的 1/1 500，或拉力杆件弯曲矢度≤杆件自由长度的 1/800，腹杆、连接杆件弯曲矢度≤杆件自由长度的 1/500

续表

标度	评定标准	
	定性描述	定量描述
4	个别主要承重构件出现异常变形，行车有明显振动或摇晃并伴有异常声音	构件竖向弯曲矢度＞跨度的 1/1 500 且≤跨度的 1/1 000；或板梁、纵梁、横梁及工字梁横向弯曲矢度＞自由长度 1/8 000 且≤自由长度的 1/5 000，并且＜20 mm；或桁梁的压力杆件弯曲矢度＞杆件自由长度的 1/1 500 且≤杆件自由长度的 1/1 000；或拉力杆件弯曲矢度＞杆件自由长度的 1/800 且≤杆件自由长度的 1/500，腹杆、连接杆件弯曲矢度＞杆件自由长度的 1/500 且≤杆件自由长度的 1/300
5	较多主要承重构件有异常变形，变形大于规范值，影响桥梁结构安全	构件竖向弯曲矢度＞跨度的 1/1 000；或板梁、纵梁、横梁及工字梁横向弯曲矢度＞自由长度 1/5 000 且＞20 mm；或桁梁的压力杆件弯曲矢度＞杆件自由长度的 1/1 000；或拉力杆件弯曲矢度＞杆件自由长度的 1/500，腹杆、连接杆件弯曲矢度＞杆件自由长度的 1/300

(8)结构变位：标度分为 5 级，根据结构变位的影响情况来确定标度等级，评定标准见表 4-2-20。

表 4-2-20 结构变位

标度	评定标准
	定性描述
1	完好
2	较好，结构无明显变位
3	横向连接件出现松动，纵向接缝开裂较大
4	主要构件存在明显的永久变形，变形小于或等于规范值，或桥面竖向呈波形
5	主要构件存在明显的永久变形，变形大于规范值，结构振动或摇晃显著，有不正常移动

2.3 橡胶支座

橡胶支座的评定指标分为板式支座老化变质、开裂，板式支座缺陷，板式支座位置串动、脱空或剪切超限，盆式支座组件损坏，聚四氟乙烯滑板磨损，盆式支座位移、转角超限 6 类，分级评定标准如下：

(1)板式支座老化变质、开裂：标度分为 5 级，主要通过支座裂缝长度来确定标度等级，评定标准见表 4-2-21。

表 4-2-21 板式支座老化变质、开裂

标度	评定标准	
	定性描述	定量描述
1	完好	—
2	轻微老化，表面有脏污，出现裂缝	裂缝宽度≤1.0 mm，裂缝长度＞相应边长 10%
3	橡胶支座老化变形，裂缝较严重	裂缝宽度＞1 mm 且≤2 mm，裂缝长度＞相应边长的 25%
4	橡胶支座老化破裂，裂缝严重，且造成其他构件产生较严重病害	裂缝宽度＞2 mm，裂缝长度＞相应边长的 25%
5	橡胶支座老化破裂，裂缝非常严重，已经失去正常支承功能，且使相关上下部结构受到异常约束，造成严重损失，主梁出现严重变形	裂缝宽度＞2 mm，裂缝长度＞相应边长的 50%

(2)板式支座缺陷：标度分为 4 级，通过外鼓长度和板外露长度来确定标度等级，评定标准见表 4-2-22。

表 4-2-22　板式支座缺陷

标度	评定标准	
	定性描述	定量描述
1	完好	—
2	有外鼓现象	沿支座一侧外鼓长度≤相应边长的 10%
3	外鼓现象较严重，或钢板局部外露	沿支座一侧外鼓长度＞相应边长的 10%且≤相应边长的 25%，或钢板外露长度＞100 mm
4	外鼓现象严重，或钢板大部分外露	沿支座一侧外鼓长度＞相应边长的 25%，或钢板外露长度＞100 mm

(3)板式支座位置串动、脱空或剪切超限：标度分为 5 级，主要通过剪切角度、串动长度以及对桥梁其他构件的影响程度来确定标度等级，评定标准见表 4-2-23。

表 4-2-23　板式支座位置串动、脱空或剪切超限

标度	评定标准	
	定性描述	定量描述
1	完好	—
2	支座出现剪切变形或位置略有偏移	—
3	支座出现剪切变形或位置有较大偏移	剪切角度≤45°
4	支座串动较严重，或出现脱空现象，或出现严重变形	串动长度≤相应边长的 25%，或剪切角度＞45°且≤60°
5	串动严重并造成桥梁其他构件出现较严重病害 支座错位、串动、变形严重，已经失去正常支承功能，造成相关上下部结构严重损坏，主梁出现严重变形	串动长度＞相应边长的 25% 剪切角度＞60°

(4)盆式支座组件损坏：标度分为 5 级，主要通过组件损伤程度和对主梁的影响来确定标度等级，评定标准见表 4-2-24。

表 4-2-24　盆式支座组件损坏

标度	评定标准	
	定性描述	定量描述
1	完好	—
2	盆底四角翘起，或钢盆出现较多锈蚀，或支座底板局部开裂、掉角	—
3	钢件非主要受力部位出现脱焊，或钢盆出现较多锈蚀并伴有剥落，或除盆底、盆环外其他部位开裂，或底板产生变形，混凝土酥裂、露筋、掉角	—
4	大量锚栓剪断，或底板变形，大部分压碎、剥离，造成相关上下部结构受到异常约束，损坏严重	锚栓剪断≤50%
5	有大量的锚栓剪断或盆环开裂、脱焊，支座破损、缺失严重，已经失去正常支承功能，造成相关上下部结构严重损坏，主梁出现严重变形	锚栓剪断＞50%

(5)聚四氟乙烯滑板磨损：标度分为 4 级，主要通过聚四氟乙烯滑板外露高度来确定标度等级，评定标准见表 4-2-25。

表 4-2-25 聚四氟乙烯滑板磨损

标度	评定标准	
	定性描述	定量描述
1	完好	—
2	磨损较少	聚四氟乙烯滑板外露高度≥0.5 mm
3	磨损较多	聚四氟乙烯滑板外露高度≥0.2 mm 且＜0.5 mm
4	磨损严重,并造成其他构件出现病害	聚四氟乙烯滑板外露高度＜0.2 mm

(6)盆式支座位移、转角超限:标度分为4级,通过位移值和转角大小来确定标度等级,评定标准见表 4-2-26。

表 4-2-26 盆式支座位移、转角超限

标度	评定标准	
	定性描述	定量描述
1	完好	—
2	—	—
3	有位移现象,或较大转角,转角超出设计值	位移≤10 mm,或转角≤设计转角 20%
4	位移现象较明显,或有很大转角,转角远超出设计值	位移＞10 mm,或转角＞设计转角 20%

课题 3　拱式桥上部结构技术状况评定

任务 1　拱式桥上部结构主要检测内容

拱式桥根据材料的不同,可分为圬工拱桥、钢筋混凝土拱桥、钢－混凝土组合拱桥、钢拱桥。拱式桥的上部结构为桥梁的主要部件,由主拱圈和拱上建筑(桥面与主拱圈之间传递压力的构件或填充物)组成。

圬工拱桥上部结构可分为主拱圈和拱上结构。钢筋混凝土拱桥上部结构可分为板拱桥、肋拱桥、箱拱桥主拱圈、上部结构和桥面板,双曲拱主拱圈、拱上结构和桥面板;刚架拱拱片(含微弯曲板)、横向连接系和桥面板;桁架拱拱片(含微弯曲板)、横向连接系和桥面板。钢－混凝土组合拱桥可分为拱肋横向连接系、立柱、吊杆、系杆及防护板。钢拱桥上部结构未分类。

拱式桥上部结构检测应包括下列内容:

(1)主拱圈是否变形、开裂、渗水,拱脚是否发生位移、转角。

(2)圬工拱桥拱圈的灰缝有无松散、剥离或脱落,砌块有无风化、断裂、压碎、局部掉块、脱落。

(3)行车道板、横梁、纵梁及拱上立柱(墙)、盖梁、垫梁的混凝土有无开裂、剥落、露筋和锈蚀;空腹拱的腹拱圈有无较大的变形、开裂、错位,立墙或立柱有无倾斜、开裂。

(4)拱的侧墙与主拱圈间有无脱落,侧墙有无鼓凸、变形、开裂,实腹拱拱上填料有无沉陷,排水是否正常。

(5)拱桥的横向连接有无变位、开裂、松动、脱落、断裂、钢筋外露、锈蚀等,连接部钢板有无锈蚀、断裂。

(6)双曲拱桥拱波与拱肋结合处是否开裂、脱落,拱波之间砂浆有无松散、脱落,拱波是否开裂、渗水等。

(7)劲性骨架的拱桥,混凝土是否沿骨架出现纵向或横向裂缝。

(8)吊杆索力有无异常变化。吊杆防护套有无裂缝、鼓包、破损,必要时可以打开防护套,检查吊杆钢丝涂膜有无劣化,钢丝有无锈蚀、断丝。钢套管有无锈蚀、损坏,内部有无积水;吊杆导管端密封减震设施和其他减震装置有无病害及异常等。

(9)逐个检查吊杆锚头及周围锚固区的情况,锚具是否渗水、锈蚀,是否有锈水流出的痕迹,锚固区是否开裂。必要时可打开锚具后盖抽查锚杯内是否积水、潮湿,防锈油是否结块、乳化失效,锚杯是否锈蚀,锚头是否锈蚀、开裂,墩头或夹片是否异常,锚头螺母位置有无异常。

(10)拱桥系杆外部涂层是否劣化,系杆连接有无松动,锚头、防护罩、钢箱有无锈蚀、损坏。

(11)钢筋混凝土拱桥的拱圈(片)混凝土材料的检测,参照混凝土梁式桥的检测内容进行。

(12)钢拱桥的钢结构检测,参照钢梁桥的检测内容进行。

(13)钢—混凝土组合拱桥的检测,可综合混凝土梁桥和钢梁桥的检测内容进行。

任务2 拱式桥上部结构评定指标

2.1 圬工拱桥

2.1.1 圬工拱桥主拱圈评定指标及分级评定标准

圬工拱桥主拱圈评定指标分为主拱圈变形,主拱圈裂缝,灰缝松散、脱落、渗水,砌块断裂、脱落,风化和拱脚位移7类,分级评定标准如下:

(1)主拱圈变形:标度分为5级,根据主拱圈的变形程度来确定标度等级,评定标准见表4-3-1。

表 4-3-1 主拱圈变形

标度	评定标准
1	完好
2	较好,主拱圈线良好,无明显变形
3	主拱圈线形有轻微变形,或边拱有横移或外倾现象
4	主拱圈线形有较明显的变形,如拱顶变形、桥面竖向呈波形
5	主拱圈严重变形,或拱顶挠度大于限值,严重影响桥梁结构安全

(2)主拱圈裂缝:标度分为5级,根据主拱圈裂缝发生的部位、方向及缝长、缝宽等来确定标度等级,评定标准见表4-3-2。

表 4-3-2 主拱圈裂缝

标度	评定标准	
	定性描述	定量描述
1	完好	—
2	有少量轻微横向裂缝	横向裂缝缝长≤截面尺寸的1/8,缝宽≤0.1 mm
3	结合面开裂或有纵向、横向裂缝,缝宽未超限	纵向裂缝缝长≤截面尺寸的1/8,缝宽≤0.5 mm,或横向裂缝缝长>截面尺寸的1/8且≤1/2,缝宽>0.1 mm且≤0.3 mm
4	结合面开裂或有较严重纵向、横向裂缝,缝宽超限	纵向裂缝缝长>截面尺寸的1/8,缝宽>0.5 mm,或横向裂缝缝长>截面尺寸的1/2,缝宽>0.3 mm
5	裂缝贯通截面或跨长,发生开合现象,或拱圈砌体严重断裂	缝宽>2.0 mm

(3)灰缝松散脱落：标度分为3级，根据主拱圈灰缝松散脱落的长度等来确定标度等级，评定标准见表4-3-3。

表4-3-3 灰缝松散脱落

标度	评定标准	
	定性描述	定量描述
1	完好	—
2	局部灰缝松散脱落	累计长度≤截面长度的10%，或单处长度≤1.0 m
3	较大范围灰缝松散脱落	累计长度＞截面长度的10%，或单处长度＞1.0 m

(4)渗水：标度分为3级，根据主拱圈渗水的程度及有无其他的结晶产生等来确定标度等级，评定标准见表4-3-4。

表4-3-4 渗水

标度	评定标准
	定性描述
1	完好
2	拱圈局部有明显渗水现象
3	拱圈多处有明显渗水现象，渗水处伴有晶体析出现象，流膏处混凝土松散

(5)砌块断裂、脱落：标度分为5级，根据主拱圈砌块断裂、脱落的面积及对结构的影响程度来确定标度等级，评定标准见表4-3-5。

表4-3-5 砌块断裂、脱落

标度	评定标准	
	定性描述	定量描述
1	完好	—
2	拱圈局部砌体小块断裂	断裂累计面积≤构件面积的1%，或单处面积≤0.5 m²
3	拱圈小范围砌体断裂，甚至脱落	断裂累计面积＞构件面积的1%且≤构件面积的10%，或单处面积＞0.5 m²，或砌体脱落面积≤构件面积的3%
4	拱圈较大范围砌体断裂，脱落现象较多	断裂累计面积＞构件面积的10%，或砌体脱落面积＞构件面积的3%且≤构件面积的5%
5	拱圈大范围砌体断裂，脱落现象严重，严重影响桥梁结构安全	断裂累计面积＞构件面积的10%，或砌体脱落面积＞构件面积的5%

(6)风化：标度分为3级，根据主拱圈风化的面积及风化剥落情况来确定标度等级，评定标准见表4-3-6。

表4-3-6 风化

标度	评定标准	
	定性描述	定量描述
1	完好	—
2	部分位置有风化现象，造成砌体表面剥落	风化面积≤构件面积的20%，或表面剥落面积≤构件面积的10%
3	大范围存在风化现象，并造成砌体表面剥落	风化面积＞构件面积的20%，或表面剥落面积＞构件面积的10%

(7)拱脚位移：标度分为5级，根据主拱圈拱脚位移的程度及对结构的影响来确定标度等级，评定标准见表4-3-7。

表 4-3-7 拱脚位移

标度	评定标准
	定性描述
1	完好
2	—
3	—
4	拱脚出现水平、竖向位移和转角
5	拱脚严重错台、位移，造成结构和桥面变形过大，严重影响桥梁结构安全

2.1.2 圬工拱桥拱上结构评定指标及分级评定标准

圬工拱桥拱上结构评定指标分为实腹拱的侧墙与主拱圈脱裂，实腹拱的侧墙变形、位移，实腹拱的拱上填料沉陷或开裂，空腹拱的腹拱或横向连接系变形、错位，立墙或立柱倾斜、开裂或脱落，拱上结构裂缝，拱上填料排水不畅 7 类，分级评定标准如下：

(1)实腹拱的侧墙与主拱圈脱裂：标度分为 5 级，根据实腹拱的侧墙与主拱圈脱裂程度及对结构的影响来确定标度等级，评定标准见表 4-3-8。

表 4-3-8 实腹拱的侧墙与主拱圈脱裂

标度	评定标准
	定性描述
1	完好
2	个别位置出现脱裂，缝宽较小且不连续
3	侧墙与主拱圈间较大范围出现断裂、脱开，且断裂脱开连续
4	侧墙与主拱圈间大范围出现断裂、脱开，且断裂脱开连续，造成桥面变形
5	侧墙与主拱圈间严重脱裂，造成桥面板严重塌落或结构和桥面变形过大，严重影响结构安全

(2)实腹拱的侧墙变形、位移：标度分为 5 级，根据实腹拱的侧墙出现的倾斜、外移、鼓肚程度及对结构的影响来确定标度等级，评定标准见表 4-3-9。

表 4-3-9 实腹拱的侧墙变形、位移

标度	评定标准
	定性描述
1	完好
2	—
3	侧墙出现鼓肚现象
4	侧墙出现倾斜、外移等变形现象，填料或桥面出现沉陷
5	侧墙产生严重倾斜、外移、鼓肚等现象，导致桥面出现严重塌陷或沉降，不能正常行车

(3)实腹拱的拱上填料沉陷或开裂：标度分为 4 级，根据实腹拱拱上填料的沉陷、开裂及对结构的影响来确定标度等级，评定标准见表 4-3-10。

表 4-3-10 实腹拱的拱上填料沉陷或开裂

标度	评定标准
	定性描述
1	完好
2	拱上填料出现轻微沉陷或开裂

续表

标度	评定标准
	定性描述
3	拱上填料出现明显沉陷或开裂，但变形不影响正常行车
4	拱上填料出现较大范围沉陷或开裂，导致桥面出现塌陷或沉降

(4)空腹拱的腹拱或横向连接系变形、错位：标度分为5级，根据腹拱或横向连接系出现变形、错位的数量及对结构的影响来确定标度等级，评定标准见表4-3-11。

表4-3-11 空腹拱的腹拱或横向连接系变形、错位

标度	评定标准
	定性描述
1	完好
2	无明显变形、错位
3	个别腹拱或横向连接系出现变形、错位，但不影响行车
4	较多腹拱或横向连接系出现变形、错位，影响正常行车
5	腹拱或横向连接系产生严重变形、错位，导致桥面出现严重塌陷或沉降，变形过大，不能正常行车

(5)立墙或立柱倾斜、开裂或脱落：标度分为5级，根据墙或立柱出现倾斜、开裂的数量及对结构的影响来确定标度等级，评定标准见表4-3-12。

表4-3-12 立墙或立柱倾斜、开裂或脱落

标度	评定标准
	定性描述
1	完好
2	无明显变形
3	个别立墙或立柱出现倾斜、开裂甚至脱落
4	较多立墙或立柱出现明显倾斜，或大范围出现开裂、脱落，影响正常行车
5	立墙或立柱产生严重倾斜，或出现严重开裂、脱落，导致桥面出现严重塌陷或沉降，变形过大，不能正常行车

(6)拱上结构裂缝：标度分为4级，根据拱上结构裂缝出现的部位、数量及缝长、缝宽来确定标度等级，评定标准见表4-3-13。

表4-3-13 拱上结构裂缝

标度	评定标准	
	定性描述	定量描述
1	完好	—
2	拱上立柱(立墙)上下端水平裂缝：少量裂缝，缝宽未超限	拱上立柱(立墙)上下端水平裂缝：缝长≤立柱直径或立墙截面长的1/8
	盖梁和横系梁裂缝：少量裂缝，缝宽未超限	盖梁和横系梁裂缝：缝长≤截面尺寸的1/3
	腹拱拱顶、拱脚径向裂缝：少量裂缝，缝宽未超限	腹拱拱顶、拱脚径向裂缝：缝长≤截面尺寸的1/3
	梁板跨中竖向裂缝：少量裂缝，缝宽未超限	梁板跨中竖向裂缝：缝长≤截面尺寸的1/3

续表

标度	评定标准	
	定性描述	定量描述
3	拱上立柱(立墙)上下端水平裂缝：较多裂缝，缝宽未超限	拱上立柱(立墙)上下端水平裂缝：缝长>立柱直径或立墙截面长的1/8且≤立柱直径或立墙截面长的1/2
	盖梁和横系梁裂缝：较多裂缝，缝宽未超限	盖梁和横系梁裂缝：缝长>截面尺寸的1/3且≤截面尺寸的1/2，间距≥20 cm
	腹拱拱顶、拱脚径向裂缝：较多裂缝，缝宽未超限	腹拱拱顶、拱脚径向裂缝：缝长>截面尺寸的1/3且≤截面尺寸的2/3
	梁板跨中竖向裂缝：较多裂缝，缝宽未超限	梁板跨中竖向裂缝：缝长>截面尺寸的1/3且≤截面尺寸的1/2，间距≥20 cm
4	拱上立柱(立墙)上下端水平裂缝：有大量裂缝，部分缝宽超限	拱上立柱(立墙)上下端水平裂缝：缝长>立柱直径或立墙截面长的1/2
	盖梁和横系梁裂缝：有大量裂缝，部分缝宽超限	盖梁和横系梁裂缝：缝长>截面尺寸的1/2，间距<20 cm
	腹拱拱顶、拱脚径向裂缝：有大量裂缝，部分缝宽超限	腹拱拱顶、拱脚径向裂缝：缝长>截面尺寸的2/3
	梁板跨中竖向裂缝：有大量裂缝，部分缝宽超限	梁板跨中竖向裂缝：缝长>截面尺寸的1/2，间距<20 cm

(7)拱上填料排水不畅：标度分为4级，根据拱上填料排水不畅导致积水的程度及对结构的影响确定标度等级，评定标准见表4-3-14。

表 4-3-14 拱上填料排水不畅

标度	评定标准
	定性描述
1	完好
2	排水不畅，导致侧墙出现渗水
3	排水不畅，填土聚积水分，导致侧墙出现轻微鼓肚
4	排水不畅，填土聚积大量水分，导致侧墙出现渗水甚至变形

2.2 钢筋混凝土拱桥

2.2.1 板拱桥、肋拱桥和箱拱桥主拱圈评定指标及分级评定标准

板拱桥、肋拱桥和箱拱桥主拱圈评定指标可分为主拱圈变形，主拱圈裂缝，渗水，拱铰功能受损，拱脚位移，蜂窝，麻面，剥落，掉角，空洞、孔洞，混凝土保护层厚度，钢筋锈蚀，混凝土碳化和混凝土强度12类，分级评定标准如下：

(1)主拱圈变形：标度分为5级，根据主拱圈的变形程度来确定标度等级，评定标准见表4-3-15。

表 4-3-15 主拱圈变形

标度	评定标准
	定性描述
1	完好
2	较好，主拱无明显变形

续表

标度	评定标准
	定性描述
3	有轻微变形,或边拱有横移或外倾现象
4	拱圈存在明显的永久变形,拱顶下挠在限值内,桥面竖向呈波形
5	拱圈严重变形,拱顶挠度大于限值,受压构件有严重的横向扭曲变形,严重影响结构安全

(2)主拱圈裂缝:标度分为5级,根据主拱圈裂缝出现的部位、数量及缝长、缝宽来确定标度等级,评定标准见表 4-3-16。

表 4-3-16　主拱圈裂缝

标度	评定标准	
	定性描述	定量描述
1	完好,无裂缝	—
2	有少量轻微横向裂缝	横向裂缝缝长≤截面尺寸的1/8,缝宽≤0.1 mm
3	结合面开裂或有纵向、横向裂缝,缝宽未超限	纵向裂缝缝长≤截面尺寸的1/8,缝宽≤0.5 mm,或横向裂缝缝长>截面尺寸的1/8且≤1/2,缝宽>0.1 mm且≤0.3 mm
4	结合面开裂或有较严重纵向、横向裂缝,缝宽超限	纵向裂缝缝长>截面尺寸的1/8,缝宽>0.5 mm,或横向裂缝缝长>截面尺寸的1/2,缝宽>0.3 mm
5	裂缝贯通截面或跨长,发生开合现象,甚至主拱圈发生明显变形	缝宽>2.0 mm

(3)渗水:标度分为4级,根据主拱圈渗水的程度及有无其他的结晶产生等来确定标度等级,评定标准见表 4-3-17。

表 4-3-17　渗水

标度	评定标准
	定性描述
1	完好
2	有轻微渗水现象
3	拱圈局部有明显渗水现象
4	拱圈多处有明显渗水现象,渗水处伴有晶体析出或锈蚀现象,流膏处混凝土松散

(4)拱铰功能受损:标度分为5级,根据拱铰受损的程度及对其功能的影响程度等来确定标度等级,评定标准见表 4-3-18。

表 4-3-18　拱铰功能受损

标度	评定标准
	定性描述
1	完好
2	功能基本正常
3	拱铰部分受损,但功能尚存
4	拱铰受损较严重,有错位、拉开现象,甚至部分压裂或丧失功能
5	拱铰严重受损,有错位、拉开现象,混凝土压裂或功能丧失,拱圈出现严重变形

(5)拱脚位移:标度分为5级,根据拱脚位移程度及对结构的影响来确定标度等级,评定标准见表4-3-19。

表4-3-19 拱脚位移

标度	评定标准
	定性描述
1	完好
2	—
3	—
4	拱脚出现水平、竖向位移和转角,位移小于限值
5	拱脚不稳定,出现严重错台、位移或转角,造成结构和桥面变形过大,严重影响结构安全

(6)蜂窝、麻面:标度分为3级,评定标准同混凝土梁式桥上部结构,见表4-2-1。
(7)剥落、掉角:标度分为4级,评定标准同混凝土梁式桥上部结构,见表4-2-2。
(8)空洞、孔洞:标度分为4级,评定标准同混凝土梁式桥上部结构,见表4-2-3。
(9)混凝土保护层厚度:标度分为4级,评定标准同混凝土梁式桥上部结构,见表4-2-4。
(10)钢筋锈蚀:标度分为5级,评定标准同混凝土梁式桥上部结构,见表4-2-5。
(11)混凝土碳化:标度分为4级,评定标准同混凝土梁式桥上部结构,见表4-2-6。
(12)混凝土强度:标度分为5级,评定标准同混凝土梁式桥上部结构,见表4-2-7。

2.2.2 板拱桥、肋拱桥和箱拱桥拱上结构评定指标及分级评定标准

板拱桥、肋拱桥和箱拱桥拱上结构评定指标分为实腹拱的侧墙与主拱圈间脱裂,侧墙变形,拱上填料沉陷或开裂,空腹拱的腹拱、横向连接系变形、错位,立墙或立柱倾斜,表面缺陷,拱上结构裂缝和拱上填料排水不畅8类,分级评定标准如下:

(1)实腹拱的侧墙与主拱圈间脱裂:标度分为5级,根据实腹拱的侧墙与主拱圈脱裂程度及对结构的影响来确定标度等级,评定标准见表4-3-20。

表4-3-20 实腹拱的侧墙与主拱圈间脱裂

标度	评定标准
	定性描述
1	完好
2	个别位置出现脱裂,缝宽较小且不连续
3	侧墙与主拱圈间较大范围出现断裂、脱开,且断裂、脱开连续
4	侧墙与主拱圈间大范围出现断裂、脱开,且断裂、脱开连续,结构出现变形
5	侧墙与主拱圈间严重脱裂,造成桥面板严重塌落,结构或桥面变形过大

(2)侧墙变形:标度分为5级,根据侧墙出现的倾斜、外移、鼓肚程度及对结构的影响来确定标度等级,评定标准见表4-3-21。

表4-3-21 侧墙变形

标度	评定标准
	定性描述
1	完好
2	无明显变形
3	侧墙出现鼓肚现象

续表

标度	评定标准
	定性描述
4	侧墙出现倾斜、外移等变形现象,填料出现轻微沉陷
5	侧墙产生严重倾斜、外移、鼓肚等现象,导致桥面出现塌陷或沉降,变形大于限值或不能正常行车

(3)拱上填料沉陷或开裂：标度分为 4 级,根据实腹拱拱上填料的沉陷、开裂及对结构的影响来确定标度等级,评定标准见表 4-3-22。

表 4-3-22　拱上填料沉陷或开裂

标度	评定标准
	定性描述
1	完好
2	拱上填料出现轻微沉陷或开裂
3	拱上填料出现明显沉陷或开裂,但变形不影响正常行车
4	拱上填料出现严重沉陷或开裂,导致桥面出现塌陷或沉降,变形过大,不能正常行车

(4)空腹拱的腹拱、横向连接系变形、错位：标度分为 5 级,根据腹拱或横向连接系出现变形、错位的数量及对结构的影响来确定标度等级,评定标准见表 4-3-23。

表 4-3-23　空腹拱的腹拱、横向连接系变形、错位

标度	评定标准
	定性描述
1	完好
2	无明显变形、错位
3	个别腹拱或横向连接系出现变形、错位,但不影响行车
4	较多腹拱或横向连接系出现变形、错位,影响正常行车
5	腹拱或横向连接系产生严重变形、错位,导致桥面出现严重塌陷或沉降,变形过大,不能正常行车,造成安全隐患

(5)立墙或立柱倾斜：标度分为 5 级,根据墙或立柱出现倾斜的数量及对结构的影响来确定标度等级,评定标准见表 4-3-24。

表 4-3-24　立墙或立柱倾斜

标度	评定标准
	定性描述
1	完好
2	无明显变形
3	个别立墙或立柱出现轻微倾斜
4	较多立墙或立柱出现倾斜,影响正常行车
5	立墙或立柱产生严重倾斜,桥面出现严重塌陷或沉降,变形过大,不能正常行车

(6)表面缺陷：标度分为4级，根据拱上结构裂缝出现的蜂窝、麻面、剥落、掉角、空洞、孔洞、碳化、腐蚀等的面积来确定标度等级，评定标准见表4-3-25。

表 4-3-25 表面缺陷

标度	评定标准	
	定性描述	定量描述
1	完好	—
2	出现蜂窝、麻面、剥落、掉角、空洞、孔洞、碳化、腐蚀等现象	累计面积≤构件面积的10%，单处面积≤1.0 m²
3	较大面积出现蜂窝、麻面、剥落、掉角、空洞、孔洞等现象；或部分位置出现碳化，局部碳化深度大于混凝土保护层厚度；或混凝土受到腐蚀、冻融，钢筋出现锈蚀或混凝土胀裂	累计面积＞构件面积的10%且≤构件面积的20%，单处面积＞1.0 m²
4	大面积出现严重空洞、孔洞、剥落、掉角现象；或大部分位置碳化，碳化深度大于混凝土保护层厚度，混凝土表面胶凝料大量松散粉化；或构件腐蚀、冻融，钢筋大量锈蚀或混凝土胀裂	累计面积＞构件面积的20%，单处面积＞1.0 m²

(7)拱上结构裂缝：标度分为4级，根据拱上结构裂缝出现的部位、数量及缝长、缝宽来确定标度等级，评定标准见表4-3-26。

表 4-3-26 拱上结构裂缝

标度	评定标准	
	定性描述	定量描述
1	完好	—
2	拱上立柱(立墙)上下端水平裂缝：少量裂缝，缝宽未超限	拱上立柱(立墙)上下端水平裂缝：缝长≤立柱直径或立墙截面长的1/8
	盖梁和横系梁裂缝：少量裂缝，缝宽未超限	盖梁和横系梁裂缝：缝长≤截面尺寸的1/3
	腹拱拱顶、拱脚径向裂缝：出现裂缝，缝宽未超限	腹拱拱顶、拱脚径向裂缝：缝长≤截面尺寸的1/3
	梁板跨中竖向裂缝：少量裂缝，缝宽未超限	梁板跨中竖向裂缝：缝长≤截面尺寸的1/3
3	拱上立柱(立墙)上下端水平裂缝：较多裂缝，缝宽未超限	拱上立柱(立墙)上下端水平裂缝：缝长＞立柱直径或立墙截面长的1/8且≤立柱直径或立墙截面长的1/2
	盖梁和横系梁裂缝：较多裂缝，缝宽未超限	盖梁和横系梁裂缝：缝长＞截面尺寸的1/3且≤截面尺寸的1/2，间距≥20 cm
	腹拱拱顶、拱脚径向裂缝：较多裂缝，缝宽未超限	腹拱拱顶、拱脚径向裂缝：缝长＞截面尺寸的1/3且≤截面尺寸的2/3
	梁板跨中竖向裂缝：较多裂缝，缝宽未超限	梁板跨中竖向裂缝：缝长＞截面尺寸的1/2且≤截面尺寸的2/3，间距≥20 cm

续表

标度	评定标准	
	定性描述	定量描述
4	拱上立柱(立墙)上下端水平裂缝:大量裂缝,缝宽超限	拱上立柱(立墙)上下端水平裂缝:缝长＞立柱直径或立墙截面长的1/2
	盖梁和横系梁裂缝:大量裂缝,缝宽超限	盖梁和横系梁裂缝:缝长＞截面尺寸的1/2,间距＜20 cm
	腹拱拱顶、拱脚径向裂缝:大量裂缝,缝宽超限	腹拱拱顶、拱脚径向裂缝:缝长＞截面尺寸的2/3
	梁板跨中竖向裂缝:有大量裂缝,缝宽超限	梁板跨中竖向裂缝:缝长＞截面尺寸的2/3,间距＜20 cm

(8)拱上填料排水不畅:标度分为4级,根据拱上填料排水不畅导致积水的程度及对结构的影响确定标度等级,评定标准见表4-3-27。

表 4-3-27　拱上填料排水不畅

标度	评定标准
	定性描述
1	完好
2	排水不畅,导致侧墙出现渗水
3	排水不畅,填土聚积水分,导致侧墙出现轻微鼓肚
4	排水不畅,填土聚积大量水分,导致侧墙出现大量渗水,侧墙出现鼓肚、松动

2.2.3　双曲拱桥主拱圈评定指标及分级评定标准

双曲拱桥主拱圈评定指标分为主拱圈、横向连接系变形,渗水,主拱圈裂缝,拱脚位移,蜂窝、麻面,剥落、掉角和空洞、孔洞7类,分级评定标准如下:

(1)主拱圈、横向连接系变形:标度分为5级,根据主拱圈或横向连接系及对其功能的影响程度来确定标度等级,评定标准见表4-3-28。

表 4-3-28　主拱圈、横向连接系变形

标度	评定标准
	定性描述
1	完好
2	主拱圈无明显变形,或个别横向连接系轻微松动、开裂,或横向连接系出现轻微扭曲变形,拱肋各肋间变形趋于一致
3	边拱肋有轻微横移或外倾,或少部分横向连接拉杆松动、开裂,横向连接系出现明显变形,但强度足够,拱肋变形比较均匀
4	拱圈存在明显的变形,拱顶下挠,变形过大,桥面竖向呈波形,或横向连接系出现明显永久变形,产生损坏,横向稳定性弱,拱波出现较严重的纵向裂缝且缝宽大于限值
5	拱圈出现严重异常变形、开裂、拱顶下沉,变形过大;或受压构件有严重的横向扭曲变形;或横向连接系强度严重不足甚至没有设置,横向连接系产生严重损坏,横向稳定性严重不足,拱肋横桥向变形非常不均匀,拱波出现贯通纵向裂缝且裂缝大于限值,大量横向连接拉杆松动、断裂导致拱肋严重变形,不能正常行车

(2)渗水:标度分为4级,根据主拱圈渗水的程度及有无其他的结晶产生等来确定标度等级,评定标准见表4-3-29。

表 4-3-29　渗水

标度	评定标准
	定性描述
1	完好
2	无明显渗水现象
3	局部拱圈有明显渗水现象
4	多处拱圈有明显渗水现象，渗水处伴有晶体析出或锈蚀现象，流膏处混凝土松散

(3)主拱圈裂缝：标度分为 5 级，根据主拱圈裂缝出现的部位、数量及缝长、缝宽来确定标度等级，评定标准见表 4-3-30。

表 4-3-30　主拱圈裂缝

标度	评定标准	
	定性描述	定量描述
1	完好，无裂缝	—
2	横向裂缝：有少量裂缝，缝宽未超限	横向裂缝：缝长≤截面尺寸的1/3
	拱波和拱肋结合部位的纵向裂缝：出现开裂，缝宽未超限	拱波和拱肋结合部位的纵向裂缝：缝长≤截面尺寸的1/3
	跨中截面肋波结合面的环向裂缝：出现少量开裂，缝宽未超限	跨中截面肋波结合面的环向裂缝：缝长≤截面尺寸的1/3
	拱波纵向裂缝：结合面开裂或有纵向裂缝，缝宽未超限	拱波纵向裂缝：缝长≤结合面长度或跨长的1/8
	横向连接系构件裂缝：有少量裂缝，缝宽未超限	横向连接系构件裂缝：缝长≤截面尺寸的1/3
3	横向裂缝：较多裂缝，缝宽未超限	横向裂缝：缝长>截面尺寸的1/3且≤截面尺寸的2/3，间距≥30 cm
	拱波和拱肋结合部位的纵向裂缝：结合部出现较多纵向裂缝	拱波和拱肋结合部位的纵向裂缝：缝长>截面尺寸的1/3且≤截面尺寸的2/3，缝宽≤0.2 mm
	跨中截面肋波结合面的环向裂缝：出现较多环向裂缝，缝宽未超限	跨中截面肋波结合面的环向裂缝：缝长>截面尺寸的1/3且≤截面尺寸的1/2
	拱波纵向裂缝：较多纵向裂缝	拱波纵向裂缝：缝长>结合面长度或跨长的1/8且≤结合面长度或跨长的1/2，缝宽≤0.5 mm
	横向连接系构件裂缝：有较多裂缝，缝宽未超限	横向连接系构件裂缝：缝长>截面尺寸的1/3且≤截面尺寸的2/3，间距≥20 cm
4	横向裂缝：重点部位缝宽超限	横向裂缝：缝长>截面尺寸的2/3，间距<30 cm
	拱波和拱肋结合部位的纵向裂缝：接合部出现大量裂缝	拱波和拱肋结合部位的纵向裂缝：缝长>截面尺寸的2/3，缝宽>0.2 mm
	跨中截面肋波结合面的环向裂缝：出现大量环向裂缝，缝宽超限	跨中截面肋波结合面的环向裂缝：缝长>截面尺寸的1/2
	拱波纵向裂缝：出现大量纵向裂缝	拱波纵向裂缝：缝长>结合面长度或跨长的1/2，缝宽>0.5 mm
	横向连接系构件裂缝：大量裂缝，缝宽超限	横向连接系构件裂缝：缝长>截面尺寸的2/3，间距<20 cm
5	控制截面出现大量结构性裂缝，裂缝大多贯通，且缝宽超限，主梁出现变形	—

(4)拱脚位移：标度分为5级，评定标准同板拱桥、肋拱桥和箱拱桥主拱圈，见表4-3-19。

(5)蜂窝、麻面：标度分为3级，评定标准同混凝土梁式桥上部结构，见表4-2-1。

(6)剥落、掉角：标度分为4级，评定标准同混凝土梁式桥上部结构，见表4-2-2。

(7)空洞、孔洞：标度分为4级，评定标准同混凝土梁式桥上部结构，见表4-2-3。

2.2.4 双曲拱桥拱上结构评定指标及分级评定标准

双曲拱桥拱上结构评定指标及分级评定标准依照板拱桥、肋拱桥、箱拱桥拱上结构相关规定。

2.2.5 刚架拱桥的刚架拱片与微弯板评定指标及分级评定标准

刚架拱桥的刚架拱片与微弯板评定指标可分为跨中挠度，横系梁与拱片连接松动、开裂，微弯板穿孔、塌陷、露筋，裂缝，拱脚位移，蜂窝、麻面，剥落、掉角和空洞、孔洞8类，分级评定标准如下：

(1)跨中挠度：标度分为5级，根据拱片跨中最大挠度与计算跨径之比来确定标度等级，评定标准见表4-3-31。

表4-3-31 跨中挠度

标度	评定标准	
	定性描述	定量描述
1	完好	—
2	较好，无明显挠度变形	—
3	跨中下挠，拱轴线偏离	跨中最大挠度≤计算跨径的1/1 000
4	下挠较严重，拱轴线偏离	跨中最大挠度>计算跨径的1/1 000且≤计算跨径的1/800
5	下挠严重，拱圈严重变形、开裂，拱轴线严重偏离，变形随时间发展迅速，影响结构安全	跨中最大挠度>计算跨径的1/800

(2)横系梁与拱片连接松动、开裂：标度分为5级，根据横系梁与拱片连接松动、开裂的程度及对结构的影响程度来确定标度等级，评定标准见表4-3-32。

表4-3-32 横系梁与拱片连接松动、开裂

标度	评定标准
	定性描述
1	完好
2	个别横系梁与拱片连接松动、开裂
3	横系梁与拱片连接松动、开裂，个别横系梁出现竖向开裂
4	横系梁与拱片连接松动、开裂导致拱片变形、位移大于限值，同时横系梁出现脱落现象
5	横系梁与拱片连接严重松动、开裂，拱片出现严重变形、位移，甚至导致桥面严重塌陷或沉降

(3)微弯板穿孔、塌陷、露筋：标度分为5级，根据微弯板出现的穿孔、塌陷、露筋数量及对结构的影响程度来确定标度等级，评定标准见表4-3-33。

表4-3-33 微弯板穿孔、塌陷、露筋

标度	评定标准
	定性描述
1	完好

续表

标度	评定标准
	定性描述
2	微弯板出现极个别露筋、穿孔
3	微弯板出现较多露筋、穿孔现象
4	微弯板出现大量露筋、穿孔及少量塌陷现象
5	微弯板严重塌陷，不能正常行车并造成严重安全隐患

（4）裂缝：标度分为5级，根据微弯板或肋腋板与实腹段裂缝出现数量及缝长、缝宽来确定标度等级，标准见表4-3-34。

表 4-3-34　裂缝

标度	评定标准	
	定性描述	定量描述
1	完好，无裂缝	—
2	竖向裂缝：有少量裂缝，缝宽未超限	竖向裂缝：缝长≤截面尺寸的1/3
	微弯板或肋腋板纵向开裂：出现开裂，缝宽未超限	微弯板或肋腋板纵向开裂：缝长≤截面尺寸的1/8
	横向裂缝：有少量裂缝，缝宽未超限	横向裂缝：缝长≤截面尺寸的1/3
	实腹段、拱腿斜裂缝：有少量裂缝，缝宽未超限	实腹段、拱腿斜裂缝：缝长≤截面尺寸的1/3
3	竖向裂缝：有较多裂缝，缝宽未超限	竖向裂缝：缝长＞截面尺寸的1/3且≤截面尺寸的1/2，间距≥30 cm
	微弯板或肋腋板纵向开裂：结合部出现较多纵向裂缝，缝宽未超限	微弯板或肋腋板纵向开裂：缝长＞截面尺寸的1/8且≤截面尺寸的1/3
	横向裂缝：有较多裂缝，缝宽未超限	横向裂缝：缝长＞截面尺寸的1/3且≤截面尺寸的2/3，间距≥20 cm
	实腹段、拱腿斜裂缝：有较多裂缝，缝宽未超限	实腹段、拱腿斜裂缝：缝长＞截面尺寸的1/3且≤截面尺寸的1/2
4	竖向裂缝：有大量裂缝，缝宽超限	竖向裂缝：缝长＞截面尺寸的1/2，间距＜30 cm
	微弯板或肋腋板纵向开裂：结合部出现大量裂缝，缝宽超限	微弯板或肋腋板纵向开裂：缝长＞截面尺寸的1/3
	横向裂缝：有大量裂缝，缝宽超限	横向裂缝：缝长＞截面尺寸的2/3，间距＜20 cm
	实腹段、拱腿斜裂缝：缝宽超限	实腹段、拱腿斜裂缝：缝长＞截面尺寸的1/2
5	控制截面出现大量结构性裂缝，裂缝大多贯通，且缝宽超限，主梁出现变形	缝宽＞1.0 mm，间距＜10 cm

（5）拱脚位移：标度分为5级，评定标准同板拱桥、肋拱桥和箱拱桥主拱圈，见表4-3-19。
（6）蜂窝、麻面：标度分为3级，评定标准同混凝土梁式桥上部结构，见表4-2-1。
（7）剥落、掉角：标度分为4级，评定标准同混凝土梁式桥上部结构，见表4-2-2。
（8）空洞、孔洞：标度分为4级，评定标准同混凝土梁式桥上部结构，见表4-2-3。

2.2.6　刚架拱桥横向连接系评定指标及分级评定标准

刚架拱桥横向连接系评定指标可分为混凝土压碎，连接部钢板锈蚀、断裂，裂缝，变形，蜂窝、麻面，剥落、掉角和空洞、孔洞7类，分级评定标准如下：

(1)混凝土压碎:标度分为 5 级,根据混凝土的压碎损伤程度及对结构的影响程度来确定标度等级,评定标准见表 4-3-35。

表 4-3-35 混凝土压碎

标度	评定标准
	定性描述
1	完好
2	混凝土局部裂缝、剥离、掉角
3	混凝土出现酥裂
4	混凝土部分压碎,非关键杆件有失稳隐患
5	关键部位混凝土压碎或杆件失稳,造成桥面板严重塌陷

(2)连接部钢板锈蚀、断裂:标度分为 5 级,根据连接板的锈蚀状况及对结构的影响程度来确定标度等级,评定标准见表 4-3-36。

表 4-3-36 连接部钢板锈蚀、断裂

标度	评定标准
1	完好
2	基本完好,极少量钢板锈蚀,无断裂现象
3	较多钢板锈蚀,少部分钢板出现穿孔或断裂
4	大量钢板出现锈蚀、断裂,造成主拱变形
5	大量钢板严重锈蚀、断裂,造成主拱严重变形并产生破坏,影响结构安全

(3)裂缝:标度分为 4 级,根据横向连接系的裂缝数量及缝长、缝宽来确定标度等级,评定标准见表 4-3-37。

表 4-3-37 裂缝

标度	评定标准	
	定性描述	定量描述
1	无裂缝	—
2	较少裂缝,缝宽未超限	缝长≤截面尺寸的 1/3,间距>30 cm
3	较多裂缝,缝宽未超限	缝长>截面尺寸的 1/3 且≤截面尺寸的 2/3,间距≥20 cm
4	大量裂缝,缝宽超限,部分贯通	缝长>截面尺寸的 2/3,间距<20 cm

(4)变形:标度分为 5 级,根据横向连接系变形的程度来确定标度等级,评定标准见表 4-3-38。

表 4-3-38 变形

标度	评定标准
	定性描述
1	完好
2	无明显变形
3	轻微变形,变形小于限值

续表

标度	评定标准
	定性描述
4	明显永久变形，变形过大，造成拱片出现裂缝
5	明显变形异常，拱片变形过大，产生严重破坏，或者造成桥面板严重塌落

(5)蜂窝、麻面：标度分为3级，评定标准同混凝土梁式桥上部结构，见表4-2-1。

(6)剥落、掉角：标度分为4级，评定标准同混凝土梁式桥上部结构，见表4-2-2。

(7)空洞、孔洞：标度分为4级，评定标准同混凝土梁式桥上部结构，见表4-2-3。

2.2.7 桁架拱桥的桁架拱片与微弯板的评定指标及分级评定标准

桁架拱桥的桁架拱片与微弯板评定指标可分为构件变形，拱片连接处混凝土断裂，上弦杆缺陷，裂缝，微弯板穿孔、塌陷、露筋，拱脚位移，蜂窝、麻面，剥落、掉角和空洞、孔洞9类，分级评定标准如下：

(1)构件变形：标度分为5级，根据拱片与微弯板的变形程度及对结构的影响程度来确定标度等级，评定标准见表4-3-39。

表4-3-39 构件变形

标度	评定标准
	定性描述
1	完好
2	较好，构件无明显变形
3	个别次要构件出现弯曲变形，行车稍感振动或摇晃
4	个别主要构件出现异常弯曲变形，行车振动或摇晃明显或有异常声音
5	较多主要构件出现严重变形或开裂，显著影响承载力，结构振动或摇晃显著，有不正常移动

(2)拱片连接处混凝土断裂：标度分为5级，根据连接处出现混凝土碎裂的程度及对结构的影响程度来确定标度等级，评定标准见表4-3-40。

表4-3-40 拱片连接处混凝土断裂

标度	评定标准
	定性描述
1	完好
2	拱片连接处混凝土基本完好
3	少量拱片连接处混凝土出现轻微碎裂
4	大量拱片连接处混凝土出现大面积碎裂
5	大量拱片连接处混凝土出现完全碎裂，拱圈严重变形，显著影响承载力

(3)上弦杆缺陷：标度分为5级，根据上弦杆拉裂与行车道板脱空数量及对结构的影响程度来确定标度等级，评定标准见表4-3-41。

表4-3-41 上弦杆缺陷

标度	评定标准
	定性描述
1	完好
2	个别上弦杆出现拉裂现象

续表

标度	评定标准
	定性描述
3	部分位置上弦杆与行车道板出现脱空现象
4	较多位置上弦杆与行车道板脱空,拱圈或桥面板有变形现象
5	几乎所有位置上弦杆与行车道板脱空,拱圈或桥面板严重变形,甚至桥面板出现严重塌陷

(4)裂缝:标度分为5级,根据桁架拱片及微弯板裂缝出现的部位、数量及缝长、缝宽来确定标度等级,评定标准见表4-3-42。

表 4-3-42 裂缝

标度	评定标准	
	定性描述	定量描述
1	完好,无裂缝	—
2	竖向裂缝:有少量裂缝,缝宽未超限	竖向裂缝:缝长≤截面尺寸的1/3
	纵向开裂:少量出现开裂,缝宽未超限	纵向开裂:缝长≤截面尺寸的1/3
	连接处裂缝:有少量杆件连接处出现开裂,缝宽未超限	连接处裂缝:缝长≤截面尺寸的1/3
	横向裂缝:有少量裂缝,缝宽未超限	横向裂缝:缝长≤截面尺寸的1/3
	实腹段斜裂缝:有少量裂缝,缝宽未超限	实腹段斜裂缝:缝长≤截面尺寸的1/3
3	竖向裂缝:有较多裂缝,缝宽未超限	竖向裂缝:缝长>截面尺寸的1/3且≤截面尺寸的1/2,间距≥30 cm
	纵向开裂:结合部出现较多纵向裂缝,缝宽未超限	纵向开裂:缝长>截面尺寸的1/3且≤截面尺寸的2/3
	连接处裂缝:有少量杆件连接处出现开裂,缝宽未超限	连接处裂缝:缝长>截面尺寸的1/3且≤截面尺寸的1/2
	横向裂缝:有较多裂缝,缝宽未超限	横向裂缝:缝长>截面尺寸的1/2且≤截面尺寸的2/3,间距≥20 cm
	实腹段斜裂缝:有较多裂缝,缝宽未超限	实腹段斜裂缝:缝长>截面尺寸的1/3且≤截面尺寸的1/2
4	竖向裂缝:有大量裂缝,缝宽超限	竖向裂缝:缝长>截面尺寸的1/2,间距<30 cm
	纵向开裂:结合部出现大量裂缝,缝宽超限	纵向开裂:缝长>截面尺寸的2/3
	连接处裂缝:有大量杆件连接处出现开裂,缝宽超限	连接处裂缝:缝长>截面尺寸的1/2
	横向裂缝:有大量裂缝,缝宽超限	横向裂缝:缝长>截面尺寸的2/3,间距<20 cm
	实腹段斜裂缝:有大量裂缝,缝宽超限	实腹段斜裂缝:缝长>截面尺寸的1/2
5	控制截面出现大量结构性裂缝,裂缝大多贯通,且缝宽超限,主梁出现变形	缝宽>1.0 mm,间距<10 cm

(5)微弯板穿孔、塌陷、露筋:标度分为5级,同刚架拱桥的刚架拱片及微弯板评定标准,见表4-3-33。

(6)拱脚位移:标度分为5级,评定标准同板拱桥、肋拱桥和箱拱桥主拱圈,见表4-3-19。

(7)蜂窝、麻面:标度分为3级,评定标准同混凝土梁式桥上部结构,见表4-2-1。

(8)剥落、掉角:标度分为4级,评定标准同混凝土梁式桥上部结构,见表4-2-2。

(9)空洞、孔洞：标度分为4级，评定标准同混凝土梁式桥上部结构，见表4-2-3。

2.2.8 桁架拱桥的横向连接系评定指标及分级评定标准

桁架拱桥的横向连接系评定指标可分为变形，裂缝，混凝土压碎，蜂窝、麻面，剥落、掉角和空洞、孔洞6类，分级评定标准如下：

(1)变形：标度分为5级，根据横向连接系的变形程度及对结构的影响程度来确定标度等级，评定标准见表4-3-43。

表 4-3-43 变形

标度	评定标准
	定性描述
1	完好
2	无明显变形
3	出现轻微变形现象，变形小于限值
4	明显永久变形，变形过大，造成桁架拱片产生较严重破坏
5	明显变形异常，桁架拱片严重变形过大，拱片失稳，产生严重破坏，或者造成桥面板严重塌落

(2)裂缝：标度分为4级，根据横向连接系裂缝的数量、缝长、缝宽及间距来确定标度等级，评定标准见表4-3-44。

表 4-3-44 裂缝

标度	评定标准	
	定性描述	定量描述
1	完好	—
2	有少量裂缝，缝宽未超限	缝长≤截面尺寸的1/3，间距>30 cm
3	裂缝较多，缝宽未超限	缝长>截面尺寸的1/3且≤截面尺寸的2/3，间距≥20 cm
4	有大量裂缝且缝宽超限	缝长>截面尺寸的2/3，间距<20 cm

(3)混凝土压碎：标度分为5级，评定标准同刚架拱桥横向连接系，见表4-3-35。
(4)蜂窝、麻面：标度分为3级，评定标准同混凝土梁式桥上部结构，见表4-2-1。
(5)剥落、掉角：标度分为4级，评定标准同混凝土梁式桥上部结构，见表4-2-2。
(6)空洞、孔洞：标度分为4级，评定标准同混凝土梁式桥上部结构，见表4-2-3。

2.2.9 拱式桥桥面板评定指标及分级评定标准

拱式桥桥面板评定指标及分级评定标准依照梁式桥上部结构构件相关规定。

2.3 钢—混凝土组合拱桥

2.3.1 拱肋、横向连接系评定指标及分级评定标准

拱肋、横向连接系评定指标可分为涂层缺陷，焊缝开裂，混凝土裂缝，构件扭曲变形、局部损伤，构件腐蚀、生锈，管内混凝土填充不密实或脱空，主拱圈挠度，拱肋位移，蜂窝、麻面，剥落、掉角，空洞、孔洞，混凝土保护层厚度，钢筋锈蚀和混凝土碳化14类，分级评定标准如下：

(1)涂层缺陷：标度分为4级，根据拱肋、横向连接涂层的损坏程度、面积来确定标度等级，评定标准见表4-3-45。

表 4-3-45 涂层缺陷

标度	评定标准	
	定性描述	定量描述
1	完好	—
2	涂层有轻微损坏、裂纹、起皮或剥落	累计面积≤构件面积的10%，单处面积≤1.0 m²
3	较大范围涂层有损坏、裂纹、起皮或剥落	累计面积>构件面积的10%且≤构件面积的20%，单处面积>1.0 m²
4	大范围涂层有轻微损坏、裂纹、起皮或剥落	累计面积>构件面积的20%，单处面积>1.0 m²

(2)焊缝开裂：标度分为4级，根据焊缝开裂的数量及程度来确定标度等级，评定标准见表4-3-46。

表 4-3-46 焊缝开裂

标度	评定标准
	定性描述
1	完好
2	焊缝部位涂层有少量裂纹，但符合相关规范要求
3	较多焊缝存在裂缝，且不符合相关规范要求
4	大量焊缝存在裂缝，且不符合相关规范要求

(3)混凝土裂缝：标度分为4级，根据混凝土开裂的数量、面积及缝长、缝宽、间距来确定标度等级，评定标准见表4-3-47。

表 4-3-47 混凝土裂缝

标度	评定标准	
	定性描述	定量描述
1	完好	—
2	局部出现网状裂纹，或有少量裂缝，缝宽未超限	网状裂纹累计面积≤构件面积的20%，单处面积≤1.0 m²，或裂缝缝长≤截面尺寸的1/3
3	大面积出现网状裂纹，或有较多裂缝，缝宽未超限	网状裂纹累计面积>构件面积的20%，单处面积>1.0 m²，或裂缝缝长>截面尺寸的1/3且≤截面尺寸的1/2，间距<20 cm
4	有大量裂缝，大多贯通且重点部位缝宽超限	缝长>截面尺寸的1/2，间距<20 cm

(4)构件扭曲变形、局部损伤：标度分为5级，根据构件的变形程度及对结构的影响程度来确定标度等级，评定标准见表4-3-48。

表 4-3-48 构件扭曲变形、局部损伤

标度	评定标准
	定性描述
1	完好
2	—
3	构件存在轻微扭曲现象，横向连接件出现松动
4	构件存在明显的永久变形，桥面线形变化明显，行车振动或摇晃明显或有异常音，变形过大
5	构件存在明显的永久变形，桥面线形变化明显，结构振动或摇晃显著，有不正常移动，变形过大，严重影响结构安全

(5)构件腐蚀、生锈:标度分为4级,根据构件锈蚀的面积或锈孔数量、直径来确定标度等级,评定标准见表4-3-49。

表4-3-49 构件腐蚀、生锈

标度	评定标准	
	定性描述	定量描述
1	完好	—
2	构件表面有少量油脂和污垢,且没有附着不牢的氧化皮、铁锈和油漆层	锈蚀累计面积≤构件面积的5%
3	构件表面发生锈蚀,并且部分氧化皮或油漆层已经剥落或者可以刮除,部位出现锈蚀成洞现象	锈蚀累计面积>构件面积的5%且≤10%,或锈蚀孔洞≤2个,孔洞直径≤杆件宽度的15%(或≤30 mm)
4	构件表面存在严重点蚀现象,氧化皮或油漆层因锈蚀而全面剥离,较多部位被锈蚀成洞,影响结构安全	锈蚀累计面积>构件面积的10%,或锈蚀孔洞>2个,孔洞直径>杆件宽度的15%(或>30 mm)

(6)管内混凝土填充不密实或脱空:标度分为4级,根据管内混凝土脱空数量的多少来确定标度等级,评定标准见表4-3-50。

表4-3-50 管内混凝土填充不密实或脱空

标度	评定标准
	定性描述
1	完好
2	管内混凝土存在数量极少的脱空现象
3	管内混凝土存在少部分脱空现象
4	管内混凝土存在较多脱空现象

(7)主拱圈挠度:标度分为5级,根据主拱圈跨中最大挠度与计算跨径之比来确定标度等级,评定标准见表4-3-51。

表4-3-51 主拱圈挠度

标度	评定标准	
	定性描述	定量描述
1	完好	—
2	较好,无明显挠曲变形	—
3	挠度小于限值	跨中最大挠度≤计算跨径的1/1 000
4	挠度大于限值	跨中最大挠度>计算跨径的1/1 000且≤计算跨径的1/800
5	挠度严重大于限值,显著影响承载力,有不正常移动,或造成梁板出现严重病害,影响行车安全	跨中最大挠度>计算跨径的1/800

(8)拱肋位移:标度分为5级,根据拱肋位移的程度及对结构的影响程度来确定标度等级,评定标准见表4-3-52。

表4-3-52 拱肋位移

标度	评定标准
	定性描述
1	完好

续表

标度	评定标准
	定性描述
2	—
3	—
4	拱肋沿顺桥向或横桥向出现异常位移变形，行车振动或摇晃明显或有异常声音
5	拱肋沿顺桥向或横桥向出现严重的位移变形，存在失稳现象，桥面线形、纵向位移伸缩量出现显著异常，结构振动或摇晃显著

(9)蜂窝、麻面：标度分为3级，评定标准同混凝土梁式桥上部结构，见表4-2-1。

(10)剥落、掉角：标度分为4级，评定标准同混凝土梁式桥上部结构，见表4-2-2。

(11)空洞、孔洞：标度分为4级，评定标准同混凝土梁式桥上部结构，见表4-2-3。

(12)混凝土保护层厚度：标度分为4级，评定标准同混凝土梁式桥上部结构，见表4-2-4。

(13)钢筋锈蚀：标度分为5级，评定标准同混凝土梁式桥上部结构，见表4-2-5。

(14)混凝土碳化：标度分为4级，评定标准同混凝土梁式桥上部结构，见表4-2-6。

2.3.2 立柱评定指标及分级评定标准

拱肋、横向连接系评定指标可分为混凝土裂缝，涂层缺陷，焊缝开裂，构件扭曲变形、局部损伤，构件腐蚀、生锈，管内混凝土填充不密实或脱空，蜂窝、麻面，剥落、掉角，空洞、孔洞和钢筋锈蚀10类，分级评定标准如下：

(1)混凝土裂缝：标度分为4级，根据立柱混凝土开裂的数量、面积及缝长、缝宽、间距来确定标度等级，评定标准见表4-3-53。

表4-3-53 混凝土裂缝

标度	评定标准	
	定性描述	定量描述
1	完好	—
2	局部出现网状裂纹，或有少量裂缝，缝宽未超限	网状裂纹累计面积≤构件面积的20%，单处面积≤1.0 m²，或裂缝缝长≤截面尺寸的1/2，间距≥30 cm
3	大面积出现网状裂纹，或有较多裂缝，缝宽未超限	网状裂纹累计面积＞构件面积的20%，单处面积＞1.0 m²，或裂缝缝长＞截面尺寸的1/2且≤截面尺寸的2/3，间距≥20 cm
4	有大量裂缝，大多贯通且重点部位缝宽超限	缝长＞截面尺寸的2/3，间距＜20 cm

(2)涂层缺陷：标度分为4级，评定标准同钢－混凝土组合拱桥拱肋、横向连接系，见表4-3-45。

(3)焊缝开裂：标度分为4级，评定标准同钢－混凝土组合拱桥拱肋、横向连接系，见表4-3-46。

(4)构件扭曲变形、局部损伤：标度分为5级，评定标准同钢－混凝土组合拱桥拱肋、横向连接系，见表4-3-48。

(5)构件腐蚀、生锈：标度分为4级，评定标准同钢－混凝土组合拱桥拱肋、横向连接系，见表4-3-49。

(6)管内混凝土填充不密实或脱空：标度分为4级，评定标准同钢－混凝土组合拱桥拱肋、横向连接系，见表4-3-50。

(7)蜂窝、麻面：标度分为3级，评定标准同混凝土梁式桥上部结构，见表4-2-1。

(8)剥落、掉角：标度分为4级，评定标准同混凝土梁式桥上部结构，见表4-2-2。

(9)空洞、孔洞：标度分为4级，评定标准同混凝土梁式桥上部结构，见表4-2-3。

(10)钢筋锈蚀：标度分为5级，评定标准同混凝土梁式桥上部结构，见表4-2-5。

2.3.3 吊杆评定指标及分级评定标准

吊杆评定指标可分为渗水，锈蚀，锚头损坏，橡胶老化变质，防护套损坏，吊杆的防护层破坏，断丝，蜂窝、麻面，剥落、掉角和空洞、孔洞10类，分级评定标准如下：

(1)渗水：标度分为4级，根据吊杆两端的锚固部位、锚头、横梁锚固构造、吊杆套管、减震器等的防渗装置损坏程度、渗水的程度及锈蚀发生的情况来确定标度等级，评定标准见表4-3-54。

表4-3-54 渗水

标度	评定标准
	定性描述
1	完好
2	有轻微渗水现象
3	个别构件防水渗透装置损坏，有明显渗水现象，并有锈蚀
4	构件防水渗透装置损坏，多处构件有明显渗水现象并伴有较严重锈蚀现象

(2)锈蚀：标度分为5级，根据锚头、螺栓、钢管护套等表面的锈蚀状况、面积及锈蚀孔洞的数量来确定标度等级，评定标准见表4-3-55。

表4-3-55 锈蚀

标度	评定标准	
	定性描述	定量描述
1	完好	—
2	构件表面有少量油脂和污垢，且没有附着不牢的氧化皮、铁锈和油漆层	锈蚀累计面积≤构件面积的3%
3	构件表面发生锈蚀，并且部分氧化皮或油漆层已经剥落	锈蚀累计面积＞构件面积的3%且≤构件面积的10%
4	构件表面有大量点蚀现象，氧化皮或油漆层因锈蚀而部分剥落或者可以刮除，出现锈蚀成洞现象	锈蚀累计面积＞构件面积的10%，有2个以内的锈蚀孔洞
5	构件表面有严重点蚀现象，氧化皮或油漆层因锈蚀而全面剥离，较多部位被锈蚀成洞，影响结构安全	锈蚀累计面积＞构件面积的10%，有2个以上的锈蚀孔洞

(3)锚头损坏：标度分为4级，根据锚头损坏的程度及数量来确定标度等级，评定标准见表4-3-56。

表4-3-56 锚头损坏

标度	评定标准
	定性描述
1	完好
2	个别锚头出现轻微破损现象
3	个别锚头出现破损、松动现象
4	多数锚头出现破损、松动或裂缝现象

(4)橡胶老化变质：标度分为4级，根据吊杆端部及减震器橡胶的老化程度、损坏程度及数量来确定标度等级，评定标准见表4-3-57。

表4-3-57 橡胶老化变质

标度	评定标准
	定性描述
1	完好
2	吊索端部及减震器部位橡胶轻微老化，表面有脏污，或减震措施有极个别处表面轻微损坏
3	吊索端部及减震器部位橡胶老化变形，或减震措施较多处出现松动或损坏
4	吊索端部及减震器部位橡胶老化变形，并有破裂渗水现象，或减震措施出现大量损坏，失去效用

(5)防护套损坏：标度分为4级，根据吊杆端部出口处钢管护套及钢管护套与PE护套连接处损坏程度与防护套油漆累计失效面积来确定标度等级，评定标准见表4-3-58。

表4-3-58 防护套损坏

标度	评定标准	
	定性描述	定量描述
1	完好	—
2	个别防护套以及连接处有轻微松动现象，或防护套油漆变色、轻微损坏、裂纹、起皮、剥落	防护套油漆失效面积≤构件面积的10%
3	较多防护套以及连接处有松动或套管顶未密封，或防护套较大范围涂层有较严重损坏、裂纹、起皮、剥落	防护套油漆累计失效面积＞构件面积的10%且≤20%
4	大量防护套以及连接处有松动或套管顶未密封，造成渗水现象，或防护套大范围涂层有严重损坏、裂纹、起皮、剥落	防护套油漆累计失效面积＞构件面积的20%

(6)吊杆的防护层破坏：标度分为4级，根据吊杆防护层的老化损坏程度及数量来确定标度等级，评定标准见表4-3-59。

表4-3-59 吊杆的防护层破坏

标度	评定标准
	定性描述
1	完好
2	个别吊杆防护层存在轻微老化或破损现象
3	较多吊杆防护层存在老化、破损、裂纹现象
4	大量吊杆防护层严重老化、破损、裂纹、积水，造成吊杆锈蚀严重

(7)断丝：标度分为5级，根据吊杆钢丝锈蚀、损坏程度及数量来确定标度等级，评定标准见表4-3-60。

表 4-3-60 断丝

标度	评定标准
	定性描述
1	完好
2	极个别吊杆钢丝有少量疲劳现象，无断裂情况，满足设计要求
3	个别吊杆有钢丝锈蚀、损坏现象，无断裂现象
4	部分吊杆钢丝锈蚀或损坏较严重，个别有断裂现象
5	部分吊杆钢丝严重锈蚀、断裂或损坏，或造成梁体严重变形

(8)蜂窝、麻面：标度分为 3 级，评定标准同混凝土梁式桥上部结构，见表 4-2-1。

(9)剥落、掉角：标度分为 4 级，评定标准同混凝土梁式桥上部结构，见表 4-2-2。

(10)空洞、孔洞：标度分为 4 级，评定标准同混凝土梁式桥上部结构，见表 4-2-3。

2.3.4 系杆与防护板评定指标及分级评定标准

系杆与防护板评定指标可分为锈蚀，系杆外部涂层脱落，系杆连接松动，锚头、防护套损坏，断丝，混凝土裂缝，蜂窝、麻面，剥落、掉角和空洞、孔洞 9 类，分级评定标准如下：

(1)锈蚀：标度分为 4 级，根据锚头、防护罩、钢箱的防锈油渗漏及表面锈蚀状况来确定标度等级，评定标准见表 4-3-61。

表 4-3-61 锈蚀

标度	评定标准
	定性描述
1	完好
2	防锈油脂轻微渗漏，但没有继续渗漏迹象，或表面有少量油脂和污垢，但没有附着不牢的氧化皮、铁锈和油漆层
3	防锈油脂渗漏，渗漏数量较多，或渗漏速度较快；表面发生锈蚀，氧化皮或油漆层因锈蚀而部分剥落或者可以刮除
4	防锈油脂基本已经渗漏，失去效用；表面有严重点蚀现象，氧化皮或油漆层因锈蚀而全面剥离，影响构件安全

(2)系杆外部涂层脱落：标度分为 4 级，根据系杆外部涂层的损坏程度及累计失效面积来确定标度等级，评定标准见表 4-3-62。

表 4-3-62 系杆外部涂层脱落

标度	评定标准	
	定性描述	定量描述
1	完好	—
2	油漆变色、轻微损坏、裂纹、起皮或剥落	累计失效面积≤构件面积的 10%
3	较大范围涂层有损坏、裂纹、起皮或剥落	累计失效面积＞构件面积的 10%且≤构件面积的 20%
4	大范围涂层有损坏、裂纹、起皮或剥落	累计失效面积＞构件面积的 20%

(3)系杆连接松动：标度分为 4 级，根据系杆连接松动的程度来确定标度等级，评定标准见表 4-3-63。

表 4-3-63　系杆连接松动

标度	评定标准
	定性描述
1	完好
2	系杆连接处无明显松动
3	系杆连接处明显轻微松动，但不影响使用功能
4	系杆连接处明显松动，存在安全隐患

(4)锚头、防护套损坏：标度分为 4 级，根据锚头、防护套的老化损坏程度来确定标度等级，评定标准见表 4-3-64。

表 4-3-64　锚头、防护套损坏

标度	评定标准
	定性描述
1	完好
2	个别防护套轻微老化或破损
3	个别防护套老化、破损、裂纹；锚头存在老化、破损、裂纹现象
4	部分防护套老化、破损、裂纹或积水，造成局部渗水或锈蚀；锚头存在老化、破损、裂纹现象，造成局部渗水或锈蚀

(5)断丝：标度分为 5 级，根据吊杆钢丝锈蚀、损坏程度及数量来确定标度等级，评定标准见表 4-3-65。

表 4-3-65　断丝

标度	评定标准
	定性描述
1	完好
2	极个别吊杆钢丝有少量锈蚀现象，无断裂情况
3	个别吊杆钢丝有锈蚀、损坏现象，无断裂现象
4	部分吊杆钢丝有疲劳、锈蚀现象，个别有断裂，已经不满足设计要求
5	部分吊杆钢丝严重锈蚀、断裂或损坏，梁体出现严重变形，造成安全隐患

(6)混凝土裂缝：标度分为 4 级，根据混凝土防护板、系杆锚固区等混凝土开裂的数量、面积及缝长、缝宽、间距来确定标度等级，评定标准见表 4-3-66。

表 4-3-66　混凝土裂缝

标度	评定标准	
	定性描述	定量描述
1	完好	—
2	局部出现网状裂纹，或混凝土构件出现少量细裂缝或环形细裂缝，缝宽未超限	网状裂纹累计面积≤构件面积的20%，单处面积≤1.0 m²，或混凝土构件裂缝缝长≤截面尺寸的1/3，间距>30 cm

续表

标度	评定标准	
	定性描述	定量描述
3	大面积出现网状裂纹，或混凝土构件出现较多细裂缝或环形细裂缝，缝宽未超限	网状裂纹累计面积＞构件面积的20%，单处面积＞1.0 m²，或混凝土构件裂缝长＞截面尺寸的1/3且≤截面尺寸的1/2，间距＜30 cm
4	混凝土构件有大量细裂缝或环形裂缝，重点部位缝宽超限	缝长＞截面尺寸的1/2，间距＜20 cm

(7)蜂窝、麻面：标度分为3级，评定标准同混凝土梁式桥上部结构，见表4-2-1。

(8)剥落、掉角：标度分为4级，评定标准同混凝土梁式桥上部结构，见表4-2-2。

(9)空洞、孔洞：标度分为4级，评定标准同混凝土梁式桥上部结构，见表4-2-3。

2.3.5 桥面板(梁)评定指标及分级评定标准

桥面板(梁)评定指标及分级评定标准依照梁式桥上部结构构件相关规定。

2.4 钢拱桥

钢拱桥评定指标可分为涂层劣化、锈蚀、焊缝开裂、铆钉(螺栓)损失、构件裂缝、跨中挠度、构件变形、结构变位和拱脚位移9类，分级评定标准如下：

(1)涂层劣化：标度分为4级，评定标准同钢梁桥上部结构，见表4-2-13。

(2)锈蚀：标度分为4级，评定标准同钢梁桥上部结构，见表4-2-14。

(3)焊缝开裂：标度分为5级，评定标准同钢梁桥上部结构，见表4-2-15。

(4)铆钉(螺栓)损失：标度分为5级，评定标准同钢梁桥上部结构，见表4-2-16。

(5)构件裂缝：标度分为5级，评定标准同钢梁桥上部结构，见表4-2-17。

(6)跨中挠度：标度分为5级，评定标准同钢梁桥上部结构，见表4-2-18。

(7)构件变形：标度分为5级，评定标准同钢梁桥上部结构，见表4-2-19。

(8)结构变位：标度分为5级，评定标准同钢梁桥上部结构，见表4-2-20。

(9)拱脚位移：标度分为5级，根据拱脚滑动、位移的程度及对结构的影响程度来确定标度等级，评定标准见表4-3-67。

表4-3-67 拱脚位移

标度	评定标准
	定性描述
1	完好
2	—
3	—
4	拱脚出现滑动、位移，导致桥面线形或拱线形异常
5	拱脚不稳定，出现严重错台、滑动、位移现象，造成拱顶挠度大于限值或拱圈严重变形，桥面线形或拱线形明显异常

课题 4 悬索桥上部结构技术状况评定

任务 1 悬索桥上部结构主要检测内容

悬索桥上部结构可分为主缆、索夹、吊索、加劲梁、索塔、索鞍、锚碇和锚杆。其中，加劲梁又可分为预应力混凝土加劲梁、钢桁架加劲梁和钢箱加劲梁。

悬索桥上部结构检测应包括下列内容：

(1)主缆线型是否有变化。主缆涂装有无老化、裂缝、脱落、刮伤、磨损。主缆是否渗水、缠丝有无损伤、锈蚀，必要时可以打开油漆层和缠丝，检查索股钢丝涂膜有无劣化，钢丝有无锈蚀、断丝。锚头防锈漆是否粉化、脱落、开裂，锚头防锈油是否干硬、失效，锚头是否锈蚀、开裂，墩头或夹片是否异常，锚头螺母位置有无异常。

(2)索夹螺栓有无缺失、损伤、松动。索夹有无错位、滑移。索夹面漆有无起皮脱落，密封填料有无损坏。索夹外观有无裂缝及锈蚀。

(3)吊索索力有无异常变化。吊索防护套有无裂缝、鼓包、破损，必要时可以打开防护套，检查吊索钢丝涂膜有无劣化，钢丝有无锈蚀、断丝。钢套管有无锈蚀、损坏，内部有无积水。吊索导管端密封减震设施和其他减震装置有无病害及异常等。

(4)逐个检查吊索锚头及周围锚固区的情况。锚具是否渗水、锈蚀，是否有锈水流出的痕迹，锚固区是否开裂。必要时可打开锚具后盖抽查锚杯内是否积水、潮湿，防锈油是否结块、乳化失效，锚杯是否锈蚀。锚头是否锈蚀、开裂，墩头或夹片是否异常，锚头螺母位置有无异常。

(5)加劲梁的检测。参照混凝土梁式桥、钢梁桥的检测内容进行。

(6)桥塔有无异常变位。混凝土结构有无缺损、裂缝、剥落、露筋、钢筋锈蚀。钢结构涂装是否粉化、脱落、起泡、开裂，钢结构是否锈蚀、变形、裂缝。螺栓是否缺失、损坏、松动。钢与混凝土连接是否完好。

(7)主索鞍、散索鞍上座板与下座板有无相对位移、卡死、辊轴歪斜，鞍座螺杆、锚栓有无松动现象。鞍座内密封状况是否良好。索鞍有无锈蚀、裂缝，索鞍涂装有无粉化、裂缝、起泡、脱落，主缆和索鞍有无相对滑移。

(8)锚碇外观有无明显病害，如裂缝、空洞等，锚碇有无沉降、扭转及水平位移。锚室顶板、侧墙表面状况是否完好。锚室内有无渗漏水，是否积水，温度、湿度是否符合要求，除湿设备运行是否正常。

(9)索股锚杆涂层是否完好，有无锈蚀、裂纹病害。

任务 2 悬索桥上部结构评定指标

2.1 主缆

主缆评定指标可分为主缆防护损坏、主缆线形、扶手绳及栏杆绳损坏、主缆腐蚀或索股损坏和涂膜劣化 5 类，分级评定标准如下：

(1)主缆防护损坏：标度分为 4 级，根据主缆防护表面老化或破损的程度和面积来确定标度等级，评定标准见表 4-4-1。

表 4-4-1 主缆防护损坏

标度	评定标准	
	定性描述	定量描述
1	完好	—
2	主缆防护表面有局部面漆变色起皮,个别位置出现破损、老化、漏水	面漆变色起皮面积≤总面积的 3%,或破损面积≤总面积的 1%
3	主缆表面面漆有部分损坏、裂纹、变色起皮或剥落;局部位置出现破损、老化、漏水	防护破损面积>总面积的 1%且≤总面积的 10%
	或极少的部位缠丝外露,且没有生锈	缠丝外露数量≤总数量 3%
4	主缆表面较大范围面漆有轻微损坏、裂纹、变色起皮或剥落;局部位置出现严重破损、老化、漏水	防护破损面积>总面积的 10%
	局部缠丝外露并伴有生锈	缠丝外露数量>总数量 3%

（2）主缆线形：标度分为 5 级,根据主缆线形的变形程度来确定标度等级,评定标准见表 4-4-2。

表 4-4-2 主缆线形

标度	评定标准
	定性描述
1	主缆线形完好
2	主缆线形正常
3	主缆变形,但小于设计允许值
4	主缆变形较大,不可恢复的变化小于或等于设计允许值
5	主缆变形较为严重,不可恢复的变化大于设计允许值

（3）扶手绳及栏杆绳损坏：标度分为 4 级,根据扶手绳及栏杆绳程度或截面损失比例来确定标度等级,评定标准见表 4-4-3。

表 4-4-3 扶手绳及栏杆绳损坏

标度	评定标准	
	定性描述	定量描述
1	完好	—
2	检修道上扶手绳及栏杆绳有伤痕并有起丝现象	—
3	扶手绳、栏杆绳出现多处伤痕	截面损失>30%
4	扶手绳或栏杆绳有断裂现象	—

（4）主缆腐蚀或索股损坏：标度分为 5 级,根据主缆腐蚀或索股的脱皮、锈蚀、伤痕等状况来确定标度等级,评定标准见表 4-4-4。

表 4-4-4 主缆腐蚀或索股损坏

标度	评定标准
	定性描述
1	完好

续表

标度	评定标准
	定性描述
2	主缆局部出现轻微脱皮、锈蚀、伤痕或有麻点，或镀锌钢丝出现少量锌腐蚀亮斑，失去光泽
3	主缆出现少量脱皮、伤痕或轻度至中度腐蚀，缠丝层有较多麻坑，或镀锌钢丝出现较多锌腐蚀，并有白色腐蚀产物，尚未见铁腐蚀
4	主缆出现较多脱皮、伤痕或密布的中等大小腐坑，缠丝层有大量的麻坑，或镀锌钢丝锌层减少，出现铁腐蚀斑点和腐坑
5	主缆缠丝防锈层已经严重腐蚀、断丝，或出现严重脱皮、伤痕、断丝，或镀锌钢丝严重腐蚀、断丝

(5)涂膜劣化：标度分为4级，根据构件表面涂层的劣化程度或面积来确定标度等级，评定标准见表4-4-5。

表 4-4-5　涂膜劣化

标度	评定标准	
	定性描述	定量描述
1	完好	—
2	构件表面出现轻微起泡、裂纹、脱落现象，或构件表面出现轻微粉化现象	起泡、裂纹、脱落、粉化累计面积≤构件面积的10%
3	构件表面出现中等起泡、裂纹、脱落现象，或构件表面出现中等粉化或锈蚀现象	起泡、裂纹、脱落、粉化、锈蚀累计面积>构件面积的10%且≤构件面积的20%
4	构件表面出现较严重起泡、裂纹、脱落现象，或构件表面出现较严重粉化或锈蚀现象，轻轻擦抹涂层，粘有大量颜料粒子甚至出现漏底	起泡、裂纹、脱落粉化、锈蚀累计面积>构件面积的20%

2.2 索夹

索夹评定指标可分为错位、滑移，面漆起皮，索夹密封填料损坏，裂纹和锈蚀4类，分级评定标准如下：

(1)错位、滑移：标度分为4级，根据索夹出现错位、滑移的数量来确定标度等级，评定标准见表4-4-6。

表 4-4-6　错位、滑移

标度	评定标准	
	定性描述	定量描述
1	无移动	—
2	—	—
3	个别索夹有错位、移动	滑移量≤10 mm
4	较多索夹有明显错位、滑动现象；个别索夹位移超限	滑移量>10mm

(2)面漆起皮：标度分为4级，根据索夹面漆起皮、锈蚀的程度及数量来确定标度等级，评定标准见表4-4-7。

表 4-4-7 面漆起皮

标度	评定标准	
	定性描述	定量描述
1	完好	—
2	索夹面漆局部起皮	索夹起皮的数量≤总数量的 5%
3	索夹面漆局部起皮，并伴有锈蚀	索夹起皮的数量>总数量的 5%且≤总数量的 20%
4	索夹面漆起皮，锈蚀严重	索夹起皮、锈蚀的数量>总数量的 20%

(3)索夹密封填料损坏：标度分为 4 级，根据索夹密封填料的老化、局部变形、开裂的状况及数量来确定标度等级，评定标准见表 4-4-8。

表 4-4-8 索夹密封填料损坏

标度	评定标准	
	定性描述	定量描述
1	完好	—
2	索夹填料局部轻微老化，表面有脏污	数量≤总数量的 3%
3	索夹填料老化、局部有开裂剥落，部分发生变形	数量>总数量的 3%且≤总数量的 10%
4	索夹填料老化、有大量开裂剥落	数量>总数量的 10%

(4)裂纹和锈蚀：标度分为 4 级，根据索夹出现裂纹、开裂、锈蚀的状况及数量来确定标度等级，评定标准见表 4-4-9。

表 4-4-9 裂纹和锈蚀

标度	评定标准
	定性描述
1	完好
2	索夹个别部位出现明显轻微裂纹，或表面有少量点蚀、锈斑
3	大量索夹外观有较多明显裂缝，或表面普遍有点蚀、锈斑或锈坑
4	大量夹壁开裂，索夹眼板开裂，索夹严重锈蚀

2.3 吊索

吊索评定指标可分为渗水、锈蚀、腐蚀，锚头损坏，橡胶老化变质，掉漆、起皮，防护套破坏，吊索的防护层破坏和钢丝断丝 8 类，分级评定标准如下：

(1)渗水：标度分为 4 级，根据吊索两端的锚固部位、冷铸锚头、横梁锚固构造、吊索套管、减震器等处出现损坏、渗水和锈蚀的状况来确定标度等级，评定标准见表 4-4-10。

表 4-4-10 渗水

标度	评定标准
	定性描述
1	完好
2	有轻微渗水现象
3	个别构件防水渗透装置损坏，明显渗水，构件有锈蚀现象
4	较多构件防水渗透装置损坏，多处构件明显渗水，构件渗水处伴有较严重锈蚀现象

(2)锈蚀、腐蚀：标度分为 4 级，根据吊索钢丝、锚头、螺栓、钢管护套等处出现锈蚀的程度、面积和锈蚀孔洞的数量来确定标度等级，评定标准见表 4-4-11。

表 4-4-11 锈蚀、腐蚀

标度	评定标准	
	定性描述	定量描述
1	完好	—
2	表面有少量油脂和污垢,没有附着不牢的氧化皮、铁锈和油漆层,或表面少量点蚀、锈斑,或镀锌钢丝出现锌腐蚀亮斑	—
3	表面普遍有点蚀、锈斑、锈坑,或氧化皮、油漆层因锈蚀而部分剥落或者可以刮除,或钢丝发生较严重锈蚀,或镀锌钢丝锌层出现铁腐蚀斑点和腐坑	锈蚀面积≤构件面积5%,或构件表面锈蚀孔洞≤2个
4	表面普遍有点蚀现象,氧化皮或油漆层因锈蚀而全面剥离,或钢丝发生较严重锈蚀并有部分断裂,或镀锌钢丝严重腐蚀有开裂现象	锈蚀面积>构件面积5%,或构件表面锈蚀孔洞>2个

(3)锚头损坏:标度分为4级,根据锚头处出现松动、裂缝或破损锈蚀的程度和数量来确定标度等级,评定标准见表4-4-12。

表 4-4-12 锚头损坏

标度	评定标准
	定性描述
1	完好
2	个别锚头轻微破损
3	个别锚头破损、松动
4	较多锚头破损、松动或裂缝,个别冷铸锚头破损严重或裂缝超限,严重影响构件安全

(4)橡胶老化变质:标度分为4级,根据吊索端部及减震器部位出现橡胶老化、损坏的程度和数量来确定标度等级,评定标准见表4-4-13。

表 4-4-13 橡胶老化变质

标度	评定标准
	定性描述
1	完好
2	吊索端部及减震器部位橡胶轻微老化,表面有脏污;或减震措施极个别处表面轻微损坏
3	吊索端部及减震器部位橡胶老化变形;或减震措施个别处出现松动或损坏
4	吊索端部及减震器部位橡胶老化变形,并有破裂现象,局部还造成渗水;或减震措施出现较多处损坏,失去效用

(5)掉漆、起皮:标度分为4级,根据吊索表面掉漆、起皮的程度和面积来确定标度等级,评定标准见表4-4-14。

表 4-4-14 掉漆、起皮

标度	评定标准	
	定性描述	定量描述
1	完好	—
2	吊索表面局部面漆变色、起泡	累计面积≤构件面积的5%
3	吊索表面较大范围面漆轻微起皮、起泡或剥落	累计面积>构件面积的5%且≤构件面积的15%
4	吊索表面较大范围面漆起皮、起泡或剥落	累计面积>构件面积的15%

(6)防护套破坏：标度分为4级，根据吊索防护套松动、密封失效、渗水状况来确定标度等级，评定标准见表4-4-15。

表 4-4-15 防护套破坏

标度	评定标准
	定性描述
1	完好
2	个别防护套及连接处轻微松动
3	部分防护套以及连接处松动或套管顶没有密封
4	较多防护套以及连接处松动或套管顶没有密封，局部造成渗水

(7)吊索的防护层破坏：标度分为4级，根据吊索的防护层破坏老化、破损及锈蚀等状况来确定标度等级，评定标准见表4-4-16。

表 4-4-16 吊索的防护层破坏

标度	评定标准
	定性描述
1	完好
2	个别吊索防护层轻微老化或破损
3	个别吊索防护层老化、破损、裂纹
4	吊索防护层老化、破损、裂纹或积水，造成局部渗水或锈蚀并伴有钢丝严重锈蚀现象

(8)钢丝断丝：标度分为5级，根据吊索的钢丝锈蚀、断丝状况及数量来确定标度等级，评定标准见表4-4-17。

表 4-4-17 钢丝断丝

标度	评定标准
	定性描述
1	完好
2	—
3	钢丝少量锈蚀，无断丝
4	钢丝锈蚀，防腐层有大量麻坑，甚至出现断丝
5	吊索钢丝大量严重锈蚀或损坏，钢丝断裂，甚至主梁出现变形，造成安全隐患

2.4 加劲梁

2.4.1 预应力混凝土加劲梁评定指标及分级评定标准

预应力混凝土加劲梁评定指标可分为剥落、露筋，跨中挠度，构件变形，混凝土裂缝，蜂窝、麻面，剥落、掉角，空洞、孔洞，混凝土保护层厚度，钢筋锈蚀和混凝土碳化 10 类，分级评定标准如下：

(1)剥落、露筋：标度分为 4 级，根据加劲梁混凝土的剥落或漏筋面积来确定标度等级，评定标准见表 4-4-18。

表 4-4-18　剥落、露筋

标度	评定标准	
	定性描述	定量描述
1	完好	—
2	局部混凝土剥落或露筋	累计面积≤构件面积的 3%，单处面积≤0.5 m²
3	较大范围混凝土剥落或露筋	累计面积>构件面积的 3% 且≤构件面积的 10%，单处面积≤0.5 m²
4	大范围混凝土剥落或露筋	累计面积>构件面积的 10%，单处面积>0.5 m²

(2)跨中挠度：标度分为 5 级，根据加劲梁跨中最大挠度、变形和对结构的影响程度来确定标度等级，评定标准见表 4-4-19。

表 4-4-19　跨中挠度

标度	评定标准	
	定性描述	定量描述
1	完好	—
2	较好，无明显挠曲变形	—
3	挠度未大于限值	跨中最大挠度<计算跨径的 1/800
4	挠度接近限值，主梁有明显变形，影响结构安全	跨中最大挠度≥计算跨径的 1/800 且≤计算跨径的 1/500
5	主梁严重变形，挠度大于限值，梁板出现严重病害，有不正常移动并影响结构安全	跨中最大挠度>计算跨径的 1/500

(3)构件变形：标度分为 5 级，根据加劲梁或横隔板的变形程度和对结构的影响程度来确定标度等级，评定标准见表 4-4-20。

表 4-4-20　构件变形

标度	评定标准
	定性描述
1	完好
2	—
3	加劲梁横隔板等次要构件出现弯曲变形
4	加劲梁出现异常弯曲变形或线形明显变化，行车振动或摇晃明显或有异常音
5	加劲梁出现严重变形，导致梁板出现严重病害，显著影响承载力，结构振动或摇晃显著，有不正常移动

(4)混凝土裂缝：标度分为 5 级，根据混凝土裂缝的类型、数量、缝长、缝宽等来确定标度等级，评定标准见表 4-4-21。

表 4-4-21 混凝土裂缝

标度	评定标准	
	定性描述	定量描述
1	完好，无裂缝	—
2	网状裂缝：局部网状开裂	网状裂缝：累计面积≤构件面积的 20%，单处面积≤0.5 m²
	竖向裂缝：少量裂缝，缝宽未超限	竖向裂缝：缝长≤截面尺寸的 1/3
	纵向裂缝：结合面开裂或有其他纵向裂缝	纵向裂缝：缝长≤结合面长度或跨长的 1/8
	斜裂缝：少量裂缝，缝宽未超限	斜裂缝：缝长≤截面尺寸的 1/3
3	网状裂缝：局部网状开裂	网状裂缝：累计面积＞构件面积的 20%，单处面积＞0.5 m²
	竖向裂缝：较多裂缝，缝宽未超限	竖向裂缝：缝长＞截面尺寸的 1/3 且≤截面尺寸的 1/2，间距≥30 cm
	纵向裂缝：结合面开裂或有纵向裂缝	纵向裂缝：缝长＞结合面长度或跨长的 1/8 且≤结合面长度或跨长的 1/2
	斜裂缝：较多裂缝，缝宽未超限	斜裂缝：缝长＞截面尺寸的 1/3 且≤截面尺寸的 2/3
4	竖向裂缝：主梁控制截面出现大量裂缝，缝宽超限	竖向裂缝：缝长＞截面尺寸的 2/3，缝宽＞限值，间距＜30 cm
	纵向裂缝：存在严重结合面开裂现象或有大量纵向裂缝	纵向裂缝：缝长＞结合面长或跨长的 1/2
	斜裂缝：主梁控制截面出现大量裂缝，缝宽超限值	斜裂缝：缝长＞截面尺寸的 2/3，缝宽＞限值
5	竖向裂缝：主梁控制截面出现大量裂缝，裂缝大多贯通且缝宽超限，主梁出现严重变形	竖向裂缝：缝长＞截面尺寸的 2/3，缝宽＞1.0 mm，间距＜10 cm
	斜裂缝：主梁控制截面出现大量裂缝且缝宽超限，主梁出现严重变形	斜裂缝：缝长＞截面尺寸的 2/3，缝宽＞1.0 mm

(5)蜂窝、麻面：标度分为 3 级，评定标准同混凝土梁式桥上部结构，见表 4-2-1。
(6)剥落、掉角：标度分为 4 级，评定标准同混凝土梁式桥上部结构，见表 4-2-2。
(7)空洞、孔洞：标度分为 4 级，评定标准同混凝土梁式桥上部结构，见表 4-2-3。
(8)混凝土保护层厚度：标度分为 4 级，评定标准同混凝土梁式桥上部结构，表 4-2-4。
(9)钢筋锈蚀：标度分为 5 级，评定标准同混凝土梁式桥上部结构，见表 4-2-5。
(10)混凝土碳化：标度分为 4 级，评定标准同混凝土梁式桥上部结构，见表 4-2-6。

2.4.2 钢桁架加劲梁评定指标及分级评定标准

钢桁架加劲梁评定指标可分为构件变形、锈蚀、跨中挠度、裂缝、涂层劣化、焊缝开裂、铆钉(螺栓)损失和结构变位 8 类，分级评定标准如下：

(1)构件变形：标度分为 5 级，根据加劲梁压力杆件、拉力杆件或腹杆、连接杆件的弯曲矢度来确定标度等级，评定标准见表 4-4-22。

表 4-4-22　构件变形

标度	评定标准	
	定性描述	定量描述
1	完好	—
2	较好，构件无明显变化	—
3	构件轻微变形	压力杆件弯曲矢度≤杆件自由长度的 1/1 500，或拉力杆件弯曲矢度≤杆件自由长度的 1/800，或腹杆、连接杆件弯曲矢度≤杆件自由长度的 1/500
4	构件明显变形	压力杆件弯曲矢度＞杆件自由长度的 1/1 500 且≤杆件自由长度的 1/1 000，或拉力杆件弯曲矢度＞杆件自由长度的 1/800 且≤杆件自由长度的 1/500，或腹杆、连接杆件弯曲矢度＞杆件自由长度的 1/500 且≤杆件自由长度的 1/300
5	构件严重变形，存在失稳现象，结构振动或摇晃显著	压力杆件弯曲矢度＞杆件自由长度的 1/1 000，或拉力杆件弯曲矢度＞杆件自由长度的 1/500，或腹杆、连接杆件弯曲矢度＞杆件自由长度的 1/300

(2)锈蚀：标度分为 4 级，根据构件表面的锈蚀情况和锈蚀累积面积占构件面积比例来确定标度等级，评定标准见表 4-4-23。

表 4-4-23　锈蚀

标度	评定标准	
	定性描述	定量描述
1	完好	—
2	构件表面少量锈蚀，部分氧化皮或油漆层剥落	锈蚀累计面积≤构件面积的 3%
3	构件表面有大量点蚀现象，氧化皮或油漆层因锈蚀而部分剥落或者可以刮除	锈蚀累计面积＞构件面积的 3% 且≤构件面积的 5%，或锈蚀孔洞≤2 个，孔洞直径≤30 mm 且≤杆件宽度的 15%
4	构件表面有严重点蚀现象，氧化皮或油漆层因锈蚀而全面剥离，较多部位被锈蚀成洞，影响结构安全	锈蚀累计面积＞构件面积的 5%，或锈蚀孔洞＞2 个，孔洞直径＞30mm 且＞杆件宽度的 15%

(3)跨中挠度：标度分为 5 级，根据跨中最大挠度、变形和对结构的影响程度来确定标度等级，评定标准见表 4-4-24。

表 4-4-24　跨中挠度

标度	评定标准	
	定性描述	定量描述
1	完好	—
2	较好，无明显挠度变形	—
3	挠度未大于限值	跨中最大挠度≤计算跨径的 1/1 200
4	挠度接近限值	跨中最大挠度＞计算跨径的 1/1 200 且≤计算跨径的 1/800
5	主梁严重变形，挠度超出限值，有不正常移动，影响结构安全	跨中最大挠度＞计算跨径的 1/800

(4)裂缝:标度分为 5 级,根据裂缝出现的部位、裂缝长度和对结构的影响程度来确定标度等级,评定标准见表 4-4-25。

表 4-4-25 裂缝

标度	评定标准	
	定性描述	定量描述
1	完好	—
2	钢构件出现极少量细小裂纹	—
3	钢构件出现较多细小裂缝,截面削弱	受拉翼缘焊接盖板端部裂缝长度≤10 mm,或桁梁端横梁与纵梁连接处下端处裂缝长度≤20 mm,或主桁腹杆铆接、栓接头处裂缝长度≤20 mm
4	钢构件出现较多裂缝,截面削弱	受拉翼缘焊接盖板端部裂缝长度>10 mm 且≤20 mm,或桁梁端横梁与纵梁连接处下端处裂缝长度>20 mm 且≤50 mm,或主桁腹杆铆接、栓接头处裂缝长度>20 mm 且≤50 mm
5	钢构件严重裂缝,主梁变形,造成严重安全隐患	受拉翼缘焊接盖板端部裂缝长度>20 mm,或桁梁端横梁与纵梁连接处下端处裂缝长度>50 mm,或主桁腹杆铆接、栓接头处裂缝长度>50 mm

(5)涂层劣化:标度分为 4 级,评定标准同钢梁桥上部结构,见表 4-2-13。
(6)焊缝开裂:标度分为 5 级,评定标准同钢梁桥上部结构,见表 4-2-15。
(7)铆钉(螺栓)损失:标度分为 5 级,评定标准同钢梁桥上部结构,见表 4-2-16。
(8)结构变位:标度分为 5 级,评定标准同钢梁桥上部结构,见表 4-2-20。

2.4.3 钢箱加劲梁评定指标及分级评定标准

钢箱加劲梁评定指标可分为构件变形、锈蚀、跨中挠度、裂缝、涂层劣化、焊缝开裂、铆钉(螺栓)损失和结构变位 8 类,分级评定标准如下:

(1)构件变形:标度分为 5 级,根据钢构件竖向弯曲矢度或纵梁、横梁横向弯曲矢度和对结构的影响程度来确定标度等级,评定标准见表 4-4-26。

表 4-4-26 构件变形

标度	评定标准	
	定性描述	定量描述
1	完好	—
2	较好,构件无明显变形	—
3	钢构件轻微变形	钢材料构件竖向弯曲矢度≤跨度的 1/1 500,或钢材料纵梁、横梁横向弯曲矢度≤杆件自由长度的 1/8 000
4	钢构件明显变形	钢材料构件竖向弯曲矢度>跨度的 1/1 500 且≤跨度的 1/1 000,或钢材料纵梁、横梁横向弯曲矢度>杆件自由长度的 1/8 000 且≤杆件自由长度的 1/5 000
5	钢构件严重变形,结构振动或摇晃显著,有不正常移动	钢材料构件竖向弯曲矢度>跨度的 1/1 000,或钢材料纵梁、横梁横向弯曲矢度>杆件自由长度的 1/5 000

(2)锈蚀：标度分为 4 级，根据构件表面的锈蚀情况和锈蚀累积面积占构件面积比例来确定标度等级，评定标准见表 4-4-27。

表 4-4-27 锈蚀

标度	评定标准	
	定性描述	定量描述
1	完好	—
2	构件表面锈蚀，且部分氧化皮或油漆层剥落	锈蚀累计面积≤构件面积的 2%
3	构件表面有较多点蚀现象，氧化皮或油漆层因锈蚀而部分剥落或者可以刮除，出现锈蚀成洞现象	锈蚀累计面积＞构件面积的 2%且≤构件面积的 5%，或锈蚀孔洞≤2 个，孔洞直径≤30 mm，边角完好，或腹板、横隔板洞孔直径≤50 mm
4	构件表面有严重的点蚀现象，氧化皮或油漆层因锈蚀而全面剥离，较多部位被锈蚀成洞，影响构件安全	锈蚀累计面积＞构件面积的 5%，或锈蚀孔洞＞2 个，孔洞直径＞30 mm，或腹板、横隔板洞孔直径＞50 mm

(3)跨中挠度：标度分为 5 级，根据跨中最大挠度和对结构的影响程度来确定标度等级，评定标准见表 4-4-28。

表 4-4-28 跨中挠度

标度	评定标准	
	定性描述	定量描述
1	完好	—
2	较好，无明显挠曲变形	—
3	跨中挠度未大于限值	跨中最大挠度≤计算跨径的 1/600
4	跨中挠度大于限值	跨中最大挠度＞计算跨径的 1/600 且≤1/400
5	跨中挠度大于限值，主梁严重变形，梁体出现严重病害，有不正常移动并影响结构安全	跨中最大挠度＞计算跨径的 1/400

(4)裂缝：标度分为 5 级，根据裂缝出现的部位、裂缝长度和对结构的影响程度来确定标度等级，评定标准见表 4-4-29。

表 4-4-29 裂缝

标度	评定标准	
	定性描述	定量描述
1	完好	—
2	钢构件出现极少量细小裂纹	—
3	钢构件出现较多细小裂缝，截面削弱	加劲梁、纵横梁受拉翼缘边裂缝长度≤3 mm，或受拉翼缘焊接盖板端部裂缝长度≤10 mm
4	钢构件出现较多裂缝，截面削弱	加劲梁、纵横梁受拉翼缘边裂缝长度＞3 mm 且≤5 mm，或受拉翼缘焊接盖板端部裂缝长度＞10 mm 且≤20 mm
5	钢构件出现严重裂缝，主梁变形，截面削弱，造成严重安全隐患	加劲梁、纵横梁受拉翼缘边裂缝长度＞5 mm，或受拉翼缘焊接盖板端部裂缝长度＞20 mm

(5)涂层劣化：标度分为4级，评定标准同钢梁桥上部结构，见表4-2-13。
(6)焊缝开裂：标度分为5级，评定标准同钢梁桥上部结构，见表4-2-15。
(7)铆钉(螺栓)损失：标度分为5级，评定标准同钢梁桥上部结构，见表4-2-16。
(8)结构变位：标度分为5级，评定标准同钢梁桥上部结构，见表4-2-20。

2.5 索塔

索塔评定指标可分为倾斜变形，蜂窝、麻面，剥落、露筋，钢筋锈蚀，混凝土裂缝，沉降和基础冲刷7类，分级评定标准如下：

(1)倾斜变形：标度分为5级，根据索塔倾斜变形、扭转、偏移状况和对结构的影响程度来确定标度等级，评定标准见表4-4-30。

表 4-4-30 倾斜变形

标度	评定标准
	定性描述
1	完好
2	较好，无明显倾斜变形
3	有倾斜变形现象或存在扭转现象，但情况较轻微，不影响结构安全
4	有较大倾斜变形或存在明显扭转，造成安全隐患
5	索塔出现严重倾斜变形，塔根明显裂缝，塔顶偏移超过限值，严重影响结构安全

(2)蜂窝、麻面：标度分为3级，根据索塔蜂窝、麻面累计面积占构件面积的百分比或单处面积来确定标度等级，评定标准见表4-4-31。

表 4-4-31 蜂窝、麻面

标度	评定标准	
	定性描述	定量描述
1	完好	—
2	局部蜂窝麻面	累计面积≤构件面积的20%，单处面积≤3.0 m²
3	大面积蜂窝麻面	累计面积＞构件面积的20%，单处面积＞3.0 m²

(3)剥落、露筋：标度分为4级，根据索塔混凝土出现剥落、漏筋的累计面积占构件面积的百分比或单处面积来确定标度等级，评定标准见表4-4-32。

表 4-4-32 剥落、露筋

标度	评定标准	
	定性描述	定量描述
1	完好	—
2	局部混凝土剥落或露筋	累计面积≤构件面积的3%，单处面积≤0.5 m²
3	较大范围混凝土剥落或露筋	累计面积＞构件面积的3%且≤构件面积的10%，单处面积＞0.5 m²
4	大范围混凝土剥落或露筋	累计面积＞构件面积的10%，单处面积＞0.5 m²

(4)钢筋锈蚀：标度分为4级，根据索塔外观锈蚀的程度或钢筋锈蚀电位水平、电阻率来确定标度等级，评定标准见表4-4-33。

表4-4-33 钢筋锈蚀

标度	评定标准	
	定性描述	定量描述
1	完好，无锈蚀现象	钢筋锈蚀电位水平≤0 mV且≥−200 mV；或电阻率>20 000 Ω·cm
2	有锈蚀现象，混凝土表面有沿钢筋的裂缝或混凝土表面有锈迹	钢筋锈蚀电位水平<−200 mV且≥−400 mV；或电阻率≥10 000 Ω·cm且≤20 000 Ω·cm
3	钢筋锈蚀，主筋锈蚀或混凝土表面保护层剥落	钢筋锈蚀电位水平<−400 mV且≥−500 mV；或电阻率≥5 000 Ω·cm且<10 000 Ω·cm
4	钢筋严重锈蚀，混凝土表面开裂严重	钢筋锈蚀电位水平<−500 mV；或电阻率<5 000 Ω·cm

(5)混凝土裂缝：标度分为4级，根据混凝土裂缝的类型、数量、缝长、间距等来确定标度等级，评定标准见表4-4-34。

表4-4-34 混凝土裂缝

标度	评定标准	
	定性描述	定量描述
1	完好，无裂缝	—
2	网状裂缝：局部网状裂缝	网状裂缝：累计面积≤构件面积的20%，单处面积≤1.0 m²
	其他裂缝：有少量裂缝，缝宽未超限	其他裂缝：缝长≤截面尺寸的1/3
3	网状裂缝：局部网状裂缝	网状裂缝：累计面积>构件面积的20%，单处面积>1.0 m²
	其他裂缝：有大量裂缝，缝宽未超限	其他裂缝：缝长>截面尺寸的1/3且≤截面尺寸的2/3，间距≥20 cm
4	有大量裂缝，裂缝缝宽超限	缝宽>限值，缝长>截面尺寸的2/3，间距<20 cm

(6)沉降：标度分为5级，根据索塔或索塔基础出现沉降的程度、沉降是否稳定等来确定标度等级，评定标准见表4-4-35。

表4-4-35 沉降

标度	评定标准
	定性描述
1	完好
2	索塔有轻微沉降，但沉降稳定
3	索塔有小幅度沉降，但沉降稳定
4	索塔沉降较大，但沉降稳定
5	索塔或索塔基础出现严重不均匀沉降或位移，影响结构安全

(7)基础冲刷：标度分为5级，根据索塔基础冲刷的程度和对结构影响程度来确定标度等级，评定标准见表4-4-36。

表 4-4-36 基础冲刷

标度	评定标准
	定性描述
1	完好
2	基础基本无局部冲刷现象
3	基础出现局部冲刷现象，程度较轻
4	基础出现较严重局部冲刷现象
5	基础出现严重局部冲刷现象，基础不稳定，出现严重滑动、下沉、位移、倾斜等现象

2.6 索鞍

索鞍评定指标可分为上座板与下座板的相对位移，鞍座螺杆、锚栓状况和锈蚀 3 类，分级评定标准如下：

(1)上座板与下座板的相对位移：标度分为 4 级，根据索鞍上座板与下座板的相对位移的有无来确定标度等级，评定标准见表 4-4-37。

表 4-4-37 上座板与下座板的相对位移

标度	评定标准
	定性描述
1	完好
2	—
3	—
4	上座板与下座板有相对位移

(2)鞍座螺杆、锚栓状况：标度分为 4 级，根据索鞍螺杆、锚栓连接出现松动、脱落的情况及数量来确定标度等级，评定标准见表 4-4-38。

表 4-4-38 鞍座螺杆、锚栓状况

标度	评定标准
	定性描述
1	完好
2	个别螺杆、锚栓连接出现松动
3	少部分螺杆、锚栓连接出现松动
4	较多数量的螺杆、锚栓连接松动，个别螺杆、锚栓连接脱落

(3)锈蚀：标度分为 4 级，根据索鞍构件表面的锈蚀情况和锈蚀累积面积占构件面积比例来确定标度等级，评定标准见表 4-4-39。

表 4-4-39 锈蚀

标度	评定标准	
	定性描述	定量描述
1	完好	—
2	构件表面有轻微锈蚀，但无可见油脂和污垢，且没有附着不牢的氧化皮、铁锈和油漆层	锈蚀面积≤构件面积的3%
3	构件表面锈蚀，且部分氧化皮或油漆层剥落	锈蚀面积>构件面积的3%且≤构件面积的5%
4	构件表面有大量点蚀现象，氧化皮或油漆层因锈蚀而部分剥落或者可以刮除	锈蚀面积>构件面积的5%

2.7 锚碇

锚碇评定指标可分为锚坑漏水，顶板、侧墙损坏，锚碇均匀沉降，表观病害和水平位移5类，分级评定标准如下：

(1)锚坑漏水：标度分为4级，根据锚坑漏水的程度和锈蚀状况来确定标度等级，评定标准见表 4-4-40。

表 4-4-40 锚坑漏水

标度	评定标准
	定性描述
1	锚坑内无渗漏水现象
2	锚坑有明显渗漏水现象
3	锚坑漏水较严重，伴有锈蚀现象
4	锚坑渗漏水严重，多处锈蚀

(2)顶板、侧墙损坏：标度分为4级，根据锚碇的顶板或侧墙上出现的蜂窝、麻面、剥落、漏筋及裂缝等损伤状况来确定标度等级，评定标准见表 4-4-41。

表 4-4-41 顶板、侧墙损坏

标度	评定标准
	定性描述
1	顶板、侧墙表面状况完好
2	顶板、侧墙有局部麻面沉积物
3	顶板、侧墙出现锈迹、蜂窝、渗出物，伴有细微裂缝
4	顶板及侧墙出现大面积锈迹，混凝土剥落，钢筋外露锈蚀，有较大裂缝

(3)锚碇均匀沉降：标度分为5级，根据锚碇出现沉降的严重程度来确定标度等级，评定标准见表 4-4-42。

表 4-4-42 锚碇均匀沉降

标度	评定标准	
	定性描述	定量描述
1	锚碇无沉降	—
2	—	—
3	锚碇有轻微沉降	沉降≤10 mm
4	锚碇沉降较严重	沉降>10 mm 且≤50 mm
5	锚碇沉降严重	沉降>50 mm

（4）表观病害：标度分为 4 级，根据锚碇外观出现的裂缝、剥落、漏筋、钢筋锈蚀等外观病害的数量及严重程度来确定标度等级，评定标准见表 4-4-43。

表 4-4-43 表观病害

标度	评定标准
	定性描述
1	完好
2	锚碇外观无表观病害
3	锚碇个别部位出现明显表观病害如裂缝、剥落、露筋、钢筋锈蚀、空洞等
4	锚碇外观有较多表观病害且情况严重，如裂缝、剥落、露筋、钢筋锈蚀、空洞等，不符合相关规范要求

（5）水平位移：标度分为 5 级，根据锚碇有无出现水平位移来确定标度等级，评定标准见表 4-4-44。

表 4-4-44 水平位移

标度	评定标准
	定性描述
1	完好
2	—
3	—
4	—
5	有水平位移

2.8 锚杆

锚杆评定指标可分为掉皮、锈蚀和裂纹 3 类，分级评定标准如下：

（1）掉皮：标度分为 4 级，根据锚杆涂层的裂纹、起皮、剥落的程度和损伤的累计面积或单处面积来确定标度等级，评定标准见表 4-4-45。

表 4-4-45 掉皮

标度	评定标准	
	定性描述	定量描述
1	完好	—

续表

标度	评定标准	
	定性描述	定量描述
2	较小范围涂层有轻微损坏、裂纹、起皮或剥落	累计面积≤构件面积的10%，单处面积≤0.5 m²
3	较大范围涂层有轻微损坏、裂纹、起皮或剥落	累计面积＞构件面积的10%且≤构件面积的20%，单处面积＞0.5 m²且≤1.0 m²
4	大范围涂层有轻微损坏、裂纹、起皮或剥落	累计面积＞构件面积的20%，单处面积＞1.0 m²

(2)锈蚀：标度分为4级，根据锚杆构件的程度和锈蚀面积来确定标度等级，评定标准见表4-4-46。

表4-4-46 锈蚀

标度	评定标准	
	定性描述	定量描述
1	完好	—
2	构件表面有轻微锈蚀，但无可见油脂和污垢，且没有附着不牢的氧化皮、铁锈和油漆层	锈蚀面积≤构件面积的5%
3	构件表面锈蚀，且部分氧化皮或油漆层剥落，个别有明显变位	锈蚀面积＞构件面积的5%且≤构件面积的10%
4	构件严重锈蚀，个别板件锈穿极易撕裂，氧化皮或油漆层因锈蚀而部分剥落或者可以刮除	锈蚀面积＞构件面积的10%

(3)裂纹：标度分为4级，根据锚杆出现裂纹、锈蚀的状况及对结构的影响程度来确定标度等级，评定标准见表4-4-47。

表4-4-47 裂纹

标度	评定标准
	定性描述
1	完好
2	锚杆存在轻微裂纹，但符合相关规范要求
3	锚杆有较多裂纹，不符合相关规范要求，局部有锈蚀现象
4	锚杆外观有大量裂纹，个别部位裂缝超限，不符合相关规范要求，锈蚀现象严重，严重影响结构安全

课题5 斜拉桥上部结构技术状况评定

任务1 斜拉桥上部结构主要检测内容

斜拉桥上部结构可分为斜拉索、斜拉索护套、主梁、索塔、锚具和减震装置。其中，主梁又可分为预应力混凝土主梁、钢桁架主梁和钢箱梁主梁。

斜拉桥上部结构检测应包括下列内容：

(1)测量拉索索力，观测斜拉索线形有无异常。

(2)斜拉索防护套有无裂缝、鼓包、破损、老化变质,必要时可以打开防护套,检查斜拉索的钢丝涂层劣化、破损、锈蚀及断丝情况。

(3)主梁的检测,参照混凝土梁式桥、钢梁桥的检测内容进行。

(4)索塔有无异常变位,锚固区是否有裂纹、水渍,有无渗水现象。混凝土结构有无缺损、裂缝、剥落、露筋、钢筋锈蚀。钢结构涂装是否粉化、脱落、起泡、开裂,钢结构是否锈蚀、变形、裂缝。螺栓是否缺失、损坏、松动。钢与混凝土连接是否完好。

(5)检查锚具及周围锚固区的情况,锚具是否渗水、锈蚀,是否有锈水流出的痕迹,锚固区是否开裂。必要时可打开锚具后盖抽查锚杯内是否积水、潮湿,防锈油是否结块、乳化失效,锚杯是否锈蚀;锚头是否锈蚀、开裂,墩头或夹片是否异常,锚头螺母位置有无异常。

(6)钢护筒是否脱漆、锈蚀,钢护筒内有无积水,钢护筒与斜拉索密封是否可靠,橡胶圈是否老化或严重磨损,橡胶圈固定装置有无损坏,阻尼器有无异常变形、松动、漏油、螺栓缺失、结构脱漆、锈蚀、裂缝。

任务2 斜拉桥上部结构评定指标

2.1 斜拉索

斜拉索评定指标可分为拉索锈蚀、断丝,滑移变位,涂层损坏,护套内的材料老化变质,锚固区损坏和拉索线形异常6类,分级评定标准如下:

(1)拉索锈蚀、断丝:标度分为5级,根据斜拉索的钢丝锈蚀、断丝、断裂状况及数量来确定标度等级,评定标准见表4-5-1。

表4-5-1 拉索锈蚀、断丝

标度	评定标准
	定性描述
1	完好
2	钢丝有极少量锈蚀
3	钢丝少量锈蚀,钢丝无断裂
4	钢丝较多锈蚀或损坏,钢丝断裂,截面出现削弱
5	钢索裸露,钢丝大量严重锈蚀或损坏,钢丝断裂,主梁出现严重变形,造成安全隐患

(2)滑移变位:标度分为5级,根据斜拉索是否出现无法复位的位移变形及对结构的影响程度来确定标度等级,评定标准见表4-5-2。

表4-5-2 滑移变位

标度	评定标准
	定性描述
1	完好
2	—
3	—
4	斜拉索出现异常位移变形,且无法复位
5	斜拉索异常位移变形过大,导致桥面线形、纵向位移伸缩量出现显著异常,结构振动或摇晃显著,影响结构安全

(3)涂层损坏：标度分为4级，根据斜拉索的涂层出现损坏、裂纹、起皮、剥落的程度和损坏的累计面积或单处面积来确定标度等级，评定标准见表4-5-3。

表 4-5-3　涂层损坏

标度	评定标准	
	定性描述	定量描述
1	完好	—
2	涂层有轻微损坏、裂纹、起皮或剥落	累计面积≤构件面积的10%，单处面积≤0.5 m²
3	较大范围涂层有损坏、裂纹、起皮或剥落	累计面积＞构件面积的10%且≤构件面积的20%，单处面积≤1.0 m²
4	大范围涂层有轻微损坏、裂纹、起皮或剥落	累计面积＞构件面积的20%，单处面积＞1.0 m²

(4)护套内的材料老化变质：标度分为4级，根据斜拉索护套出现老化的程度来确定标度等级，评定标准见表4-5-4。

表 4-5-4　护套内的材料老化变质

标度	评定标准
	定性描述
1	完好
2	护套内的材料轻微老化，表面有脏污
3	护套内的材料老化变形
4	护套内的材料老化变形，并有破裂现象，局部还造成渗水

(5)锚固区损坏：标度分为5级，根据斜拉索锚头或锚拉板破损、松动裂缝、锈蚀的程度及锚固区出现受力裂缝的缝宽来确定标度等级，评定标准见表4-5-5。

表 4-5-5　锚固区损坏

标度	评定标准
	定性描述
1	完好
2	个别锚头或锚拉板出现轻微破损
3	个别锚头出现破损、松动或出现不密封现象，但未造成拉索锈蚀，个别锚拉板出现疲劳损伤状况
4	较多锚头或锚拉版出现破损、松动或裂缝，锚头锈蚀，锚固区有明显的受力裂缝
5	较多锚头或锚拉板出现严重破损、松动、裂缝，锚头积水锈蚀严重，锚固区有明显的受力裂缝，且缝宽＞0.2 mm

(6)拉索线形异常：标度分为5级，根据斜拉索是否出现线形异常、异响及对结构的影响程度来确定标度等级，评定标准见表4-5-6。

表 4-5-6 拉索线形异常

标度	评定标准
	定性描述
1	完好
2	—
3	—
4	拉索线形出现明显异常或有异常声音
5	拉索线形出现显著异常，桥面线形出现显著异常，结构振动摇晃明显，主梁出现严重变形

2.2 斜拉索护套

斜拉索护套评定指标可分为漆膜损坏、护套裂缝、护套锈蚀、防护层破损、护套上端浆液离析和渗水 6 类，分级评定标准如下：

(1)漆膜损坏：标度分为 4 级，根据斜拉索护套漆膜出现损坏、裂纹、起皮、剥落的程度和面积来确定标度等级，评定标准见表 4-5-7。

表 4-5-7 漆膜损坏

标度	评定标准	
	定性描述	定量描述
1	各部分油漆均匀平光、完整，色泽鲜明	—
2	油漆变色、轻微损坏、裂纹、起皮或剥落	累计失效面积≤构件面积的 10%
3	较大范围涂层有轻微损坏、裂纹、起皮或剥落	累计失效面积＞构件面积的 10%且≤构件面积的 20%
4	大范围涂层有轻微损坏、裂纹、起皮或剥落	累计失效面积,构件面积的 20%

(2)护套裂缝：标度分为 4 级，根据斜拉索护套 PE 管或金属管出现的裂缝、渗水锈蚀等程度来确定标度等级，评定标准见表 4-5-8。

表 4-5-8 护套裂缝

标度	评定标准
	定性描述
1	完好
2	PE 管或金属管轻微胀裂，未造成渗水等，或热挤 PE 护套轻微开裂，未造成其他影响，符合相关要求
3	PE 管或金属管胀裂，出现较多纵向裂缝，造成渗水，钢丝有锈迹或护套内有氧化物，钢束截面削弱，但在规范范围内；或热挤 PE 护套产生环状开裂或 PE 层断开，造成渗水，导致钢丝锈蚀，但在规范范围内
4	PE 管或金属管胀裂，出现很多纵向裂缝，渗水造成钢丝锈蚀和护套内有氧化物，钢束截面削弱超出规范范围；或热挤 PE 护套产生严重环状开裂或 PE 层断开，造成渗水，导致钢丝锈蚀超出规范范围

(3)护套锈蚀：标度分为 4 级，根据斜拉索护套表面的锈蚀、漆膜剥落等状况来确定标度等级，评定标准见表 4-5-9。

表 4-5-9　护套锈蚀

标度	评定标准
	定性描述
1	完好
2	护套表面发生轻微锈蚀，并且少部分氧化皮或油漆层已经剥落
3	护套表面部分发生锈蚀，并且部分氧化皮或油漆层已经剥落
4	护套表面发生锈蚀，有大量点蚀现象，氧化皮或油漆层因锈蚀而部分剥落或者可以刮除

（4）防护层破损：标度分为 4 级，根据斜拉索护套出现老化、裂纹、渗水、锈蚀的状况及数量来确定标度等级，评定标准见表 4-5-10。

表 4-5-10　防护层破损

标度	评定标准
	定性描述
1	完好
2	个别防护层轻微老化或破损
3	个别防护层老化、破损、松动
4	部分防护层老化、破损、裂纹或积水，造成局部渗水或锈蚀；个别护筒甚至脱落

（5）护套上端浆液离析：标度分为 4 级，根据斜拉索护套上端浆液离析状况及未凝固浆液数量来确定标度等级，评定标准见表 4-5-11。

表 4-5-11　护套上端浆液离析

标度	评定标准	
	定性描述	定量描述
1	完好	—
2	—	—
3	局部离析	≤10%的浆液没有凝固
4	局部离析，浆液有流动性	>10%的浆液没有凝固

（6）渗水：标度分为 4 级，根据斜拉索护套出现渗水、锈蚀的状况及数量来确定标度等级，评定标准见表 4-5-12。

表 4-5-12　渗水

标度	评定标准
	定性描述
1	完好
2	个别护套轻微渗水
3	个别护套明显渗水，个别渗水处伴有锈蚀
4	多处护套明显渗水，渗水处伴有锈蚀

2.3 主梁

2.3.1 预应力混凝土主梁评定指标及分级评定标准

预应力混凝土主梁评定指标及分级评定标准,依照课题 4-2.4.1 悬索桥预应力混凝土加劲梁的相关规定。

2.3.2 钢桁架主梁评定指标及分级评定标准

钢桁架主梁评定指标及分级评定标准,依照课题 4-2.4.2 悬索桥钢桁架加劲梁的相关规定。

2.3.3 钢箱梁主梁评定指标及分级评定标准

钢箱梁主梁评定指标及分级评定标准,依照课题 4-2.4.3 悬索桥钢箱加劲梁的相关规定。

2.4 索塔

索塔评定指标可分为倾斜变形,裂缝,沉降,锚固区渗水,蜂窝、麻面,剥落、露筋,钢筋锈蚀和基础冲刷 8 类,分级评定标准如下:

(1)倾斜变形:标度分为 5 级,根据索塔倾斜变形、扭转、不对称变位状况和对结构的影响程度来确定标度等级,评定标准见表 4-5-13。

表 4-5-13 倾斜变形

标度	评定标准
	定性描述
1	无倾斜变形
2	—
3	有倾斜变形现象或存在扭转现象,但情况较轻微,不影响结构安全
4	存在倾斜变形或存在扭转,两塔不对称变位,存在安全隐患
5	索塔出现明显倾斜,或两塔不对称变位严重,造成主梁出现严重变形,严重影响结构安全

(2)裂缝:标度分为 4 级,根据索塔混凝土裂缝的类型、数量、缝长、缝宽等来确定标度等级,评定标准见表 4-5-14。

表 4-5-14 裂缝

标度	评定标准	
	定性描述	定量描述
1	完好	—
2	网状裂缝:局部有网状裂缝	网状裂缝:累计面积≤构件面积的 20%,单处面积≤1.0 m²
	其他裂缝:有少量裂缝,缝宽未超限	其他裂缝:缝长≤截面尺寸的 1/3
3	网状裂缝:局部有网状裂缝	网状裂缝:累计面积>构件面积的 20%,单处面积>1.0 m²
	其他裂缝:有大量裂缝,缝宽未超限	其他裂缝:缝长>截面尺寸的 1/3 且≤截面尺寸的 2/3,间距≥20 cm
4	有大量裂缝,缝宽超限	缝宽>限值,缝长>截面尺寸的 2/3,间距<20 cm

(3)沉降：标度分为 5 级，根据索塔或索塔基础出现沉降的程度、沉降是否稳定等来确定标度等级，评定标准见表 4-5-15。

表 4-5-15　沉降

标度	评定标准
	定性描述
1	完好
2	—
3	索塔有小幅度沉降，但沉降稳定
4	索塔沉降较大，但沉降稳定
5	索塔沉降量异常且不稳定，或索塔基础出现严重沉降或位移

(4)锚固区渗水：标度分为 4 级，根据锚固区出现渗水程度、范围及是否引发其他病害来确定标度等级，评定标准见表 4-5-16。

表 4-5-16　锚固区渗水

标度	评定标准
	定性描述
1	完好
2	锚固区有轻微渗水
3	锚固区有局部明显渗水，渗水量较大
4	锚固区多处有明显渗水，渗水量大；个别渗水处伴有晶体析出或锈蚀，流膏处混凝土松散

(5)蜂窝、麻面：标度分为 3 级，评定标准同悬索桥索塔，见表 4-4-31。
(6)剥落、露筋：标度分为 4 级，评定标准同悬索桥索塔，见表 4-4-32。
(7)钢筋锈蚀：标度分为 4 级，评定标准同悬索桥索塔，见表 4-4-33。
(8)基础冲刷：标度分为 5 级，评定标准同悬索桥索塔，见表 4-4-36。

2.5　锚具

锚具评定指标可分为锚杯积水、锚具内潮湿、防锈油结块和锚具锈蚀 4 类，分级评定标准如下：

(1)锚杯积水：标度分为 3 级，根据锚杯积水的程度和空气湿度来确定标度等级，评定标准见表 4-5-17。

表 4-5-17　锚杯积水

标度	评定标准
	定性描述
1	完好，锚杯无积水
2	锚杯积水较少，空气湿度较大

续表

标度	评定标准
	定性描述
3	锚杯积水严重,空气湿度很大

(2)锚具内潮湿:标度分为4级,根据锚具内空气湿度和锚具锈蚀程度来确定标度等级,评定标准见表4-5-18。

表4-5-18 锚具内潮湿

标度	评定标准	
	定性描述	定量描述
1	完好,空气干燥	—
2	锚具内有少量水汽,空气较潮湿	湿度≤40%
3	锚具内水汽较多,空气潮湿,锚具锈蚀	湿度>40%且≤50%
4	锚具内空气潮湿,造成锚具严重锈蚀	湿度>50%

(3)防锈油结块:标度分为3级,根据锚具防锈油结块的多少来确定标度等级,评定标准见表4-5-19。

表4-5-19 防锈油结块

标度	评定标准
	定性描述
1	防锈油无结块
2	防锈油有少量结块
3	防锈油结块面积较大

(4)锚具锈蚀:标度分为4级,根据锚具发生锈蚀的程度和数量来确定标度等级,评定标准见表4-5-20。

表4-5-20 锚具锈蚀

标度	评定标准
	定性描述
1	完好
2	个别锚具轻微锈蚀
3	部分锚具锈蚀、疲劳或损坏等,个别处有少量点蚀现象,氧化皮或油漆层因锈蚀而部分剥落或者可以刮除
4	锚具锈蚀、疲劳或损坏等严重,防护普遍开裂,并大量脱落,表面普遍有点蚀现象,氧化皮或油漆层因锈蚀而全面剥离

2.6 减震装置

减震装置评定指标为减震装置损坏,标度分为3级,根据减震装置损坏的程度和数量来确定标度等级,评定标准见表4-5-21。

表 4-5-21　减震装置损坏

标度	评定标准
	定性描述
1	完好
2	减震装置极个别处轻微损坏
3	减震装置出现较多处损坏，部分功能失效

课题 6　桥梁下部结构技术状况评定

任务 1　桥梁下部结构主要检测内容

桥梁下部结构可分为桥墩，桥台，基础，翼墙、耳墙、锥坡、护坡、河床及调治构造物。

桥梁下部结构检测应包括下列内容：

(1) 混凝土墩台身、盖梁、台帽及系梁有无开裂、蜂窝、麻面、剥落、露筋、空洞、孔洞、钢筋锈蚀等。

(2) 圬工砌体墩台身有无砌块破损、剥落、松动、变形、灰缝脱落，砌体泄水孔是否堵塞。

(3) 墩台顶面是否清洁，有无杂物堆积，伸缩缝处是否漏水。

(4) 墩台身及基础变位情况。基础是否发生冲刷或掏空现象，地基有无侵蚀。水位涨落、干湿交替变化处基础有无冲刷磨损、颈缩、露筋，有无开裂，是否受到腐蚀。

(5) 桥台翼墙、侧墙、耳墙有无破损、裂缝、位移、鼓肚、砌体松动。台背填土有无沉降或挤压隆起，排水是否畅通。

(6) 锥坡、护坡有无缺陷、冲刷。

(7) 桥位段河床有无明显冲淤或漂流物堵塞现象，有无冲刷及变迁状况。河底铺砌是否完好。

(8) 调治构造物是否完好、功能是否适用。

任务 2　桥梁下部结构评定指标

2.1　桥墩

2.1.1　墩身评定指标及分级评定标准

墩身评定指标可分为蜂窝、麻面，剥落、露筋，空洞、孔洞，钢筋锈蚀，混凝土碳化、腐蚀，磨损，圬工砌体缺陷，位移和裂缝 9 类，分级评定标准如下：

(1) 蜂窝、麻面：标度分为 3 级，根据墩身蜂窝、麻面累计面积占构件面积的百分比或单处面积大小来确定标度等级，评定标准见表 4-6-1。

表 4-6-1　蜂窝、麻面

标度	评定标准	
	定性描述	定量描述
1	完好	—

续表

标度	评定标准	
	定性描述	定量描述
2	轻微蜂窝、麻面	累计面积≤构件面积的20%，单处面积≤1.0 m²
3	较多蜂窝、麻面	累计面积>构件面积的20%，单处面积>1.0 m²

(2)剥落、露筋：标度分为4级，根据墩身剥落、露筋累计面积占构件面积的百分比或单处面积大小来确定标度等级，评定标准见表4-6-2。

表 4-6-2 剥落、露筋

标度	评定标准	
	定性描述	定量描述
1	完好	—
2	局部混凝土剥落、露筋	累计面积≤构件面积的3%，单处面积≤0.5 m²
3	较大范围混凝土剥落、露筋	累计面积>构件面积的3%且≤构件面积的10%，单处面积≤1.0 m²
4	大范围混凝土剥落、露筋	累计面积>构件面积的10%，单处面积>1.0 m²

(3)空洞、孔洞：标度分为4级，根据墩身空洞、孔洞累计面积占构件面积的百分比或单处面积大小和深度来确定标度等级，评定标准见表4-6-3。

表 4-6-3 空洞、孔洞

标度	评定标准	
	定性描述	定量描述
1	完好	—
2	局部混凝土空洞、孔洞	累计面积≤构件面积的3%，单处面积≤0.5 m²
3	较大范围混凝土空洞、孔洞	累计面积>构件面积的3%且≤构件面积的10%，单处面积≤0.5 m² 或最大深度≤25 mm
4	大范围混凝土空洞、孔洞	累计面积>构件面积的10%，单处面积>0.5 m² 或最大深度>25 mm

(4)钢筋锈蚀：标度分为5级，根据墩身锈蚀的程度和引发的开裂、剥落等病害程度来确定标度等级，评定标准见表4-6-4。

表 4-6-4 钢筋锈蚀

标度	评定标准
	定性描述
1	完好
2	有锈蚀现象
3	钢筋锈蚀，混凝土表面有沿主筋方向的裂缝或混凝土表面有锈迹
4	大量主筋锈蚀，混凝土表面保护层剥落，钢筋裸露，甚至出现主筋锈断现象
5	钢筋严重锈蚀，主筋锈断，混凝土表面开裂严重，出现严重滑动或倾斜等现象

(5)混凝土碳化、腐蚀：标度分为4级，根据墩身的碳化深度与钢筋保护层厚度的关系、腐蚀造成损坏的程度等来确定标度等级，评定标准见表4-6-5。

表 4-6-5 混凝土碳化、腐蚀

标度	评定标准
	定性描述
1	无碳化现象
2	有少量碳化或腐蚀现象，且所有碳化深度均小于混凝土保护层厚度
3	部分位置出现碳化现象，局部碳化深度大于混凝土保护层厚度，混凝土表面少量胶凝料松散粉化；或构件受强酸性液体或气体腐蚀，造成混凝土受到腐蚀，或钢筋出现少量锈蚀；或有冻融现象，造成混凝土出现胀裂
4	大部分位置碳化，碳化深度大于混凝土保护层厚度，混凝土表面胶凝料大量松散粉化；或构件受强酸性液体或气体腐蚀，造成混凝土腐蚀或钢筋大量锈蚀；或有冻融现象，造成混凝土严重胀裂

(6)磨损：标度分为 4 级，根据墩身出现磨损的程度和累计面积占构件面积的百分比来确定标度等级，评定标准见表 4-6-6。

表 4-6-6 磨损

标度	评定标准	
	定性描述	定量描述
1	完好	—
2	有磨损现象，个别部位表面磨耗，粗骨料显露	累计面积≤构件面积的 5%
3	较大范围有磨损、缩径现象，并出现露筋或锈蚀	累计面积＞构件面积的 5%且≤构件面积的 20%
4	大范围有磨损、缩径现象，混凝土剥蚀，大范围出现露筋现象，裸露钢筋锈蚀	累计面积＞构件面积的 20%

(7)圬工砌体缺陷：标度分为 4 级，根据墩身砌体出现灰缝脱落、破损、剥落、变形的程度和累计面积占构件面积的百分比来确定标度等级，评定标准见表 4-6-7。

表 4-6-7 圬工砌体缺陷

标度	评定标准	
	定性描述	定量描述
1	完好	—
2	砌体局部出现灰缝脱落现象，或砌体局部出现破损、剥落等现象	灰缝脱落累计长度≤构件截面长度的 10%，或破损、剥落累计面积≤构件面积的 3%
3	砌体大范围出现灰缝脱落现象，或砌体较大范围出现破损、剥落、局部变形等现象	灰缝脱落累计长度＞构件截面长度的 10%，或破损、剥落、局部变形等累计面积＞构件面积的 3%且≤构件面积的 10%
4	砌体大范围出现破损、剥落、松动、变形等现象	破损、剥落、松动、变形等累计面积＞构件面积的 10%

(8)位移：标度分为 5 级，根据墩身出现滑动、下沉、位移、倾斜的程度和对结构的影响程度来确定标度等级，评定标准见表 4-6-8。

表 4-6-8　位移

标度	评定标准
	定性描述
1	完好
2	—
3	桥墩出现轻微下沉、倾斜滑动等，发展缓慢或趋向稳定
4	桥墩出现滑动、下沉、倾斜，变形小于或等于规范值
5	桥墩不稳定，出现严重滑动、下沉、位移、倾斜现象，造成结构和桥面变形过大，变形大于规范值或不能正常行车

（9）裂缝：标度分为 5 级，根据墩身出现的裂缝种类、发生部位及裂缝的长度、缝宽、间距等来确定标度等级，评定标准见表 4-6-9。

表 4-6-9　裂缝

标度	评定标准	
	定性描述	定量描述
1	完好，无裂缝	—
2	网状裂缝：局部网状裂缝	网状裂缝：累计面积≤构件面积的 20%，单处面积≤1.0 m²
	墩身的水平裂缝：较少裂缝，缝宽未超限	墩身的水平裂缝：缝长≤墩身直径或墩身宽度的 1/8
	竖向裂缝：较少裂缝，缝宽未超限	竖向裂缝：缝长≤截面尺寸的 1/5
	不等高的墩盖梁、雉墙上的竖向裂缝：较少裂缝，缝宽未超限	不等高的墩盖梁、雉墙上的竖向裂缝：缝长≤截面尺寸的 1/3
	悬臂桥墩角隅处的裂缝：较少裂缝，缝宽未超限	悬臂桥墩角隅处的裂缝：缝长≤截面尺寸的 1/3
	镶面石突出的裂缝：局部开裂	镶面石突出的裂缝：累计面积≤构件面积的 10%，单处面积≤0.5 m²
3	网状裂缝：局部网状裂缝	网状裂缝：累计面积＞构件表面积的 20%，单处面积＞1.0 m²
	从基础向上发展至墩身的裂缝：较多裂缝，缝宽未超限	从基础向上发展至墩身的裂缝：缝长≤截面尺寸的 1/3，间距≥50 cm
	墩身的水平裂缝：较多裂缝，缝宽未超限	墩身的水平裂缝：缝长＞墩身直径或墩身宽度的 1/8 且≤墩身直径或墩身宽度的 1/2
	墩身的剪切破坏：较多裂缝，缝宽未超限	墩身的剪切破坏：缝长≤截面尺寸的 1/3
	竖向裂缝：较多裂缝，缝宽未超限	竖向裂缝：缝长＞截面尺寸的 1/5 且≤截面尺寸的 1/3，间距≥30 cm
	不等高的墩盖梁、雉墙上的竖向裂缝：较多裂缝，缝宽未超限	不等高的墩盖梁、雉墙上的竖向裂缝：缝长＞截面尺寸的 1/3 且≤截面尺寸的 2/3
	悬臂桥墩角隅处的裂缝：较多裂缝，缝宽未超限	悬臂桥墩角隅处的裂缝：缝长＞截面尺寸的 1/3 且≤截面尺寸的 1/2
	镶面石凸出的裂缝：局部开裂，少量裂缝宽度超限	镶面石凸出的裂缝：累计面积＞构件面积的 10% 且≤构件面积的 20%，单处面积≤1.0 m²

续表

标度	评定标准	
	定性描述	定量描述
4	从基础向上发展至墩身的裂缝：存在大量裂缝，缝宽大多超限	从基础向上发展至墩身的裂缝：缝长＞截面尺寸的1/3，间距＜50 cm
	墩身的水平裂缝：存在大量裂缝，缝宽大多超出限值	墩身的水平裂缝：缝长＞墩身直径或墩身宽度的1/2
	墩身的剪切破坏：缝宽超限	墩身的剪切破坏：缝长＞截面尺寸的1/3
	竖向裂缝：存在大量裂缝，缝宽大多超限	竖向裂缝：缝长＞截面尺寸的1/3，间距＜30 cm
	悬臂桥墩角隅处的裂缝：缝宽超限	悬臂桥墩角隅处的裂缝：缝长＞截面尺寸的1/2
	不等高的墩盖梁、雉墙上的竖向裂缝：存在大量裂缝，缝宽大多超限，少部分混凝土出现剥落、露筋	不等高的墩盖梁、雉墙上的竖向裂缝：缝长＞截面尺寸的2/3
	镶面石突出的裂缝：多处开裂，裂缝宽度大多超限	镶面石突出的裂缝：累计面积＞构件面积的20%
5	桥墩出现结构性裂缝，缝宽超限，裂缝有开合现象，桥墩变形失稳	—

2.1.2 盖梁和系梁评定指标及分级评定标准

盖梁和系梁评定指标可分为蜂窝、麻面，剥落、露筋，空洞、孔洞，钢筋锈蚀，混凝土碳化、腐蚀和裂缝6类，分级评定标准如下：

(1)蜂窝、麻面：标度分为3级，评定标准同桥墩墩身，见表4-6-1。
(2)剥落、露筋：标度分为4级，评定标准同桥墩墩身，见表4-6-2。
(3)空洞、孔洞：标度分为4级，评定标准同桥墩墩身，见表4-6-3。
(4)钢筋锈蚀：标度分为5级，评定标准同桥墩墩身，见表4-6-4。
(5)混凝土碳化、腐蚀：标度分为4级，评定标准同桥墩墩身，见表4-6-5。
(6)裂缝：标度分为4级，根据盖梁、系梁出现的裂缝种类、发生部位及裂缝的长度、缝宽、间距等来确定标度等级，评定标准见表4-6-10。

表4-6-10 裂缝

标度	评定标准	
	定性描述	定量描述
1	完好，无裂缝	—
2	网状裂缝：局部网状开裂	网状裂缝：累计面积≤构件面积的20%，单处面积≤1.0 m²
	墩帽顶面水平裂缝：少量裂缝，缝宽未超限	墩帽顶面水平裂缝：缝长≤截面尺寸的1/3
	由支承垫石从下向上发展的裂缝：缝宽未超限	由支承垫石从下向上发展的裂缝：缝长≤截面尺寸的1/3
	盖梁自上而下的垂直裂缝：缝宽未超限	盖梁自上而下的垂直裂缝：缝长≤截面尺寸的1/5，间距＞80 cm

续表

标度	评定标准	
	定性描述	定量描述
3	网状裂缝：局部网裂	网状裂缝：累计面积＞构件表面积的20%，单处面积＞1.0 m²
	墩帽顶面水平裂缝：缝宽未超限	墩帽顶面水平裂缝：缝长＞截面尺寸的1/3且≤截面尺寸的2/3，间距≥20 cm
	由支承垫石从下向上发展的裂缝：缝宽未超限	由支承垫石从下向上发展的裂缝：缝长＞截面尺寸的1/3且≤截面尺寸的2/3
	盖梁自上而下的垂直裂缝：缝宽未超限	盖梁自上而下的垂直裂缝：缝长＞截面尺寸的1/5且≤截面尺寸的1/3，间距≥50 cm
4	墩帽顶面水平裂缝：存在大量裂缝，缝宽超限	墩帽顶面水平裂缝：缝长＞截面尺寸的2/3，间距＜20 cm
	由支承垫石从下向上发展的裂缝：存在大量裂缝，缝宽超限	由支承垫石从下向上发展的裂缝：缝长＞截面尺寸的2/3
	盖梁自上而下的垂直裂缝：裂缝贯通，缝宽超限	盖梁自上而下的垂直裂缝：缝长＞1/3截面尺寸，间距＜50 cm

2.2 桥台

2.2.1 台身评定指标及分级评定标准

台身评定指标可分为剥落，空洞、孔洞，磨损，混凝土碳化、腐蚀，圬工砌体缺陷，桥头跳车，台背排水状况，位移和裂缝9类，分级评定标准如下：

（1）剥落：标度分为4级，根据台身出现剥落的累计面积占构件面积的百分比或单处面积大小来确定标度等级，评定标准见表4-6-11。

表 4-6-11　剥落

标度	评定标准	
	定性描述	定量描述
1	完好，无裂缝	—
2	局部混凝土剥落	累计面积≤构件面积的5%，单处面积≤0.5 m²
3	较大范围混凝土剥落	累计面积＞构件面积的5%且≤构件面积的20%，单处面积≤1.0 m²
4	大范围混凝土剥落	累计面积＞构件面积的20%，单处面积＞1.0 m²

（2）空洞、孔洞：标度分为4级，根据台身出现空洞、孔洞的累计面积占构件面积的百分比或单处面积大小及深度来确定标度等级，评定标准见表4-6-12。

表 4-6-12　空洞、孔洞

标度	评定标准	
	定性描述	定量描述
1	完好	—
2	局部空洞、孔洞	累计面积≤构件面积的5%，单处面积≤0.5 m²

续表

标度	评定标准	
	定性描述	定量描述
3	较大范围空洞、孔洞	累计面积＞构件面积的5%且≤构件面积的20%，单处面积≤1.0 m² 或深度≤25 mm
4	大范围空洞、孔洞	累计面积＞构件面积的20%，单处面积＞1.0 m² 或深度＞25 mm

(3)磨损：标度分为3级，根据台身出现磨损的程度和累计面积占构件面积的百分比来确定标度等级，评定标准见表4-6-13。

表4-6-13 磨损

标度	评定标准	
	定性描述	定量描述
1	完好	—
2	出现磨损，个别部位表面磨耗，粗骨料显露	累计面积≤构件面积的10%
3	大范围有磨损，粗骨料显露	累计面积＞构件面积的10%

(4)混凝土碳化、腐蚀：标度分为3级，根据台身的碳化深度与钢筋保护层厚度的关系及台身腐蚀状况来确定标度等级，评定标准见表4-6-14。

表4-6-14 混凝土碳化、腐蚀

标度	评定标准
	定性描述
1	完好
2	有局部碳化或腐蚀现象，且所有碳化深度均小于混凝土保护层厚度
3	大部分出现碳化或腐蚀现象，局部碳化深度大于混凝土保护层厚度，混凝土表面少量胶凝料松散粉化

(5)圬工砌体缺陷：标度分为4级，根据台身砌体出现灰缝脱落、破损、剥落、变形的程度和累计面积占构件面积的百分比来确定标度等级，评定标准见表4-6-15。

表4-6-15 圬工砌体缺陷

标度	评定标准	
	定性描述	定量描述
1	完好	—
2	砌体局部出现灰缝脱落现象，或砌体局部出现破损、剥落等现象	灰缝脱落累计长度≤构件截面长度的10%，或破损、剥落累计面积＜构件面积的3%
3	砌体大范围出现灰缝脱落现象，或砌体较大范围出现破损、剥落、局部变形等现象	灰缝脱落累计长度＞构件截面长度的10%，或破损、剥落、局部变形等累计面积＞构件面积的3%且≤构件面积的10%
4	砌体大范围出现破损、剥落、松动、变形等现象	破损、剥落、松动、变形等现象累计面积＞构件面积的10%

(6)桥头跳车：标度分为 4 级，根据台背沉降的大小来确定标度等级，评定标准见表 4-6-16。

表 4-6-16　桥头跳车

标度	评定标准	
	定性描述	定量描述
1	完好	—
2	台背路面轻微沉降，有轻度跳车现象	沉降值≤2 cm
3	台背路面沉降较大，桥头跳车明显	沉降值>2 cm 且≤5 cm
4	台背路面明显沉降，桥头跳车严重	沉降值>5 cm

(7)台背排水状况：标度分为 4 级，根据台背排水不良引发的膨胀、冻胀等对结构的影响程度来确定标度等级，评定标准见表 4-6-17。

表 4-6-17　台背排水状况

标度	评定标准
	定性描述
1	完好
2	台背排水不良，造成桥台被渗水污染
3	台背填土排水不畅，填土出现膨胀或冻胀现象，造成挤压隆起，变形发展较快
4	台背填土排水不畅，填土出现膨胀或冻胀现象，造成台身、翼墙等构件出现大面积鼓肚或砌体松动，甚至出现严重变形

(8)位移：标度分为 5 级，根据桥台出现滑动、下沉、位移、倾斜的程度和对结构的影响程度来确定标度等级，评定标准见表 4-6-18。

表 4-6-18　位移

标度	评定标准
	定性描述
1	完好
2	—
3	出现轻微下沉、倾斜滑动，发展缓慢或趋向稳定
4	桥台出现滑动、下沉、倾斜、冻拔等，台背填土有沉降裂缝或挤压隆起，变形发展较快，变形小于或等于规范值
5	桥台不稳定，出现严重滑动、下沉、位移、倾斜、冻拔等，造成结构和桥面变形过大，变形大于规范值或不能正常行车

(9)裂缝：标度分为 5 级，根据台身出现的裂缝种类、发生部位及裂缝的长度、缝宽、间距等来确定标度等级，评定标准见表 4-6-19。

表 4-6-19 裂缝

标度	评定标准	
	定性描述	定量描述
1	完好，无裂缝	—
2	网状裂缝：局部网状开裂	网状裂缝：累计面积≤构件面积的20%，单处面积≤1.0 m²
	从基础向上发展至台身的裂缝：缝宽未超限	从基础向上发展至台身的裂缝：缝长≤截面尺寸的1/5
	台身的水平裂缝：缝宽未超限	台身的水平裂缝：缝长≤台身宽的1/8
	竖向裂缝：缝宽未超限	竖向裂缝：缝长＜截面尺寸的1/3
	翼墙和前墙断裂的裂缝：出现开裂，缝宽未超限	翼墙和前墙断裂的裂缝：缝长≤截面尺寸的1/3
	镶面石突出的裂缝：局部开裂	镶面石突出的裂缝：累计面积≤构件面积的10%，单处面积≤0.5 m²
3	网状裂缝：局部网状裂缝	网状裂缝：累计面积＞构件表面积的20%，单处面积＞1.0 m²
	从基础向上发展至台身的裂缝：缝宽未超限	从基础向上发展至台身的裂缝：缝长＞截面尺寸的1/5且≤截面尺寸的1/3，间距≥20 cm
	台身的水平裂缝：缝宽未超限	台身的水平裂缝：缝长＞台身宽的1/8且≤台身宽的1/2
	竖向裂缝：缝宽未超限	竖向裂缝：缝长＞截面尺寸的1/3且≤截面尺寸的1/2，间距≥20 cm
	翼墙和前墙断裂的裂缝：出现开裂，缝宽超限	翼墙和前墙断裂的裂缝：缝长＞截面尺寸的1/3且≤截面尺寸的2/3
	镶面石突出的裂缝：局部开裂	镶面石突出的裂缝：累计面积＞构件面积的10%，单处面积＞1.0 m²
4	从基础向上发展至台身的裂缝：重点部位缝宽超限	从基础向上发展至台身的裂缝：缝长＞截面尺寸的1/3，间距＜20 cm
	台身的水平裂缝：重点部位缝宽超限	台身的水平裂缝：缝长＞台身宽的1/2
	竖向裂缝：重点部位缝宽超限	竖向裂缝：缝长＞截面尺寸的1/2，间距＜20 cm
	翼墙和前墙断裂的裂缝：出现开裂，缝宽超限	翼墙和前墙断裂的裂缝：缝长＞截面尺寸的2/3，缝宽＞1.0mm
5	桥台出现结构性裂缝，桥台变形失稳	缝宽＞1.0mm，缝长＞台身宽的2/3

2.2.2 台帽评定指标及分级评定标准

台帽评定指标可分为破损，混凝土碳化、腐蚀，裂缝和空洞、孔洞4类，分级评定标准如下：

（1）破损：标度分为4级，根据台帽出现剥落、磨损等的累计面积占构件面积的百分比或单处面积大小来确定标度等级，评定标准见表4-6-20。

表 4-6-20　破损

标度	评定标准	
	定性描述	定量描述
1	完好	—
2	局部混凝土剥落、磨损等	累计面积≤构件面积的10%，单处面积≤0.5 m²
3	较大范围混凝土剥落、磨损等	累计面积＞构件面积的10%且≤构件面积的20%，单处面积≤1.0 m²
4	大范围混凝土剥落、磨损等	累计面积≥构件面积的20%，单处面积＞1.0 m²

(2)混凝土碳化、腐蚀：标度分为3级，根据台帽的碳化深度与钢筋保护层厚度的关系及台身腐蚀状况来确定标度等级，评定标准见表4-6-21。

表 4-6-21　混凝土碳化、腐蚀

标度	评定标准
	定性描述
1	无碳化现象
2	有局部碳化或腐蚀现象，且所有碳化深度均小于混凝土保护层厚度
3	大部分出现碳化或腐蚀现象，局部碳化深度大于混凝土保护层厚度，混凝土表面松散粉化

(3)裂缝：标度分为4级，根据台帽、台帽盖梁、支承垫石出现的裂缝的长度、缝宽、间距等来确定标度等级，评定标准见表4-6-22。

表 4-6-22　裂缝

标度	评定标准	
	定性描述	定量描述
1	完好，无裂缝	—
2	由支承垫石从下向上发展的裂缝：缝宽未超限	由支承垫石从下向上发展的裂缝：缝长≤截面尺寸的2/3
	台帽自上而下的垂直裂缝：缝宽未超限	台帽自上而下的垂直裂缝：缝长≤截面尺寸的2/3，间距≥20 cm
3	由支承垫石从下向上发展的裂缝：缝宽超限	由支承垫石从下向上发展的裂缝：缝长＞截面尺寸的2/3
	台帽自上而下的垂直裂缝：缝宽超限	台帽自上而下的垂直裂缝：缝宽＞限值且≤1.0 mm，缝长＞截面尺寸的2/3，间距＜20 cm
4	台帽自上而下的垂直裂缝：缝宽超限	台帽自上而下的垂直裂缝：缝宽＞1.0 mm，缝长＞截面尺寸的2/3，间距＜20 cm

(4)空洞、孔洞：标度分为4级，评定标准同桥台台身，见表4-6-12。

2.3　基础

基础(含水下基础)评定指标可分为冲刷、掏空、剥落、露筋、冲蚀、河底铺砌损坏、沉降、滑移、倾斜和裂缝7类，分级评定标准如下：

(1)冲刷、掏空:标度分为5级,根据墩台基础出现冲刷、掏空的深度和面积等来确定标度等级,评定标准见表4-6-23。

表4-6-23 冲刷、掏空

标度	评定标准	
	定性描述	定量描述
1	完好	—
2	基础无冲蚀现象,表面长有青苔、杂草	—
3	基础有局部冲蚀现象,部分外露,但未露出基底	基础冲空面积≤10%
4	浅基被冲空,露出底面,冲刷深度大于设计值	基础冲空面积>10%且≤20%
5	冲刷深度大于设计值,地基失效,承载力降低,或桥台岸坡滑移或基础无法修复	基础冲空面积>20%

(2)剥落、露筋:标度分为5级,根据墩台基础或承台出现剥落、露筋、锈蚀的累计面积占构件面积的百分比或单处面积大小来确定标度等级,评定标准见表4-6-24。

表4-6-24 剥落、露筋

标度	评定标准	
	定性描述	定量描述
1	完好	—
2	承台出现少量剥落、露筋、锈蚀现象,或基础少量混凝土剥落	累计面积≤构件面积的3%,单处面积≤0.25 m²
3	承台较大范围出现剥落、露筋、锈蚀现象,或基础小范围出现剥落、露筋、锈蚀现象	剥落、露筋累计面积>构件面积的3%且≤构件面积的10%,单处面积>0.25 m²且≤1.0 m²
4	承台大范围出现严重剥落、露筋、锈蚀现象且混凝土出现严重锈胀裂缝,或基础较大范围出现剥落、露筋,主筋严重锈蚀	剥落、露筋累计面积>构件面积的10%且≤构件面积的20%,单处面积>1.0 m²
5	基础大量剥落、露筋且主筋有锈断现象,基础失稳	基础剥落、露筋累计面积>构件面积的20%,单处面积>1.0 m²

(3)冲蚀:标度分为4级,根据墩台基础或承台出现侵蚀、磨耗、锈蚀等状况及累计面积占构件面积的百分比来确定标度等级,评定标准见表4-6-25。

表4-6-25 冲蚀

标度	评定标准	
	定性描述	定量描述
1	完好	—
2	基础或承台有轻微磨损、腐蚀现象,个别部位表面磨耗,粗骨料显露	累计面积≤构件面积的3%
3	基础或承台大范围被侵蚀,有磨损、缩径、露筋或者环状冻裂现象;或桩基顶面出现较空洞	累计面积>构件面积的3%且≤构件面积的10%
4	混凝土腐蚀或钢筋大量锈蚀并有锈断现象;或有严重冻融现象,造成大面积混凝土胀裂	累计面积>构件面积的10%

(4)河底铺砌损坏：标度分为 4 级，根据墩台基础河底铺砌的冲刷损坏程度来确定标度等级，评定标准见表 4-6-26。

表 4-6-26 河底铺砌损坏

标度	评定标准
	定性描述
1	河底铺砌完好，无冲刷现象
2	河底铺砌局部轻微冲刷或损坏
3	河底铺砌冲刷较重或损坏严重
4	河底铺砌出现严重冲刷淘空或损坏

(5)沉降：标度分为 5 级，根据墩台基础出现沉降的大小及对结构的影响来确定标度等级，评定标准见表 4-6-27。

表 4-6-27 沉降

标度	评定标准
	定性描述
1	完好
2	—
3	出现轻微的下沉，发展缓慢或下沉趋于稳定
4	出现下沉现象，沉降量小于或等于规范值
5	基础不稳定，下沉现象严重，沉降量大于规范值，造成上部结构和桥面系变形过大

(6)滑移和倾斜：标度分为 5 级，根据墩台基础出现滑移或倾斜的程度和对结构的影响程度来确定标度等级，评定标准见表 4-6-28。

表 4-6-28 滑移和倾斜

标度	评定标准
	定性描述
1	完好
2	—
3	出现滑移或倾斜，导致支座和墩台支承面轻微损坏，或导致伸缩装置破坏、接缝减小、伸缩机能受损，但发展缓慢或下沉趋于稳定
4	基础出现滑移或倾斜，导致支座和墩台支承面被严重破坏，或导致伸缩装置破坏、接缝减小、伸缩机能完全丧失，或滑移量过大，梁端与胸墙紧贴
5	滑移量过大导致前墙破坏或局部破碎、压曲，或基础不稳定，滑移或倾斜现象严重，或导致梁体从支承面上滑落

(7)裂缝：标度分为 5 级，根据墩台基础结构应力异常，出现剪切裂缝或混凝土碎裂等状况及裂缝的长度、缝宽来确定标度等级，评定标准见表 4-6-29。

表 4-6-29 裂缝

标度	评定标准	
	定性描述	定量描述
1	完好	—
2	结构应力异常，出现剪切裂缝，缝宽未超限	缝长≤截面尺寸的1/3
3	结构应力异常，出现剪切裂缝，缝宽未超限	缝长＞截面尺寸的1/3且≤截面尺寸的1/2
4	结构应力异常，出现剪切裂缝或混凝土出现碎裂	缝宽＞限值且≤1.0mm，缝长＞截面尺寸的1/2
5	结构应力异常，出现剪切裂缝，裂缝贯通，基础处于失稳状态，或基础出现结构性裂缝甚至断裂	缝宽＞1.0mm，缝长＞截面尺寸的1/2

2.4 翼墙、耳墙

翼墙、耳墙评定指标可分为破损，位移，鼓肚、砌体松动和裂缝4类，分级评定标准如下：

(1)破损：标度分为4级，根据翼墙、耳墙出现空洞、孔洞、剥落等损伤的程度和累计面积占构件面积的百分比或单处面积大小来确定标度等级，评定标准见表4-6-30。

表 4-6-30 破损

标度	评定标准	
	定性描述	定量描述
1	完好	—
2	局部混凝土出现空洞、孔洞、剥落，或砖石表面小块脱落	累计面积≤构件面积的5%，单处面积≤0.5 m²
3	较大范围混凝土或砖石出现空洞、孔洞、剥落	累计面积＞构件面积的5%且≤构件面积的20%，单处面积≤1.0 m²
4	大范围混凝土或砖石出现空洞、孔洞、剥落	累计面积＞构件面积的20%

(2)位移：标度分为4级，根据翼墙、耳墙出现变形、滑移、外倾、下沉状况及对结构的影响程度等来确定标度等级，评定标准见表4-6-31。

表 4-6-31 位移

标度	评定标准
	定性描述
1	完好
2	—
3	存在明显的永久变形，但无明显的外倾、下沉，或出现填料损失，但仍可起到挡土的作用
4	有下沉、滑动现象，造成翼墙断裂、外倾失稳、砌体变形、部分倒塌，或填料严重流失，失去挡土功能

(3)鼓肚、砌体松动：标度分为4级，根据翼墙、耳墙出现鼓肚或砌体松动、渗漏的状况来确定标度等级，评定标准见表4-6-32。

表 4-6-32　鼓肚、砌体松动

标度	评定标准
	定性描述
1	完好
2	局部鼓肚，砌体松动
3	大面积鼓肚，砌体松动
4	大面积鼓肚，砌体松动，甚至出现严重渗漏

（4）裂缝：标度分为 4 级，根据翼墙、耳墙出现裂缝的宽度数量等来确定标度等级，评定标准见表 4-6-33。

表 4-6-33　裂缝

标度	评定标准	
	定性描述	定量描述
1	完好或有轻微网裂	网裂总面积≤翼墙、平墙面积的 10%
2	较多网裂，出现个别裂缝，缝宽未超限	网裂总面积＞翼墙、平墙面积的 10%
3	出现多处裂缝，未贯通，缝宽超限，或翼墙或耳墙有断裂，与前墙脱开现象	—
4	出现通缝，裂缝超限，或翼墙或耳墙断裂，与前墙完全脱开	—

2.5　锥坡、护坡

锥坡、护坡评定指标可分为缺陷和冲刷 2 类，分级评定标准如下：

（1）缺陷：标度分为 4 级，根据锥坡、护坡出现隆起、凹陷、开裂，砌缝砂浆脱落等病害的状况及面积来确定标度等级，评定标准见表 4-6-34。

表 4-6-34　缺陷

标度	评定标准	
	定性描述	定量描述
1	完好	—
2	铺砌面局部隆起、凹陷、开裂，砌缝砂浆脱落，或局部铺砌面下滑，坡角损坏	缺陷面积≤铺砌面积的 10%
3	铺砌面出现大面积隆起、凹陷、开裂，砌缝砂浆脱落	缺陷面积＞铺砌面积的 10% 且≤铺砌面积的 20%
4	出现孔洞，破损等，丧失锥坡、护坡功能，或锥坡体和坡脚损坏严重，大面积滑坡、坍塌，坡顶下降较大，锥坡、护坡作用明显降低	缺陷面积＞铺砌面积的 20%

（2）冲刷：标度分为 4 级，根据锥坡、护坡出现冲刷的程度来确定标度等级，评定标准见表 4-6-35。

表 4-6-35　冲刷

标度	评定标准
	定性描述
1	完好
2	局部冲成浅坑
3	坡脚局部冲蚀，冲成深坑、沟或槽
4	锥坡体和坡脚冲蚀严重，基础有淘空现象

2.6　河床及调治构造物

2.6.1　河床评定指标及分级评定标准

河床评定指标可分为堵塞、冲刷和河床变迁 3 类，分级评定标准如下：

(1)堵塞：标度分为 4 级，根据河床堵塞的程度来确定标度等级，评定标准见表 4-6-36。

表 4-6-36　堵塞

标度	评定标准
	定性描述
1	完好
2	局部有漂流物，堵塞河道
3	多处有漂流物，堵塞河道
4	河道被完全堵塞

(2)冲刷：标度分为 4 级，根据河床冲刷的程度及对结构的影响程度来确定标度等级，评定标准见表 4-6-37。

表 4-6-37　冲刷

标度	评定标准
	定性描述
1	河床稳定，无冲刷现象
2	局部轻微冲刷
3	冲刷较重，墩台底有掏空现象，防护体损坏严重
4	河床压缩，出现严重冲刷掏空，危及桥梁安全

(3)河床变迁：标度分为 4 级，根据河床出现淤积、扩宽或有变迁趋势等来确定标度等级，评定标准见表 4-6-38。

表 4-6-38　河床变迁

标度	评定标准
	定性描述
1	完好
2	局部轻微淤积

续表

标度	评定标准
	定性描述
3	河床淤泥严重,河床扩宽有变迁趋势
4	已出现变迁、扩宽现象,并有发展趋势

2.6.2 调治构造物评定指标及分级评定标准

调治构造物评定指标可分为损坏和冲刷、变形 2 类,分级评定标准如下:

(1)损坏:标度分为 4 级,根据调治构造物出现断裂、松动、凹陷、砂浆脱落等病害的状况来确定标度等级,评定标准见表 4-6-39。

表 4-6-39 损坏

标度	评定标准
	定性描述
1	完好
2	构造物局部断裂、砌体松动、鼓肚、凹陷或灰浆脱落
3	表面出现大面积损坏或坡脚局部损坏
4	需要设置但没有设置调治构造物者

(2)冲刷、变形:标度分为 4 级,根据调治构造物边坡出现下滑、构造物下沉、倾斜、坍塌或基础冲蚀的程度来确定标度等级,评定标准见表 4-6-40。

表 4-6-40 冲刷、变形

标度	评定标准
	定性描述
1	完好
2	边坡局部下滑,基础局部冲空
3	边坡大面积下滑,构造物出现下沉、倾斜,局部坍塌
4	构造物出现下沉、倾斜、坍塌,基础冲蚀严重

课题 7 桥面系技术状况评定

任务 1 桥面系主要检测内容

梁式桥、拱式桥、悬索桥及斜拉桥的桥面系包含的部件完全一致,主要有桥面铺装,伸缩缝装置,人行道,栏杆、护栏,防排水系统和照明、标志。

桥面系的检测应包括下列内容:

(1)桥面铺装层纵、横坡是否顺适,有无严重的龟裂、纵横裂缝,有无坑槽、拥包、拱起、剥落、错台、磨光、泛油、变形、脱皮、露骨、接缝料损坏、桥头跳车等现象。

(2)伸缩缝是否有异常变形、破损、脱落、漏水、失效,锚固区有无缺陷,是否存在明显的跳车。

(3)人行道有无缺失、破损等。
(4)栏杆、护栏有无撞坏、缺失、破损等。
(5)防排水系统是否顺畅，泄水管、引水槽有无明显缺陷，桥头排水沟功能是否完好。
(6)桥上交通信号、标志、标线、照明设施是否损坏、老化、失效。

任务2 桥面系构件评定指标

2.1 桥面铺装

2.1.1 沥青混凝土桥面铺装评定指标及分级评定标准

沥青混凝土桥面铺装评定指标可分为变形、泛油、破损和裂缝4类，分级评定标准如下：

(1)变形：标度分为4级，根据沥青混凝土桥面铺装出现拥包、高低不平、车辙等病害的面积或深度来确定标度等级，评定标准见表4-7-1。

表4-7-1 变形

标度	评定标准	
	定性描述	定量描述
1	完好	—
2	局部出现波浪拥包	波浪拥包面积≤10%，波峰波谷高差≤25 mm
	局部有高低不平的现象	高低差≤25 mm
	局部出现车辙，深度较浅	铺装层出现车辙的面积≤10%，深度≤25 mm
3	多处出现波浪拥包	波浪拥包面积>10%且≤20%，波峰波谷高差≤25 mm
	多处有高低不平的现象	高低差≤25 mm
	较大面积出现车辙，深度较浅	铺装层出现车辙的面积>10%且≤20%，深度≤25 mm
4	大面积出现波浪拥包	波浪拥包面积>20%，波峰波谷高差>25 mm
	普遍有高低不平的现象	高低差>25 mm
	大面积出现车辙，深度较深	铺装层出现车辙的面积>20%，深度>25 mm

(2)泛油：标度分为4级，根据沥青混凝土桥面铺装出现泛油、磨光的面积来确定标度等级，评定标准见表4-7-2。

表4-7-2 泛油

标度	评定标准	
	定性描述	定量描述
1	完好	—
2	局部出现泛油	面积≤10%
3	多处出现泛油	面积>10%且≤20%
4	大面积出现泛油、磨光	面积>20%

(3)破损：标度分为4级，根据沥青混凝土桥面铺装出现松散、露骨或坑槽的累计面积或单处面积大小来确定标度等级，评定标准见表4-7-3。

表 4-7-3　破损

标度	评定标准	
	定性描述	定量描述
1	完好	—
2	面层局部松散、露骨	松散、露骨累计面积≤10%
	局部浅坑槽	坑槽深度≤25 mm，累计面积≤3%，单处面积≤0.5 m²
3	多处松散、露骨	松散、露骨累计面积>10%且≤20%
	多处出现坑槽	坑槽深度≤25 mm，累计面积>3%且≤10%，单处面积>0.5 m²且≤1.0 m²
4	大部分松散、露骨	松散、露骨累计面积>20%
	大部分有坑槽	坑槽深度>25 mm，累计面积>10%，单处面积>1.0 m²

(4)裂缝：标度分为4级，根据沥青混凝土桥面铺装出现龟裂、块裂、纵向裂缝、横向裂缝的状况及缝长、缝宽、块度来确定标度等级，评定标准见表4-7-4。

表 4-7-4　裂缝

标度	评定标准	
	定性描述	定量描述
1	完好	—
2	局部龟裂，裂缝区无变形、无散落	龟裂缝宽≤2.0 mm，部分裂缝块度≤5.0 m
	局部块裂，裂缝区无散落	块裂缝宽≤3.0 mm，大部分裂缝块度>1.0 m
	有纵横裂缝，裂缝壁无散落，无支缝	纵横裂缝缝长≤1.0 m，缝宽≤3.0 mm
3	局部龟裂，状态明显，裂缝区有轻度散落或变形	龟裂缝宽>2.0 mm且≤5.0 mm，部分裂缝块度≤2.0 m
	局部块裂，裂缝区有散落	块裂缝宽>3.0 mm，大部分裂缝块度>0.5 m且≤1.0 m
	有纵横裂缝，裂缝壁有散落，有支缝	纵横裂缝缝长>1.0 m且≤2.0 m，缝宽>3.0 mm
4	多处龟裂，特征显著，裂缝区变形明显、散落严重	龟裂缝宽>5.0 mm，大部分裂缝块度≤2.0 m
	多处块裂，裂缝区散落严重	块裂缝宽>3.0 mm，大部分裂缝块度≤0.5 m
	有纵横通缝，裂缝壁散落、支缝严重	纵横裂缝缝长>2.0 m，缝宽>3.0 mm

2.1.2　水泥混凝土桥面铺装评定指标及分级评定标准

水泥混凝土桥面铺装评定指标可分为磨光、脱皮、露骨，错台，坑洞，剥落，拱起，接缝料损坏和裂缝7类，分级评定标准如下：

(1)磨光、脱皮、露骨：标度分为4级，根据水泥混凝土桥面铺装出现磨光、脱皮、露骨等病害的面积来确定标度等级，评定标准见表4-7-5。

表 4-7-5　磨光、脱皮、露骨

标度	评定标准	
	定性描述	定量描述
1	完好	—
2	局部出现磨光、脱皮、露骨	面积≤10%

续表

标度	评定标准	
	定性描述	定量描述
3	多处出现磨光、脱皮、露骨	面积>10%且≤20%
4	大面积出现磨光、脱皮、露骨	面积>20%

(2)错台：标度分为4级，根据水泥混凝土桥面铺装接缝两侧出现高低差现象的数量和高低差的大小来确定标度等级，评定标准见表4-7-6。

表 4-7-6 错台

标度	评定标准	
	定性描述	定量描述
1	完好	—
2	局部接缝两侧出现高差现象	高差≤10 mm
3	多处接缝两侧出现高差现象	高差>10 mm
4	绝大多数接缝两侧出现高差现象	高差>10mm

(3)坑洞：标度分为4级，根据水泥混凝土桥面铺装出现坑洞的深度、直径或累计面积来确定标度等级，评定标准见表4-7-7。

表 4-7-7 坑洞

标度	评定标准	
	定性描述	定量描述
1	完好	—
2	局部出现坑洞	深度≤1 cm，直径≤3 cm，或累计面积≤3%
3	多处坑洞	深度>1 cm，直径>3 cm，或累计面积>3%且≤10%
4	大部分有坑洞	深度>1 cm，直径>3 cm，或累计面积>10%

(4)剥落：标度分为4级，根据水泥混凝土桥面铺装接缝处出现层状剥落的深度和累计面积来确定标度等级，评定标准见表4-7-8。

表 4-7-8 剥落

标度	评定标准	
	定性描述	定量描述
1	完好	—
2	局部接缝处出现浅层边角剥落，局部出现层状剥落	层状剥落累计面积≤10%
3	多处接缝处出现中、深层边角剥落，局部出现层状剥落	层状剥落累计面积>10%且≤20%
4	大部分接缝处出现深层边角剥落，局部出现层状剥落	层状剥落累计面积>20%

(5)拱起：标度分为4级，根据水泥混凝土桥面铺装接缝两侧出现抬高的大小和拱起条数与总接缝数的百分比来确定标度等级，评定标准见表4-7-9。

表 4-7-9　拱起

标度	评定标准	
	定性描述	定量描述
1	完好	—
2	接缝两侧出现轻微抬高	接缝拱起条数≤总数的10%
3	接缝两侧出现较大抬高	接缝拱起条数>总数的10%且≤总数的20%
4	接缝两侧出现明显抬高	接缝拱起条数>总数的20%

(6) 接缝料损坏：标度分为4级，根据水泥混凝土桥面铺装接缝处填料出现老化、漏水、剥落、脱空或被杂物填塞的程度及损坏长度与接缝长度的百分比来确定标度等级，评定标准见表4-7-10。

表 4-7-10　接缝料损坏

标度	评定标准	
	定性描述	定量描述
1	完好	—
2	接缝处填料老化、漏水，但尚未出现剥落、脱空，或被杂物填塞现象	填料老化、漏水≤整条缝的10%
3	接缝处填料老化、漏水，部分填料脱空，或被杂物填塞	填料老化、漏水>整条缝的10%且≤整条缝的20%，或脱空、填塞长度≤接缝长的1/3
4	接缝处填料老化、漏水，多处填料脱空，或被杂物填塞	填料老化、漏水>整条缝的20%，或脱空、填塞长度>接缝长的1/3

(7) 裂缝：标度分为4级，根据水泥混凝土桥面铺装出现裂缝的种类、裂缝边缘的碎裂、沉陷、唧泥等状况及裂缝的缝宽、交点距角点的距离等来确定标度等级，评定标准见表4-7-11。

表 4-7-11　裂缝

标度	评定标准	
	定性描述	定量描述
1	完好	—
2	局部存在横向裂缝、纵向裂缝或斜裂缝，但未贯通	裂缝缝宽<3 mm
	板角处裂缝与纵横向接缝相交	交点距角点≤1/2板块边长，裂缝缝宽<3 mm
	局部出现破碎板，但未发生松动、沉陷等病害	每块板被分成2~3块
3	多数存在横向裂缝、纵向裂缝或斜裂缝，边缘有碎裂	裂缝缝宽≥3 mm且≤10 mm
	板角处裂缝与纵横向接缝相交，边缘存在碎裂	交点距角点≤1/2板块边长，裂缝缝宽≥3 mm且≤10 mm
	出现较多破碎板，板块伴有松动、沉陷、唧泥等现象	每块板被分成3~4块
4	大部分存在横向裂缝、纵向裂缝或斜裂缝，边缘有碎裂，并伴有错台出现	缝宽>10 mm
	板角处裂缝与纵横向接缝相交，断角有松动	交点距角点≤1/2板块边长，裂缝缝宽>10 mm
	出现大量破碎板，板块伴有松动、沉陷、唧泥等现象	每块板被分成4块以上

2.2 伸缩缝装置

伸缩缝装置评定指标可分为凹凸不平、锚固区缺陷、破损和失效4类，分级评定标准如下：

(1)凹凸不平：标度分为4级，根据伸缩缝装置出现磨光、脱皮、露骨等病害的面积来确定标度等级，评定标准见表4-7-12。

表4-7-12 凹凸不平

标度	评定标准	
	定性描述	定量描述
1	完好	—
2	略有凹凸不平	差值≤1 cm
3	有明显凹凸不平	差值>1 cm且≤3 cm
4	严重凹凸不平	差值>3 cm

(2)锚固区缺陷：标度分为4级，根据伸缩缝装置出现磨光、脱皮、露骨等病害的面积来确定标度等级，评定标准见表4-7-13。

表4-7-13 锚固区缺陷

标度	评定标准	
	定性描述	定量描述
1	完好	—
2	锚固构件松动，或锚固螺栓松脱	数量≤10%
	混凝土轻微损坏，出现裂缝、剥落现象	面积≤10%
3	锚固构件松动，或锚固螺栓松脱但功能尚存	数量>10%且≤20%
	混凝土局部损坏	面积>10%且≤20%
4	锚固构件松动，或锚固螺栓松脱基本失效	数量>20%
	混凝土大面积破损	面积>20%

(3)破损：标度分为4级，根据伸缩缝装置出现磨光、脱皮、露骨等病害的面积来确定标度等级，评定标准见表4-7-14。

表4-7-14 破损

标度	评定标准	
	定性描述	定量描述
1	完好	—
2	锚固构件松动、缺失，或焊缝开裂	数量≤10%
	橡胶条轻微损坏、老化	面积≤20%
	排水管发生轻微破损，但不影响功能	—

续表

标度	评定标准	
	定性描述	定量描述
3	锚固构件松动、缺失，或焊缝开焊，造成钢板破损	数量>10%且≤20%
	橡胶条老化、剥离	面积>20%
	焊接处大部分出现裂缝，但未断裂	—
	防水材料老化并有局部脱落现象，或排水管破损、堵塞，尚能维持功能	—
4	严重老化，锚固构件松动、缺失，或焊缝开焊，造成钢板破损失效	数量>20%
	焊接处出现剪断现象，或钢板其他部位出现剪断现象	—
	橡胶条完全剥离或脱落	—
	防水材料老化，完全脱落，或排水管完全堵塞失效	—

(4)失效：标度分为 4 级，根据伸缩缝装置出现磨光、脱皮、露骨等病害的面积来确定标度等级，评定标准见表 4-7-15。

表 4-7-15　失效

标度	评定标准
	定性描述
1	完好
2	上层槽口堵塞、卡死等原因，造成伸缩缝伸缩异常，车辆行驶时出现冲击和噪声
3	上层槽口堵塞、卡死等原因，造成伸缩缝不能自由变形，伸缩异常现象严重，伸缩缝出现明显损坏
4	伸缩异常导致失效

2.3　人行道

人行道评定指标可分为破损和缺失 2 类，分级评定标准如下：

(1)破损：标度分为 4 级，根据人行道出现坑槽、孔洞、裂缝、剥落、松动等病害的面积来确定标度等级，评定标准见表 4-7-16。

表 4-7-16　破损

标度	评定标准	
	定性描述	定量描述
1	完好	—
2	出现少量坑槽、孔洞、裂缝、剥落、松动等现象	面积≤10%
3	出现较多坑槽、孔洞、裂缝、剥落、松动等现象	面积>10%且≤20%
4	出现大量坑槽、孔洞、裂缝、剥落、松动等现象	面积>20%

(2)缺失：标度分为 4 级，根据人行道出现缺失、缺损的面积来确定标度等级，评定标准见表 4-7-17。

表 4-7-17 缺失

标度	评定标准	
	定性描述	定量描述
1	完好	—
2	人行道出现少量缺失现象	面积≤3%
3	人行道出现较大面积缺损	面积>3%且≤10%
4	人行道出现大面积缺损	面积>10%

2.4 栏杆、护栏

栏杆、护栏评定指标可分为撞坏、缺失和破损2类，分级评定标准如下：

(1)撞坏、缺失：标度分为4级，根据栏杆、护栏受车辆冲撞引起的损坏或构件脱落、缺失的长度及对其功能的影响程度来确定标度等级，评定标准见表4-7-18。

表 4-7-18 撞坏、缺失

标度	评定标准	
	定性描述	定量描述
1	完好	—
2	局部受到车辆冲撞，不影响功能，或构件脱落、缺失	损坏长度≤3%
3	多处出现车辆冲撞引起的损坏，不影响功能，或构件脱落、缺失	损坏长度>3%且≤10%
4	受到车辆冲撞，失去效用，或构件脱落、缺失	损坏长度>10%

(2)破损：标度分为4级，根据栏杆、护栏出现蜂窝、麻面、剥落、锈蚀、裂缝、变形错位等病害的面积来确定标度等级，评定标准见表4-7-19。

表 4-7-19 破损

标度	评定标准	
	定性描述	定量描述
1	完好	—
2	个别构件出现蜂窝、麻面、剥落、锈蚀、裂缝、变形错位等现象	累计面积≤10%
3	较多构件出现蜂窝、麻面、剥落、露筋、锈蚀、裂缝、变形错位等现象	累计面积>10%且≤20%
4	大量构件出现剥落、露筋、锈蚀、裂缝、变形错位等现象	累计面积>20%

2.5 防排水系统

防排水系统评定指标可分为排水不畅和泄水管、引水槽缺陷2类，分级评定标准如下：

(1)排水不畅：标度分为4级，根据桥面、桥下或桥台填料排水不畅、漏水的程度和对其他构件造成的污染、锈蚀、沉降等影响来确定标度等级，评定标准见表4-7-20。

表 4-7-20　排水不畅

标度	评定标准
	定性描述
1	完好
2	局部排水不畅，桥下出现漏水现象，或桥台支承面、翼墙面等平面受到污水污染
3	桥下多处出现漏水现象，或桥台支承面、翼墙、前墙等平面受到污水污染，支座锈蚀，或桥台后填料排水不畅，造成路堤轻微沉降
4	桥下普遍出现漏水现象，或桥台支承面、翼墙、前墙等平面被污水严重污染，支座严重锈蚀，或桥台后填料排水不畅，造成路堤沉降明显

(2)泄水管、引水槽缺陷：标度分为 3 级，根据桥梁泄水管、引水槽、排水孔出现堵塞或排水设施构件破损、缺件、管体脱落、漏留的数量来确定标度等级，评定标准见表 4-7-21。

表 4-7-21　泄水管、引水槽缺陷

标度	评定标准	
	定性描述	定量描述
1	完好	—
2	较少泄水管、引水槽、排水孔出现堵塞，或排水设施构件破损、缺件、管体脱落、漏留泄水管	数量≤5％
3	较多泄水管、引水槽、排水孔出现堵塞，或排水设施构件破损、缺件、管体脱落、漏留泄水管	数量>5％

2.6　照明、标志

照明、标志评定指标可分为污损或损坏，照明设施缺失和标志脱落、缺失 3 类，分级评定标准如下：

(1)污损或损坏：标度分为 4 级，根据照明、标志出现松动、锈蚀、损坏，或出现污损标志不清等现象的构件数量和对行车安全的影响来确定标度等级，评定标准见表 4-7-22。

表 4-7-22　污损或损坏

标度	评定标准
	定性描述
1	完好
2	个别设施松动、锈蚀、损坏，或出现污损标志不清现象
3	多处设施松动、锈蚀、损坏，或出现污损标志不清现象
4	大部分设施松动、锈蚀、损坏，危及行车安全

(2)照明设施缺失：标度分为 4 级，根据照明设施出现缺失的数量和对行车安全的影响来确定标度等级，评定标准见表 4-7-23。

表 4-7-23　照明设施缺失

标度	评定标准	
	定性描述	定量描述
1	完好	—
2	少量照明设施缺失	数量≤10%
3	较多照明设施缺失	数量>10%且≤20%
4	大量照明设施缺失，危及行车安全	数量>20%

(3)标志脱落、缺失：标度分为 3 级，根据标志出现脱落、缺失，或需要标志的位置没有相应标志的数量来确定标度等级，评定标准见表 4-7-24。

表 4-7-24　标志脱落、缺失

标度	评定标准
	定性描述
1	完好
2	个别标志脱落、缺失，或需要标志的位置没有相应标志
3	多处标志脱落、缺失，或需要标志的位置没有相应标志

课后习题

1. 简述公路桥梁技术评定的方法。
2. 公路桥梁梁式桥上部结构评定指标有哪些？
3. 公路桥梁拱式桥上部结构评定指标有哪些？
4. 公路桥梁悬索桥上部结构评定指标有哪些？
5. 公路桥梁斜拉桥上部结构评定指标有哪些？
6. 公路桥梁下部结构评定指标有哪些？
7. 公路桥梁桥面系评定指标有哪些？

模块 5　桥梁技术状况评定实例

教学要求

通过本模块的实例学习，让学生熟悉公路桥梁技术状况评定的方法，能够根据检测结果进行桥梁技术状况评定。

课题 1　某混凝土 T 梁桥技术状况评定实例

任务 1　混凝土 T 梁桥工程概况及构件数量划分

1.1　桥梁概况

某桥上部结构为装配式预应力混凝土先简支后连续 T 梁，3 m×30 m。桥面宽度为 13 m，净宽为 12 m。

主要技术标准如下：

(1)桥跨布置：3 m×30 m；
(2)设计荷载：公路 I 级；
(3)上部结构：为预制预应力混凝土连续 T 梁；
(4)下部结构：桥墩采用双柱式墩；
(5)桥面铺装：沥青混凝土。

1.2　桥梁部件划分及构件数量

桥梁部件划分及构件数量见表 5-1-1。

表 5-1-1　桥梁部件划分及构件数量表

序号	桥梁结构	桥梁部件	构件数量	备注
1	上部结构	上部承重构件	18	6 片 T 梁/跨
2		上部一般构件	135	横隔板 25 块/跨，湿接缝 20 块/跨
3		支座	24	0 号台~3 号台均为单排支座
4		翼墙、耳墙	0	未设置此构件
5	下部结构	锥坡、护坡	0	未设置此构件
6		桥墩	6	2×3(盖梁、双柱式墩)
7		桥台	4	2×2(台帽、台身)
8		墩台基础	10	10 个基础

续表

序号	桥梁结构	桥梁部件	构件数量	备注
9	下部结构	河床	0	未设置此构件
10		调治构造物	0	未设置此构件
11	桥面系	桥面铺装	3	按跨计算
12		伸缩缝装置	2	0号、5号台上方
13		人行道	0	未设置此构件
14		栏杆、护栏	6	按内外侧计，2个/跨
15		排水系统	3	1个/跨
16		照明、标志	1	1个桥牌

任务2 混凝土T梁桥外观检查结果

2.1 上部结构检查结果

T梁：4道纵向裂缝，缝长合计21.00 m，最大宽度为0.15 mm，2处剥落、掉角，面积合计0.15 m²，最大面积为0.3 m×0.3 m；4处蜂窝、麻面，面积合计0.41 m²，最大面积为1.0 m×0.2 m；4处泛碱，面积合计0.33 m²，最大面积为2.0 m×0.1 m。具体统计见表5-1-2。

表5-1-2 上部结构承重构件病害情况统计表

序号	构件编号	构件名称	病害类型	病害位置	长	宽	病害标度	照片编号
1	L-1-1	T梁	剥落、掉角	梁底，距0号台3 m处	0.30 m	0.30 m	2	图5-1-1
2	L-1-2	T梁	蜂窝、麻面	马蹄右侧面，距0号台8 m处	1.00 m	0.10 m	2	图5-1-2
3	L-2-1	T梁	剥落、掉角	马蹄右侧面，距7号墩0.3 m处	0.30 m	0.10 m	2	图5-1-3
4	L-2-1	T梁	纵向裂缝	马蹄左侧面，距1号墩9 m处	3.00 m	0.08 mm	2	图5-1-4
5	L-2-1	T梁	蜂窝、麻面、露筋	左腹板，距1号墩5 m处，距下端0 m处	0.50 m	0.10 m	2	图5-1-5
6	L-2-1	T梁	纵向裂缝	马蹄左侧面，距2号墩15 m处	1.00 m	0.05 mm	2	图5-1-6
7	L-2-2	T梁	纵向裂缝	马蹄左侧面，距2号墩5 m处	4.00 m	0.05 mm	2	图5-1-7
8	L-2-5	T梁	蜂窝、麻面	马蹄左侧面，距1号墩5 m处	0.60 m	0.10 m	2	图5-1-8
9	L-3-3	T梁	剥落、掉角	马蹄左侧面，距3号台0 m处	0.30 m	0.20 m	2	图5-1-9
10	L-3-4	T梁	纵向裂缝	马蹄右侧面，距2号墩4 m处	2.00 m	0.10 mm	2	图5-1-10
11	L-3-4	T梁	蜂窝、麻面	马蹄左侧面，距2号墩10 m处	1.00 m	0.20 m	2	图5-1-11

图 5-1-1　L-1-1T 梁剥落、掉角

图 5-1-2　L-1-2T 梁蜂窝、麻面

图 5-1-3　L-2-1T 梁剥落、掉角

图 5-1-4　L-2-1T 梁纵向裂缝

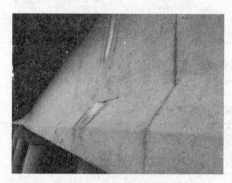
图 5-1-5　L-2-1T 梁蜂窝、麻面、露筋

图 5-1-6　L-2-1T 梁纵向裂缝

图 5-1-7　L-2-2T 梁纵向裂缝

图 5-1-8　L-2-5T 梁蜂窝、麻面

图 5-1-9　L-3-3T 梁剥落、掉角　　　　图 5-1-10　L-3-4T 梁纵向裂缝

图 5-1-11　L-3-4T 梁蜂窝、麻面

2.2　支座检查结果

墩顶支座：1 处横向剪切变形，最大变形角度为 5°。台顶支座：2 处横向剪切变形，最大变形角度为 10°。具体统计见表 5-1-3。

表 5-1-3　支座病害情况统计表

序号	构件编号	构件名称	病害类型	病害位置	病害标度	照片编号
1	ZZ-L-2-5	墩顶支座	横向剪切变形 5°	大桩号面	2	图 5-1-12
2	ZZ-L-3-3	台顶支座	横向剪切变形 10°	小桩号面	2	图 5-1-13
3	ZZ-L-3-5	台顶支座	横向剪切变形 10°	/	2	图 5-1-14

图 5-1-12　ZZ-L-2-5 墩顶支座板式横向剪切变形　　图 5-1-13　ZZ-L-3-3 台顶支座板式横向剪切变形

图 5-1-14 ZZ-L-3-5 台顶支座板式横向剪切变形

2.3 上部一般构件检查结果

横隔板：1 处空洞、空洞露筋，面积为 0.02 m²；1 处蜂窝、麻面，面积为 0.20 m²。具体统计见表 5-1-4。

表 5-1-4 上部结构一般构件病害情况统计表

序号	构件编号	构件名称	病害类型	病害位置	长	宽	病害标度	照片编号
1	L-1-4-2H	横隔板	空洞、孔洞露筋	底面	0.20 m	0.10 m	2	图 5-1-15
2	L-3-3-2H	横隔板	蜂窝、麻面	小桩号面，距下端 0 m 处	0.50 m	0.40 m	2	图 5-1-16

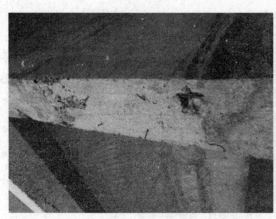

图 5-1-15 L-1-4-2H 横隔板空洞、孔洞露筋

图 5-1-16 L-3-3-2H 横隔板蜂窝、麻面

病害分布图如图 5-1-17～图 5-1-19 所示。

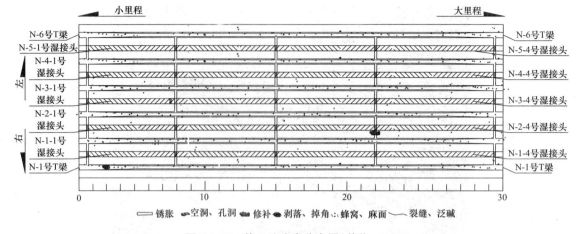

图 5-1-17　第 1 跨病害分布图(单位：m)

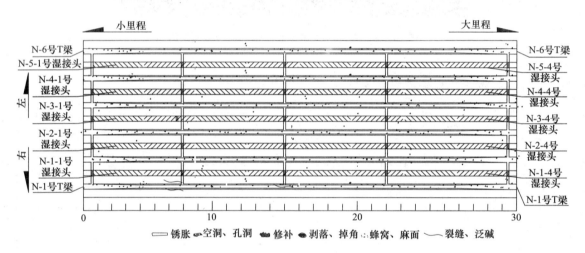

图 5-1-18　第 2 跨病害分布图(单位：m)

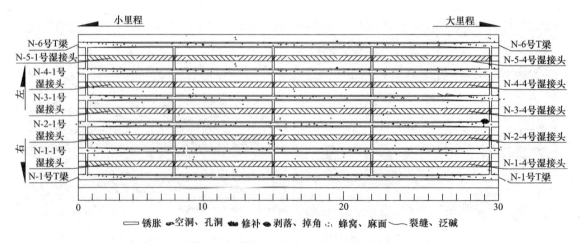

图 5-1-19　第 3 跨病害分布图(单位：m)

2.4 下部结构检查结果

2.4.1 翼墙、耳墙
未设置翼墙、耳墙。

2.4.2 锥坡、护坡
未设置锥坡、护坡。

2.4.3 桥墩
盖梁：12 道竖向裂缝，缝长合计 1.30 m，最大宽度为 0.08 mm。具体统计见表 5-1-5。

表 5-1-5　桥墩病害情况统计表

序号	构件编号	构件名称	病害类型	病害位置	长	宽	病害标度	照片编号
1	GL-R-1D	盖梁	竖向裂缝	小桩号面，距右侧 4 m 处	0.50 m	0.06 mm	2	图 5-1-20
2	GL-R-2D	盖梁	竖向裂缝	大桩号面，距右侧 0.5 m 处	0.50 m	0.08 mm	2	图 5-1-21

图 5-1-20　GL-R-1D 盖梁竖向裂缝　　　　图 5-1-21　GL-R-2D 盖梁竖向裂缝

2.4.4 桥台
桥台：台身 1 处受水侵蚀，具体统计见表 5-1-6。

表 5-1-6　桥台病害情况统计表

序号	构件编号	构件名称	病害类型	病害位置	长	宽	深	病害标度	照片编号
1	TS-R-0T	台身	受水侵蚀	/	/	/	/	2	图 5-1-22

图 5-1-22　TS-R-0T 台身受水侵蚀

2.4.5 墩台基础
未见显著病害。

2.4.6 河床
无河床构造。

2.4.7 调治构造物
未设置调治构造物。

2.5 桥面系检查结果

2.5.1 桥面铺装
未见显著病害。

2.5.2 伸缩缝
未见显著病害，具体统计见表 5-1-7。

表 5-1-7　伸缩缝病害情况统计表

序号	构件编号	构件名称	病害类型	病害位置	长	宽	深	病害标度	照片编号
1	R-1f	伸缩缝	完好	/	/	/	/	1	图 5-1-23
2	R-2f	伸缩缝	完好	/	/	/	/	1	图 5-1-24

图 5-1-23　R-1f 伸缩缝

图 5-1-24　R-2f 伸缩缝

2.5.3 人行道
未设置人行道。

2.5.4 栏杆、护栏
未见显著病害。

2.5.5 排水系统
未见显著病害。

2.5.6 照明、标志
未见显著病害。

任务3 各构件、部件、整体评分及等级评定

3.1 上部结构技术状况评分计算

3.1.1 上部承重构件(T梁)

(1)L-1-1♯T梁、L-3-3♯T梁。T梁剥落、掉角，根据混凝土梁式桥上部结构构件剥落、掉角评定分级标准(见表4-2-2)，最大评定标度为4，实际评定标度为2，扣分25分，得分100－25＝75。

(2)L-1-2♯T梁、L-2-5♯T梁。存在1处蜂窝、麻面，根据混凝土梁式桥上部结构构件蜂窝、麻面评定分级标准(见表4-2-1)，最大评定标度为3，实际评定标度为2，扣分20分，得分100－25＝75。

(3)L-2-1♯T梁。存在2处纵向裂缝，根据混凝土梁式桥上部结构构件连续梁桥裂缝评定分级标准(见表4-2-12)，最大评定标度为5，实际评定标度为2，扣分35分。注意同一个构件存在同一类病害多次，不能重复扣分。

1处剥落、掉角，最大评定标度为4，实际评定标度为2，扣分25分。

1处蜂窝、麻面，最大评定标度为3，实际评定标度为2，扣分20分。

当1个构件存在多处病害时，按照病害扣分值由大到小排序计算，35分排第一，25分排第二，20分排第三，L-2-1♯T梁得分的计算过程为

$U_1 = 35$

$U_2 = \dfrac{DP_{i2}}{100 \cdot \sqrt{2}} \times (100 - \sum\limits_{y=1}^{1} U_y) = \dfrac{25}{100 \cdot \sqrt{2}} \times (100 - 35) = 11.49$

$U_3 = \dfrac{DP_{i3}}{100 \cdot \sqrt{3}} \times (100 - \sum\limits_{y=1}^{2} U_y) = \dfrac{20}{100 \cdot \sqrt{3}} \times (100 - 35 - 11.49) = 6.18$

$\text{PMCI}_l = 100 - \sum\limits_{x=1}^{3} U_x = 100 - 35 - 11.49 - 6.18 = 47.33$

(4)L-2-2♯T梁。存在1处纵向裂缝，根据混凝土梁式桥上部结构构件连续梁桥裂缝评定分级标准(见表4-2-12)，最大评定标度为5，实际评定标度为2，扣分35分，得分100－35＝65。

(5)L-3-4♯T梁。存在1处纵向裂缝，根据混凝土梁式桥上部结构构件连续梁桥裂缝评定分级标准(见表4-2-12)，最大评定标度为5，实际评定标度为2，扣分35分。

存在1处蜂窝、麻面，根据混凝土梁式桥上部结构构件蜂窝、麻面评定分级标准(见表4-2-1)，最大评定标度为3，实际评定标度为2，扣分20分。

当1个构件存在多处病害时，按照病害扣分值由大到小排序计算，35分排第一，20分排第二，L-3-4♯T梁得分的计算过程为

$U_1 = 35$

$U_2 = \dfrac{DP_{i2}}{100 \cdot \sqrt{2}} \times (100 - \sum\limits_{y=1}^{1} U_y) = \dfrac{20}{100 \cdot \sqrt{2}} \times (100 - 35) = 9.19$

$\text{PMCI}_l = 100 - \sum\limits_{x=1}^{3} U_x = 100 - 35 - 9.19 = 55.81$

上部承重构件总共有18个构件，对应的系数t值为6.84，上部承重构件的得分平均值为87.12，上部承重构件的得分为

$\text{PCCI} = \overline{\text{PMCI}} - (100 - \text{PMCI}_{\min})/t = 87.12 - (100 - 47.33)/6.84 = 79.42$

3.1.2 上部一般构件

(1)L-1-4-2H。存在1处剥落、掉角,根据混凝土梁式桥上部结构构件剥落、掉角评定分级标准(见表4-2-2),最大评定标度为4,实际评定标度为2,扣分25分,得分100-25=75。

(2)L-3-3-2H。存在1处蜂窝、麻面,根据混凝土梁式桥上部结构构件蜂窝、麻面评定分级标准(见表4-2-1),最大评定标度为3,实际评定标度为2,扣分20分,得分100-25=75。

上部一般构件总共有135个构件,对应的系数t值为2.4,上部承重构件的得分平均值为99.70,上部一般构件的得分为

$$PCCI=\overline{PMCI}-(100-PMCI_{min})/t=99.70-(100-75)/2.4=89.28$$

3.1.3 支座

ZZ-L-6-5-2、ZZ-L-10-3、ZZ-L-10-5,存在1处剪切变形,根据梁式桥上部结构构件支座剪切超限评定分级标准(见表4-2-23),最大评定标度为5,实际评定标度为2,扣分35分,得分100-35=65。

支座总共有24个构件,对应的系数t值为6.12,支座的得分平均值为95.63,支座的得分为

$$PCCI=\overline{PMCI}-(100-PMCI_{min})/t=95.63-(100-65)/6.12=89.91$$

3.1.4 上部结构得分

上部结构得分计算表见表5-1-8。

表5-1-8 上部结构得分计算

部件名称	权重	部件得分	权重×部件得分
上部承重部件	0.70	79.42	55.59
上部一般构件	0.18	89.28	16.07
支座	0.12	89.91	10.79
上部结构得分=82.54,技术状况等级为2类			

3.2 下部结构技术状况评分计算

3.2.1 桥墩

GL-R-1#、GL-R-2D,存在盖梁竖向裂缝,根据桥梁下部结构构件盖梁裂缝评定分级标准(见表4-6-10),最大评定标度为4,实际评定标度为2,扣分25分,得分100-25=75。

桥墩总共有6个构件,对应的系数t值为8.9,桥墩构件的得分平均值为91.67,桥墩的得分为

$$BCCI=\overline{BMCI}-(100-BMCI_{min})/t=91.67-(100-75)/8.9=88.86$$

3.2.2 桥台

TS-R-0T,桥台存在1处渗水,根据桥梁下部结构构件桥台台背排水状况评定分级标准(见表4-6-17),最大评定标度为4,实际评定标度为2,扣分25分,得分100-25=75。

桥台总共有4个构件,对应的系数t值为9.5,桥台构件的得分平均值为93.75,桥台的得分为

$$BCCI=\overline{BMCI}-(100-BMCI_{min})/t=93.75-(100-75)/9.5=91.12$$

3.2.3 墩台基础

墩台基础得分为100分。

3.2.4 下部结构得分

根据梁式桥各部件权重值表4-1-6的下部结构权重分配表,采用权重重新分配方法将下部结构缺失部件权重值按照既有部件权重在全部既有部件权重中所占比例进行重新分配。下部结构得分计算表见表5-1-9。

表 5-1-9　下部结构得分计算表

部件名称	权重	部件得分	权重×部件得分
翼墙、耳墙	—	—	—
锥坡、护坡	—	—	—
桥墩	0.34	88.86	30.21
桥台	0.34	91.12	30.98
墩台基础	0.32	100	32
河床	—	—	—
调治构造物	—	—	—
下部结构得分=93.19，技术状况等级为 2 类			

3.3　桥面系技术状况评分计算

桥面系得分计算表见表 5-1-10。

表 5-1-10　桥面系得分计算表

部件名称	权重	部件得分	权重×部件得分
桥面铺装	0.44	100	44
伸缩缝装置	0.28	100	28
人行道	—	—	—
栏杆、护栏	0.11	100	11
排水系统	0.11	100	11
照明、标志	0.06	100	6
桥面得分=100，技术状况等级为 1 类			

3.4　桥梁总体技术状况评分计算

桥梁总体得分计算表见表 5-1-11。

表 5-1-11　桥梁总体得分计算表

桥梁部位	权重	部位得分	权重×部位得分
上部结构	0.40	82.54	33.02
下部结构	0.40	93.19	37.28
桥面系	0.20	100	20
总体得分=90.3，桥梁总体技术状况等级为 2 类			

课题 2 某斜拉桥技术状况评定实例

任务 1 斜拉桥工程概况及构件数量划分

1.1 桥梁概况

某桥为双塔双索面斜拉桥(图 5-2-1),主桥跨径组合为 195 m+438 m+195 m。行车道为双向车道,桥梁全宽为 24.10 m。主桥结构为双塔斜拉桥,加劲梁采用钢桁架加劲梁,主塔处塔梁间采用纵向半漂浮体系,辅助墩与过渡墩处竖向均设活动盆式橡胶支座,横向均设抗风防震挡块。为了提高主梁刚度、改善结构动力特性,两侧各设一辅助墩,辅助墩距离理论跨径线 50.325 m,斜拉索共 220 根。

图 5-2-1 某斜拉桥立面照片

1.2 斜拉桥构件数量划分

桥梁部件划分及构件数量见表 5-2-1。

表 5-2-1 桥梁部件划分及构件数量表

序号	桥梁结构	桥梁部件	左幅构件数量	备注
1	上部结构	斜拉索	220	全桥共有 220 根拉索
2		加劲梁	5	全桥共 5 跨
3		索塔	2	全桥共 2 个索塔
4		支座	8	漂浮体系,塔梁处不设支座,边墩和辅助墩各设 2 个支座
5	下部结构	翼墙、耳墙	0	未设置此构件
6		锥坡、护坡	0	未设置此构件
7		桥墩	12	共 4 个墩,(2 个墩柱+1 个盖梁)/每墩
8		桥台	0	主桥无桥台
9		墩台基础	6	4 个墩+2 个塔,1 个基础/墩(塔)
10		河床	1	1 个河床
11		调治构造物	0	未设置此构件
12	桥面系	桥面铺装	5	按跨计算
13		伸缩缝装置	2	0 号、5 号台上方、3 号、7 号墩上方
14		人行道	0	未设置此构件
15		栏杆、护栏	10	按内外侧计,2 个/跨
16		排水系统	5	1 个/跨
17		照明、标志	1	1 个桥牌

1.3 斜拉桥构件编号规则

(1)沿路线前进方向(由小里程到大里程方向)将桥跨编号依次为第1跨、…、第N跨,其中主桥与引桥应连续编号。

(2)沿路线前进方向,对主桥的桥墩和桥塔进行编号,分别编为1#D、2#D、3#T、4#T、5#D、6#D。

(3)斜拉桥各构件编号规则。

拉索编号:主塔分左右侧由路线前进方向编号,从1#开始,到27#结束,如ZD-3-5#拉索为左侧从3#主塔向大里程侧(主跨)方向第5根拉索,YX-4-22#拉索为右侧从4#主塔向小里程(边跨)方向第22根拉索,即"Y"对应"右侧","Z"对应"左侧"。

梁编号:ZL-1#表示第一跨主梁,以此类推。

任务2 斜拉桥外观检查结果

2.1 上部结构检查结果

2.1.1 斜拉索

94根斜拉索护套锈蚀,典型图片如图5-2-2、图5-2-3所示。

图 5-2-2　YX-5-27#斜拉索护套锈蚀　　　　图 5-2-3　YZ-6-26#斜拉索护套锈蚀

2.1.2 加劲梁

本次检查共计28个连接节点缺失螺栓4处,单个节点最大螺栓缺失数为2个。螺栓的端口面呈现部分粗糙、部分光滑的特征,表明断裂过程是脆性破坏。从分布特征来看,螺栓缺失位置有50%左右出现在跨中1/3范围内。具体病害统计见表5-2-2。

表 5-2-2　主桥上部结构加劲梁病害情况统计表

序号	构件编号	构件名称	病害类型	病害位置	病害标度	照片编号
1	ZL-1#	加劲梁主桁架	螺栓缺失	右主桁架第4根横梁与立柱连接点	2	图5-2-4
2	ZL-1#	加劲梁主桁架	漆皮剥落	右主桁架第5根横梁与立柱连接点	2	图5-2-5
3	ZL-2#	加劲梁主桁架	螺栓缺失	左主桁架第18根横梁与立柱连接点	2	/

续表

序号	构件编号	构件名称	病害类型	病害位置	病害标度	照片编号
4	ZL-2#	加劲梁主桁架	锈蚀	右主桁架第25根下弦杆与立柱连接板	2	图5-2-6
5	ZL-3#	加劲梁主桁架	螺栓缺失	左主桁架第32根横梁与立柱连接点	2	/
6	ZL-5#	加劲梁主桁架	螺栓缺失	左主桁架第52根横梁与立柱连接点	2	/

图5-2-4 ZL-1#加劲梁主桁架螺栓缺失

图5-2-5 ZL-1#加劲梁主桁架漆皮剥落

图5-2-6 ZL-2#加劲梁主桁架螺栓漆皮剥落、锈蚀

2.1.3 索塔

索塔病害主要表现为1处网状裂缝；1处竖向开裂。具体病害统计见表5-2-3。

表5-2-3 主桥下部结构桥墩病害情况统计表

序号	构件编号	构件名称	病害类型	病害位置	长	宽	深	病害标度	照片编号
1	3#T	桥墩	网状裂缝	大桩号侧	/	/	/	2	图5-2-7
2	4#T	桥墩	竖向开裂	右侧	/	/	/	2	图5-2-8

注：表中除深度单位为cm，裂缝宽度单位为mm外，其余长、宽度的单位均为m。

| 图 5-2-7　3♯T 大桩号侧网状裂缝 | 图 5-2-8　4♯T 小桩号侧竖向开裂 |

2.1.4　支座

未见显著病害。

2.2　下部结构检查结果

下部结构无明显病害。

2.3　桥面系检查结果

2.3.1　沥青混凝土铺装

主桥桥面系桥面铺装病害主要表现为 1 处拥包，评定标度为 2。沥青铺装层病害情况统计表见表 5-2-4。

表 5-2-4　沥青铺装层病害情况统计表

序号	构件编号	构件名称	病害类型	病害位置	长	宽	深	病害标度	照片编号
1	R-4P	桥面铺装	拥包	行车道	/	/	/	2	图 5-2-9

图 5-2-9　R-4P 桥面铺装行车道拥包

2.3.2 护栏

护栏有 1 处破损,破损面积为 0.2 m×0.15 m。护栏病害情况统计表见表 5-2-5。

表 5-2-5 护栏病害情况统计表

序号	构件编号	构件名称	病害类型	病害位置	长	宽	深	病害标度	照片编号
1	R-2-1H	护栏	破损	/	0.2	0.15	/	2	图 5-2-10

图 5-2-10 R-2-1H 护栏破损

任务 3 各构件、部件、整体评分及等级评定

3.1 上部结构技术状况评分计算

3.1.1 斜拉索

根据斜拉索护套锈蚀评定分级标准(见表 4-5-9),最大评定标度为 4,实际评定标度为 2,扣分 25 分,得分 $100-25=75$。

共 220 根斜拉索,得分 75 分的 94 根。

$PCCI_{斜拉索} = \overline{PMCI} - (100 - PMCI_{min})/t = 89.32 - (100-75)/2.3 = 78.45$

3.1.2 加劲梁

(1)ZL-1#。存在 1 处螺栓缺失,根据斜拉桥钢桁架主梁铆钉(螺栓)损失评定分级标准(同钢梁桥表 4-2-16),最大评定标度为 5,实际评定标度为 2,扣分 35 分。

存在 1 处锈蚀,根据斜拉桥钢桁架主梁锈蚀评定分级标准(同悬索桥钢桁架加劲梁表 4-4-23),最大评定标度为 4,实际评定标度为 2,扣分 25 分。

当 1 个构件存在多处病害时,按照病害扣分值由大到小排序计算,35 分排第一,25 分排第二,20 分排第三,L-2-1#T 梁得分的计算过程为

$U_1 = 35$

$U_2 = \dfrac{DP_{i2}}{100 \cdot \sqrt{2}} \times (100 - \sum_{y=1}^{1} U_y) = \dfrac{25}{100 \cdot \sqrt{2}} \times (100-35) = 11.49$

$$PMCI_t = 100 - \sum_{x=1}^{3} U_x = 100 - 35 - 11.49 = 53.51$$

(2)ZL-2#。ZL-2#存在的病害与 ZL-1#相同,故 ZL-2#构件得分为 53.51 分。

(3)ZL-3#。存在1处螺栓缺失,根据斜拉桥钢桁架主梁铆钉(螺栓)损失评定分级标准(同钢梁桥表 4-2-16),最大评定标度为 5,实际评定标度为 2,扣分 35 分。得分为 100-35=65。

(4)ZL-5#。存在1处螺栓缺失,根据斜拉桥钢桁架主梁铆钉(螺栓)损失评定分级标准(同钢梁桥表 4-2-16),最大评定标度为 5,实际评定标度为 2,扣分 35 分。得分 100-35=65。

综上所述,由桥梁部件技术状况评分计算公式,加劲梁的总体得分为

$$PCCI_{主梁} = \overline{PMCI} - (100 - PMCI_{min})/t = 67.40 - (100 - 53.51)/9.2 = 62.35$$

3.1.3 索塔

(1)3#T。存在1处网状裂缝,根据斜拉桥索塔裂缝评定分级标准(见表 4-5-14),索塔裂缝最大评定标度为 4,实际评定标度为 2,扣分 25 分,得分 100-25=75。

(2)4#T。存在1处竖向裂缝,根据斜拉桥索塔裂缝评定分级标准(见表 4-5-14),索塔裂缝最大评定标度为 4,实际评定标度为 2,扣分 25 分,得分 100-25=75。

索塔共 2 个构件,平均得分 75 分。

$$PCCI_{索塔} = \overline{PMCI} - (100 - PMCI_{min})/t = 75 - (100 - 75)/10 = 72.5$$

3.1.4 支座

支座无明显病害,得分 100 分。

3.1.5 上部结构得分

上部结构得分计算表见表 5-2-6。

表 5-2-6 上部结构得分计算表

部件名称	权重	部件得分	权重×部件得分
斜拉索	0.40	78.45	31.38
加劲梁	0.25	62.35	15.59
索塔	0.25	72.50	18.13
支座	0.10	100	10.00
上部结构得分=75.10,技术状况等级为 3 类			

3.2 下部结构技术状况评分计算

下部结构无明显病害,得分 100,技术状况等级为 1 类。

3.3 桥面系技术状况评分计算

3.3.1 沥青混凝土铺装

沥青混凝土铺装最大评定标度为 4,实际评定标度为 2,扣分 25 分,得分 100-25=75。

混凝土铺装共 5 个构件,其中 1 个构件得分 75 分。

$$DCCI_{桥面铺装} = \overline{DMCI} - (100 - DMCI_{min})/t = 95 - (100 - 75)/9.2 = 92.28$$

3.3.2 栏杆

栏杆破损最大评定标度为 4,实际评定标度为 2,扣分 25 分,得分 100-25=75。

栏杆共 10 个构件,其中 1 个构件得分 75 分。

$$\text{DCCI}_{\text{栏杆}} = \overline{\text{DMCI}} - (100 - \text{DMCI}_{\min})/t = 97.5 - (100 - 75)/8.1 = 94.41$$

3.3.3 桥面系得分

根据梁式桥各部件权重值表 4-1-6 的桥面系权重分配表,采用权重重新分配方法将桥面系缺失部件权重值按照既有部件权重在全部既有部件权重中所占比例进行重新分配。桥面系得分计算表见表 5-2-7。

表 5-2-7 桥面系得分计算表

部件名称	权重	部件得分	权重×部件得分
桥面铺装	0.44	92.28	40.6
伸缩缝装置	0.28	100	28
人行道	—	—	—
栏杆、护栏	0.11	94.41	10.39
排水系统	0.11	100	11
照明标志	0.06	100	6
上部结构得分=95.99,技术状况等级为 1 类			

3.4 桥梁总体技术状况评分

桥梁总体得分计算表见表 5-2-8。

表 5-2-8 桥梁总体得分计算表

部件名称	权重	部位得分	权重×部件得分
上部结构	0.40	75.10	30.04
下部结构	0.40	100	40
桥面系	0.20	95.99	19.20
总体得分=89.24,桥梁总体技术状况等级为 2 类			

课后习题

请将以下案例的技术状况评定补充完整。

(1)工程背景。某空心板桥跨径组合为(8+12+8)m。桥面横向布置为 0.5 m(护栏)+15.0 m(车行道)+0.5 m(护栏)=16 m,未设置人行道和非机动车道。桥梁横向由 15 片钢筋混凝土空心板梁组成,支座为板式橡胶支座。桥台处设置型钢伸缩缝,桥面铺装为水泥混凝土,桥面连续,桥墩为排架式桥墩。

(2)构件数量划分。将表 5-2-9 的上部构件数统计表补充完整。

表 5-2-9　上部构件数统计表

序号	桥梁结构	桥梁部件	构件数量	备注
1	上部结构	上部承重构件（空心板梁）		一跨有15片空心板
2		上部一般构件（铰缝）		一跨有14个铰缝
3		支座		一片空心板下有4个支座
4	下部结构	翼墙、耳墙		无此部件，权重分配给其他部件
5		锥坡、护坡		每个桥台1个
6		桥墩		每个桥墩有盖梁、立柱2个构件
7		桥台		每个桥台有台帽、墩身2个构件
8		墩台基础		每个墩台有1个基础
9		河床	0	无
10		调治构造物	0	无
11	桥面系	桥面铺装		每跨为1个构件
12		伸缩缝装置		
13		人行道		无
14		栏杆、护栏		每跨每侧为1个构件
15		排水系统		每跨按1个构件计
16		照明、标志	1	桥牌计为1个构件

(3)外观检测结果。

1)上部结构。

①第一跨1号梁距0#台0.7m处有一处剥落、掉角，评定标度为2；

②第一跨1号梁跨中梁底有1处轻微横向裂缝，缝宽未超限，评定标度为3；

③第二跨3#梁距离1#墩1.5m处梁底存在一处蜂窝、麻面，评定标度为2；

④第二跨10#梁右侧铰缝存在渗水，评定标度为2；

⑤0#台第4块制作缺失，评定标度为5。

2)下部结构。

①0#台护坡局部凹陷，评定标度为2；

②3#台台背存在1处渗水，评定标度为2；

③2#墩盖梁存在2处网状裂缝，评定标度为2。

3)桥面系。

①第1跨桥面铺装存在1处破损，评定标度为2；

②第3跨桥面铺装存在1处局部龟裂，评定标度为2；

③0#台处伸缩缝存在1处锚固区缺陷，评定标度为2；

④第1跨排水系统存在1处泄水管缺陷，评定标度为2。

(4)技术状况评定。请根据第(3)条的检测结果，按模块4公路桥梁技术状况评定完成该空心板桥的技术状况评定。

参 考 文 献

[1] 向中富. 天堑变通途：中国桥梁70年[M]. 重庆：重庆大学出版社，2019.

[2] 万明坤，等. 桥梁漫笔[M]. 北京：中国铁道出版社，2015.

[3] 邵旭东. 桥梁工程[M]. 5版. 北京：人民交通出版社，2019.

[4] 中华人民共和国交通部. JTG H11—2004 公路桥涵养护规范[S]. 北京：人民交通出版社，2004.

[5] 中华人民共和国交通运输部. JTG/T H21—2011 公路桥梁技术状况评定标准[S]. 北京：人民交通出版社，2011.

[6] 中华人民共和国交通运输部. JTG/T J21—2011 公路桥梁承载能力检测评定规程[S]. 北京：人民交通出版社，2011.

[7] 中华人民共和国住房和城乡建设部. JGJ/T 411—2017 冲击回波法检测混凝土缺陷技术规程[S]. 北京：中国建筑工业出版社，2017.

[8] 中华人民共和国住房和城乡建设部. JGJ/T 23—2011 回弹法检测混凝土抗压强度技术规程[S]. 北京：中国建筑工业出版社，2011.

[9] 中华人民共和国住房和城乡建设部. JGJ/T 384—2016 钻芯法检测混凝土强度技术规程[S]. 北京：中国建筑工业出版社，2016.

[10] 中华人民共和国住房和城乡建设部. JGJ/T 152—2019 混凝土中钢筋检测技术标准[S]. 北京：中国建筑工业出版社，2019.

[11] 林维正. 土木工程质量无损检测技术[M]. 北京：中国电力出版社，2008.

[12] 魏洋，端茂军，李国芬. 桥梁检测评定与加固技术[M]. 北京：人民交通出版社，2019.

[13] 单成林. 从刚架拱桥病害论局部构件的设计缺陷[J]. 中南公路工程，2004，29(4).

[14] 吴鉴军，莫宁，徐永峰. 钢架拱桥的病害原因与加固分析[J]. 广西大学学报(自然科学版)，2008，33(21).

[15] 刘海祥，刘勇，柯敏勇. 钢筋混凝土桁架拱桥的病害及维修[J]. 市政技术，2006，24(2).

[16] 孙小艳，莫喜晶. 钢筋混凝土桁架拱桥病害分析及加固技术[J]. 重庆交通大学学报(自然科学版)，2008，27(21).

[17] 周水兴，李威. 钢管混凝土拱桥常见病害成因分析[J]. 重庆交通大学学报(自然科学版)，2013，32(21).

[18] 高欣，欧进萍. 钢管混凝土拱桥索类构件的常见病害与检测方法[J]. 公路，2012(3).

[19] 吴昊. 某中承式钢管混凝土拱桥病害分析及加固设计[J]. 公路工程，2017，42(3).

[20] 孙振海，韦达洁. 拱桥吊杆病害分析及更换设计[J]. 西部交通科技，2011(7).

[21] 姜波. 圬工拱桥病害机理及耐久性加固设计[J]. 桥梁与隧道工程，2014(18).

[22] 吴毅翔. 圬工拱桥主拱圈病害机理及加固方法[J]. 交通科技，2012(2).

[23] 汪浩，徐俊. 斜拉桥下锚头渗水病害检测及成因分析[J]. 华东公路，2005(3).

[24] 唐涛，徐俊，陈惟珍. 斜拉桥运营期病害分析与维护管理策略[J]. 中国市政工程，2006(6).

[25] 韩帅，易敬，周昌勇. 山区千米级悬索桥主桥典型病害分析与处治[J]. 桥隧工程，2019(3).